Directeur de projet	Georges Pilard
Rédacteurs	Solenn Alazet Kate Nicholson Georges Pilard Rose Rociola Liam Rodger
Traductrice et correctrice	Laurence Larroche
Prépresse	Nicolas Echallier
Directrice éditoriale	Anna Stevenson

Ont participé à l'enregistrement du CD d'accompagnement :
Neil Hume, Charlie King, Tomas Kinney, Kate Nicholson, Ewan Noble, Ruth O'Donovan, Georges Pilard, Poppy Potter, Michael Quick, Liam Rodger, Kate Sleight

CD enregistré à Canongate Studios, Édimbourg, Grande-Bretagne.

Les rédacteurs tiennent à remercier Nadia Cornuau, qui eut l'idée de départ de cet ouvrage et qui en démarra la rédaction.

Marques déposées

Les termes considérés comme des marques déposées sont signalés dans ce dictionnaire par le symbole ®. Cependant, la présence ou l'absence de ce symbole ne constituent nullement une indication quant à la valeur juridique de ces termes.

TABLE DES MATIÈRES

PRÉFACE

Comment passer pour un Anglais ? Vaste question. Dans son roman *Vingt Ans après* (chapitre 67), Alexandre Dumas fait dire à D'Artagnan que « l'anglais n'est que du français mal prononcé », formule que Georges Clemenceau reprendra à son compte bien des années plus tard. On conviendra cependant qu'il s'agit là d'une vision un peu caricaturale des choses.

Certes, grâce à la conquête normande et à l'empire des Plantagenêt, l'anglais a hérité d'un nombre incalculable de termes français, ce qui, pour les francophones, a le mérite de faciliter l'apprentissage de cette langue. Mais tout angliciste sait qu'il ne suffit pas de parler français en prenant un vague accent anglais pour faire illusion. Il est certain que sur le papier de très nombreux mots anglais sont strictement identiques à leur équivalent français... mais comment les prononcer pour se faire comprendre ? Et comment savoir s'ils veulent vraiment dire la même chose qu'en français ? Et comment faire pour s'exprimer plus naturellement en anglais ? Quels sont les petits mots, les locutions et les expressions qui vous permettront de véritablement communiquer avec les Britanniques ?

Le présent ouvrage répond à toutes ces questions et à bien d'autres encore. Il s'adresse à tous ceux et celles qui souhaitent mieux comprendre (aux deux sens du terme) nos voisins d'outre-Manche et mieux s'en faire comprendre. Il aidera l'utilisateur à parfaire son anglais et à dépasser le stade de la communication purement fonctionnelle de façon à pouvoir savourer les richesses de la langue anglaise et à en apprécier les nuances.

Tout d'abord la partie « Culture » fournira à l'utilisateur toutes sortes d'informations sur le mode de vie, les coutumes et les traditions britanniques ainsi que de nombreux renseignements pratiques s'il désire effectuer un séjour en Grande-Bretagne.

Ensuite, le chapitre sur la prononciation (à consulter seul ou en parallèle avec l'écoute du CD d'accompagnement) aidera le lecteur à éviter les fautes qui trahissent les francophones. Les principaux accents régionaux sont également abordés, ce qui permettra aussi d'apprendre comment passer pour un Écossais, un Gallois ou un Irlandais !

Les chapitres qui viennent ensuite s'intéressent entre autres choses aux mots voisins et aux faux amis, aux faux anglicismes et aux problèmes de prépositions, domaines riches en obstacles de toutes sortes même pour l'anglisciste confirmé.

Nous avons ensuite consacré toute une partie aux principaux problèmes d'ordre grammatical auxquels sont confrontés les apprenants d'anglais. Chaque thème abordé est accompagné d'activités qui permettront à l'utilisateur de tester ses connaissances.

Pour finir nous nous intéressons aux expressions et locutions, aux proverbes et aux tournures idiomatiques anglaises, dont la connaissance s'impose à quiconque aspire à « passer pour un Anglais ».

CULTURE

En dépit de la proximité géographique entre la France et la Grande-Bretagne et malgré les liens historiques qui unissent les deux pays, les Français qui se rendent outre-Manche ne manquent jamais d'être dépaysés. Ce dépaysement va au-delà du fait que les voitures y roulent à gauche ou que la monnaie n'y est pas la même que sur le Continent. Encore aujourd'hui, à l'heure de la mondialisation et de l'intégration européenne, les institutions, la culture, les coutumes et les mentalités britanniques se distinguent de la norme européenne.

Cette rubrique a pour objectif de vous donner un avant-goût de ces différences : elle traite de thèmes pratiques tels que le logement, l'université, la santé, l'argent ; mais elle aborde également quelques-unes des particularités et excentricités de nos voisins de la perfide Albion, par exemple leur goût immodéré pour les cartes de vœux ou une certaine obsession pour la deuxième guerre mondiale.

Tableau des thèmes abordés

Angleterre ? Grande-Bretagne ? Royaume-Uni ?

Plusieurs nations

En France, on utilise bien souvent le terme *Angleterre* de façon erronée à la place de *Royaume-Uni* (**United Kingdom**), dont l'appellation complète est **United Kingdom of Great Britain and Northern Ireland** (Royaume-Uni de Grande-Bretagne et d'Irlande du Nord). La Grande-Bretagne est la grande île où se trouvent l'Angleterre (au Sud), l'Ecosse (au Nord) et le pays de Galles (à l'Ouest). L'Irlande du Nord, comme son nom l'indique, occupe la partie nord de l'île d'Irlande et fait partie intégrante du Royaume-Uni.

Le reste de l'île, la République d'Irlande ou Eire, est un état souverain et indépendant depuis 1922, ayant Dublin pour capitale.

Les quatre nations du Royaume-Uni – Angleterre, Écosse, Pays de Galles et Irlande du Nord – ne constituent pas des États indépendants, bien que l'Écosse, le pays de Galles et l'Irlande du Nord aient divers degrés d'autonomie par rapport au gouvernement central situé à Londres. Par ailleurs, l'Écosse a son propre système judiciaire et son propre système éducatif.

British or not British?

Le terme *Îles britanniques* (**British Isles**) est une appellation géographique et non politique. Les Îles britanniques sont constituées de la Grande-Bretagne, de l'Irlande et des nombreuses petites îles alentour (on notera que, bien que les îles Anglo-Normandes appartiennent à la couronne britannique, elles ne font pas officiellement partie du Royaume-Uni). Par contre, lorsque l'on parle des Britanniques (**the British**) on fait référence uniquement aux citoyens du Royaume-Uni, à savoir les Anglais, les Écossais, les Gallois et les habitants d'Irlande du Nord. Rappelez-vous que les Irlandais de République d'Irlande ne sont pas **British** !

« tous les Anglais sont britanniques mais tous les Britanniques ne sont pas anglais »

Avec environ 46 millions d'habitants sur les 60 millions que compte le Royaume-Uni, l'Angleterre est de loin la partie la plus peuplée du pays (Londres compte plus d'habitants que l'ensemble de l'Écosse), ce qui explique l'amalgame fait par de nombreux étrangers entre Angleterre et Royaume-Uni. Cependant la plupart des Britanniques ont un sens aigu de leur identité nationale au sein de leur pays. Ils considèrent les différentes nations du Royaume-Uni comme des pays (**countries**) distincts même s'ils appartiennent à un même État – d'ailleurs on dit parfois **North of the border** et **South of the border** pour parler de l'Écosse et de l'Angleterre, respectivement.

Les autres langues de la Grande-Bretagne

Les spécificités culturelles et historiques des différentes parties de la Grande-Bretagne sont illustrées par la survivance de langues celtiques qui sont encore parlées sur le territoire britannique, et qui datent d'avant les invasions anglo-saxonnes. Le gaélique (**Gaelic**) est encore parlé par quelques dizaines de milliers de personnes dans le nord et l'ouest de l'Écosse et le gallois (**Welsh**) est une langue toujours vivace, particulièrement dans le nord du Pays de Galles. Le **Scots**, un dialecte écossais de l'anglais, se parle encore dans différentes régions d'Écosse – mais surtout dans le Sud – et une de ses variantes, l'**Ulster Scots**, se rencontre en Irlande du Nord (une grande proportion des protestants d'Irlande du Nord sont d'origine écossaise). (Voir aussi la rubrique **Les accents régionaux** p. 73).

L'Irlande du Nord

La question de l'Irlande du Nord est particulièrement complexe car il existe encore dans cette province des clivages très profonds entre protestants et catholiques et à ce titre on ne peut pas véritablement parler d'identité nord-irlandaise comme on peut parler d'identité écossaise ou galloise. En effet les catholiques d'Irlande du Nord se sentent généralement beaucoup plus d'affinités avec leurs voisins de République d'Irlande, dont ils partagent la culture et la religion, qu'avec la communauté protestante de leur propre pays ; d'ailleurs si l'on demande sa nationalité à un catholique d'Irlande du Nord il répondra le plus souvent qu'il est **Irish** (Irlandais) mais jamais **British**, bien qu'il soit citoyen britannique et non irlandais. Les protestants, pour leur part, revendiquent leur loyauté à la couronne britannique (d'où le terme **Loyalist**) et ne veulent pas entendre parler d'une réunification de l'Irlande. Tout ceci explique pourquoi il n'existe pas de symbole ou de drapeau dans lesquels l'ensemble de la population d'Irlande du Nord puisse se reconnaître et pourquoi les questions de nationalité sont particulièrement délicates dans cette partie du Royaume-Uni.

En résumé : comme on peut s'en rendre compte pendant le Tournoi des Six Nations, tous les Anglais sont britanniques mais tous les Britanniques ne sont pas anglais. Alors prudence si vous ne voulez pas froisser les sensibilités !

Nation	Capitale	Symbole	Surnom familier des habitants (à éviter pour ne froisser personne !)
Angleterre (**England**)	Londres (**London**)	la rose	**Sassenach** (du point de vue des Écossais uniquement – ce terme est la prononciation gaélique du mot latin *Saxones*)

Écosse (**Scotland**)	Édimbourg (**Edinburgh**)	le chardon (**thistle**)	**Jock**
Pays de Galles (**Wales**)	Cardiff	la jonquille (**daffodil**) le poireau (**leek**)	**Taffy** (variante de **David**, saint patron du Pays de Galles)
Irlande du Nord (**Northern Ireland**)	Belfast		
République d'Irlande (**Irish Republic, Eire**)	Dublin	le trèfle (**shamrock**)	**Paddy** (abréviation de **Patrick**, saint patron de l'Irlande)

Les règles de savoir-vivre

Les Britanniques ont la réputation d'être extrêmement polis, à tel point qu'ils peuvent parfois sembler froids et distants. Ils sont censés garder leur sang-froid en toutes circonstances, en vertu du fameux « flegme britannique » qui leur interdit de faire étalage de leurs émotions. Bien entendu, on ne peut pas généraliser : certains Britanniques sont réservés, d'autres extravertis (comme on peut s'en apercevoir dans tous les centres-villes les soirs de week-end). Il est vrai cependant que, dans l'ensemble, ils apprécient les bonnes manières. Pour ne choquer personne, suivez les quelques conseils ci-dessous.

LES CHOSES À FAIRE	LES CHOSES À NE PAS FAIRE
Lors d'une première rencontre, une poignée de main est de rigueur mais de manière générale, les Britanniques n'embrassent que leurs proches et veillent à ne pas empiéter sur l'espace d'autrui. Il serait impensable de faire la bise à quelqu'un lors de présentations, même dans des circonstances très informelles.	Demandez à votre interlocuteur comment il va, mais, lorsque votre tour est venu de répondre, **ne soyez pas trop franc** ! La réponse consacrée à la question **how are you?** (*comment allez-vous ?*) est **fine, thanks, how are you?** (*bien, merci, et vous ?*) Ne vous lancez pas dans une longue énumération de problèmes, surtout si vous ne connaissez pas bien votre interlocuteur. Lorsque l'on pénètre dans des lieux tels que magasin, salle d'attente ou pub, il n'est pas d'usage de saluer à la cantonade comme on le fait en France.
Soyez poli : il est primordial de dire **please** et **thank you**. Les Britanniques s'excusent aussi beaucoup (**sorry**), même lorsqu'ils ne sont pas responsables ; par exemple, si quelqu'un leur rentre dedans dans la rue, il est probable qu'ils s'excuseront eux aussi. Pour attirer l'attention de quelqu'un, on dit **excuse me**.	**Ne jurez pas, sauf si le contexte le permet**. Efforcez-vous de toujours adopter le ton qui convient dans chaque situation ; il suffit pour cela de suivre l'exemple de ceux qui vous entourent.

Parlez de la pluie et du beau temps, de ce qui passe à la télé en ce moment, interrogez votre interlocuteur sur ses problèmes de santé, sa famille, ses animaux de compagnie... Si vous ne connaissez pas bien votre vis-à-vis, parlez de choses sans conséquence et posez des questions d'ordre général.	**Ne posez pas trop de questions personnelles**, surtout sur le sujet de l'argent ou des opinions personnelles, car les Britanniques considèrent cela comme mal élevé ou indiscret. La plupart des gens s'ouvriront à vous lorsqu'ils vous connaîtront mieux, mais ils refuseront peut-être toujours d'aborder certains sujets (leur salaire par exemple). La politique, le sexe et la religion sont considérés comme tabous, mais les jeunes sont, pour la plupart, disposés à en parler entre amis.
Soyez ponctuel, que ce soit pour un rendez-vous d'affaires ou entre amis. Si vous craignez d'arriver en retard, téléphonez ou envoyez un SMS pour prévenir la personne qui vous attend.	**N'essayez pas de vous faufiler dans les files d'attente**. Les Britanniques font la queue partout (aux arrêts d'autobus, à la banque, à l'aéroport, etc.) et voient d'un très mauvais œil toute tentative de resquillage. Si vous avez absolument besoin de passer devant, demandez poliment aux autres personnes si c'est possible... et ne vous étonnez pas si vous essuyez un refus !
Apportez un cadeau à votre hôte. Si vous êtes invité à manger ou à prendre un verre, une bouteille de vin, des chocolats, des fleurs ou une plante sont des valeurs sûres.	**Ne soyez pas trop péremptoire dans vos opinions**. Certes, vous n'êtes pas tenu d'être toujours d'accord avec votre interlocuteur, mais, pour ne pas paraître impoli, notamment avec des gens que vous ne connaissez pas bien, tâchez tout de même de présenter vos arguments avec tact.
Lorsque vous avez fini de manger, **posez votre couteau et votre fourchette** l'un contre l'autre sur votre assiette (comme si celle-ci était une horloge et que votre couvert indiquait midi).	**N'essayez pas de faire à tout prix la conversation** à quelqu'un que vous ne connaissez pas. Par exemple, il est de notoriété publique que les passagers du métro londonien ne parlent pas à leurs voisins et les regardent à peine. Si vous tentez sans grand succès de lier conversation, n'insistez pas !

Si vous êtes dans un pub, **offrez une tournée**. Avant d'aller passer une commande au bar, il est de mise de demander à vos compagnons s'ils veulent quelque chose. Ils vous offriront un verre lorsque leur tour viendra.	**Ne vous obstinez pas à vanter la supériorité de la France sur la Grande-Bretagne**. Les Britanniques se plaignent constamment de leur pays, mais ne prennent pas forcément très bien les critiques lorsqu'elles viennent d'un étranger !

L'université

Comment choisir?

Si vous avez l'occasion de fréquenter une université britannique (**university** ou, plus familièrement, **uni**), l'expérience vous semblera peut-être différente de celle que vous avez eue en France. Il est rare que les étudiants habitent chez leurs parents, même si cela devient de plus en plus souvent le cas en raison de l'augmentation des frais de scolarité et du coût du logement : la plupart des étudiants de première année vivent en cité universitaire (**halls (of residence)**), puis ils partagent souvent un appartement ou une maison (**shared flat** ou **house**) avec des colocataires (**flatmates/housemates**). Beaucoup d'étudiants vont étudier ailleurs que dans leur ville d'origine ; ils choisissent leur université selon plusieurs critères : qualité des enseignements, réputation de l'établissement, style de vie qu'ils pourront y mener. On pose généralement sa candidature durant l'année précédant le début des études, et ce pour plusieurs cursus ou dans plusieurs universités (six au maximum). Le succès de la candidature dépend des résultats obtenus au lycée et de ceux escomptés en fin d'année. (Des critères supplémentaires sont souvent pris en compte.) Les lycéens les plus doués pourront tenter leur chance à **Oxbridge**, mot qui désigne conjointement les universités d'Oxford et de Cambridge, les plus anciennes et les plus prestigieuses d'Angleterre. Il est de plus en plus courant de prendre, avant de commencer ses études, une année de battement appelée **gap year** ou **year out**, qui permet de voyager, de faire du bénévolat à l'étranger ou, tout simplement, de gagner un peu d'argent pour financer ses études.

La « student union »

Le syndicat des étudiants (**student union**) est dirigé par des étudiants élus et peut aider ses membres à résoudre des problèmes pratiques tels que la recherche d'un logement. Le terme **student union** désigne également les locaux qui accueillent le syndicat. Vous risquez de passer une grande partie de votre temps libre dans ces derniers, où sont organisés des soirées, des concerts (parfois par des artistes connus) et des projections de films. Les locaux de la **student union** abritent également des cafés et des snacks, le restaurant universitaire (**refectory**) ainsi que le **union bar** qui sert des boissons à des prix avantageux. (Il faut dire que l'alcool fait partie intégrante de la vie étudiante en Grande-Bretagne.) Il existe également sur le campus toute une série de **societies** (clubs) dirigés par les étudiants pour les étudiants, proposant divers sports ainsi que des activités culturelles, intellectuelles et ludiques (jonglerie, dégustation de vins, majorettes...). Vous pouvez vous y inscrire en vous rendant à la **societies fair** qui se tient lors de **fresher's week** (semaine d'accueil des étudiants de première année).

Les cours

Les filières scientifiques et techniques sont généralement beaucoup plus centrées sur les enseignements en classe que les filières littéraires (**arts**), où les étudiants ont une dizaine d'heures de cours par semaine mais doivent aussi travailler beaucoup par eux-mêmes. (La bibliothèque universitaire, **university library**, est pour eux un outil indispensable.) Les cours peuvent être de plusieurs types : cours magistral (**lecture**), séminaire (**seminar**), travaux pratiques (**practicals/workshops**, dans les matières scientifiques) et travaux dirigés (**tutorial**). Les séminaires se font en petits groupes, chacun étant censé apporter sa contribution. Les travaux dirigés, qu'ils soient individuels ou par groupes de deux ou trois étudiants, sont l'occasion pour ces derniers de consulter leur directeur d'études (**personal tutor** ou **advisor**).

Actuellement, la plupart des cursus se divisent en modules (**credits**), avec quelques matières principales obligatoires (**core units**) et des **options** ; ils sont dits **modular**. La plupart des universités organisent leur année en deux semestres (**semesters**) qui vont en gros d'octobre à février et de février à juin. L'année est malgré tout coupée en trois par les vacances de Noël (un mois), de Pâques (un mois) et d'été.

Le travail que l'on exige des étudiants est un mélange de contrôle continu (**continuous assessment**) et d'examens (**exams**). Dans la plupart des options, on leur demande de rédiger plusieurs dissertations (**essays**) par semestre, d'une longueur d'environ 1500 à 3000 mots, et, dans certaines matières, un exposé ou un travail en groupe. Il est bon de vérifier la méthode de contrôle des connaissances avant de choisir telle ou telle option. Les étudiants de dernière année doivent rédiger un long mémoire (**dissertation**) ou compiler un dossier de recherche (**research project**) sous le contrôle de l'enseignant. Il y a des examens à la fin de chaque semestre, les **finals** étant les derniers examens à passer avant d'obtenir son diplôme.

« la « graduation ceremony » est une occasion solennelle »

La cérémonie de remise des diplômes (**graduation ceremony**) est une occasion solennelle. Les étudiants revêtent le mortier et la toge traditionnels (**cap and gown**) aux couleurs de leur université pour recevoir leur diplôme sur l'estrade, puis se faire photographier le diplôme à la main. Les parents, très fiers de leur progéniture, assistent généralement à la cérémonie. Les nouveaux diplômés se rendent ensuite parfois au bal organisé à cette occasion (**graduation ball**).

Les coûts

Depuis quelques années, le coût des études universitaires en Grande-Bretagne a considérablement augmenté suite à l'introduction des frais de scolarité (**tuition fees**), sauf en Écosse, où le système est différent. Par le passé, les étudiants avaient droit à une bourse (**grant**), mais ce système a été remplacé dans de nombreux cas par des prêts (**student loans**), ce qui fait que les nouveaux diplômés se retrouvent souvent avec des dettes de plusieurs milliers de livres. Les étudiants, quant à eux, se voient souvent contraints de travailler à temps partiel pour payer leurs études.

Le travail

Depuis quelques années, le Royaume-Uni accueille un nombre important de jeunes Français convaincus qu'il est plus facile d'y trouver un emploi qu'en France. Il est vrai que le marché de l'emploi britannique a tendance a être plus souple que son équivalent d'outre-Manche (à l'embauche comme au licenciement), et que l'on y attache moins d'importance aux diplômes. Ceux-ci sont bien sûr essentiels dans certaines professions spécialisées – droit, médecine, architecture – mais, en ce qui concerne les emplois de bureau, l'expérience et la personnalité du candidat sont souvent jugées aussi utiles que ses diplômes.

Poser sa candidature

Si vous souhaitez poser votre candidature à un poste, vous pouvez le faire soit en répondant à une annonce, soit en envoyant une candidature spontanée (**unsolicited application**). Une agence d'intérim (**temping agency**) pourra vous aider à trouver un emploi temporaire. (Notez d'ailleurs qu'*intérimaire* se dit **temp** en anglais et *faire de l'intérim* **to temp**.) Le CV doit être accompagné d'une lettre de motivation (**covering letter**), tous deux tapés à l'ordinateur. En principe, le CV ne doit pas dépasser deux pages au format A4 ; la plupart des candidats n'y joignent pas de photo ; bien que cela ne soit pas obligatoire, on fait généralement figurer sa date de naissance. Lorsque vous énumérez vos diplômes français, donnez-en un équivalent approximatif (par exemple **baccalauréat, equivalent to A-levels** ; **DESS, postgraduate diploma**). Consultez des modèles de CV pour vous assurer que vous suivez bien le style prescrit. Tâchez également de faire vérifier tout ce que vous avez écrit par un anglophone. Les étapes de sélection varient selon les postes : vous serez probablement convoqué(e) pour un ou plusieurs entretiens et il se peut également que l'employeur souhaite vous faire passer des tests dans tel ou tel domaine particulier. Dans la plupart des cas, on n'exigera pas d'un candidat francophone qu'il ait un accent anglais parfait ; il suffit que vous démontriez votre capacité à communiquer efficacement avec un interlocuteur anglophone.

La vie de bureau

Le milieu du travail est généralement assez décontracté en Grande-Bretagne ; on appelle par exemple ses collègues par leur prénom. Le statut de cadre n'existe pas, même s'il est possible, naturellement, de gravir les échelons pour accéder à un poste plus élevé dans la hiérarchie et donc mieux payé. Le code vestimentaire varie selon les lieux de travail. Dans les sociétés qui exigent une tenue soignée, il existe parfois ce que l'on appelle **dress-down Friday**, c'est-à-dire une journée où les employés sont autorisés à porter une tenue plus décontractée.

Les sorties entre collègues sont courantes : la plupart des sociétés organisent un repas ou une soirée de Noël ; certaines ont un comité composé de membres du personnel qui s'occupe d'organiser des sorties tout au long de l'année. Cependant il n'existe pas de structure comparable au comité d'entreprise français. L'influence des syndicats a beaucoup diminué depuis les années Thatcher et la tendance ne s'est pas inversée avec l'arrivée au pouvoir du New Labour ; les syndicats demeurent davantage présents dans le secteur public que dans le secteur privé.

« les sorties entre collègues sont courantes »

Il est courant d'aller prendre un verre entre collègues après le travail, notamment le vendredi ; les pubs des centres-villes se remplissent alors d'employés de bureau. Cette coutume peut être une bonne occasion non seulement de faire plus ample connaissance avec vos collègues, mais aussi d'apprendre ce qui se passe dans les coulisses du bureau ! À l'occasion du départ d'un collègue, d'une naissance ou d'un mariage, il est d'usage d'adresser collectivement une carte à la personne concernée et de se cotiser pour lui faire un cadeau.

Malgré tout cela, il est de notoriété publique que la journée de travail des Britanniques est l'une des plus longues d'Europe ; un Britannique employé à temps complet travaille en moyenne deux heures de plus chaque semaine qu'un Français. Cela dit, la productivité du travailleur britannique est sensiblement inférieure à celle de son homologue français.

Le « nine-to-five »

En théorie, les heures de bureau vont de 9 h à 17 h (d'où les expressions **a nine-to-five job**, *un travail de bureau*, et **the nine-to-five**, *le train-train quotidien*), mais beaucoup de gens font des journées plus longues. Bien que la plupart des employés de bureau aient droit à une pause-déjeuner d'une heure, la majorité se contentent d'un sandwich devant leur ordinateur afin de pouvoir reprendre le travail plus rapidement. Les restaurants d'entreprise et les Tickets-Restaurants® (**luncheon vouchers**) sont rares, aussi les déjeuners au restaurant entre collègues sont généralement réservés aux grandes occasions. Si l'on ajoute à cela les longues heures passées dans les transports par ceux qui travaillent en ville, il ne reste plus beaucoup de temps pour souffler.

Congés et horaires flexibles

« les jours fériés sont hélas moins nombreux qu'en France »

Pour ce qui est des congés, chaque société octroie à ses employés un nombre de jours fixe, en général 4 à 5 semaines par an. À cela viennent s'ajouter les jours fériés (**bank holidays**), qui sont hélas moins nombreux qu'en France et pas toujours considérés par les employeurs comme des jours de congé. Comme ils tombent toujours un lundi, les occasions de faire le pont sont inexistantes. Les horaires à la carte (**flexitime**) sont monnaie courante dans les emplois de bureau.

CULTURE

Les règles concernant les congés-maladie sont laissées à la discrétion de chaque entreprise, mais le plus souvent on peut s'absenter pendant un maximum de trois jours sans qu'il soit nécessaire de présenter un certificat médical.

D'une manière générale, les impôts sur le revenu des personnes salariées à plein temps sont prélevés à la source, ce qui évite d'avoir à remplir des déclarations d'impôts ; ce système est connu sous le nom de **PAYE** ou **pay as you earn**.

Le logement

An Englishman's home is his castle

Aujourd'hui, environ les deux tiers des Britanniques sont propriétaires de leur logement. L'accès à la propriété a été encouragé par le gouvernement Thatcher au cours des années 80, notamment par la vente d'une grande partie du parc HLM du pays. Il existe aujourd'hui une pénurie de logements sociaux (**council housing**) en Grande-Bretagne et les loyers hors secteur HLM y sont souvent très élevés ; ceci explique pourquoi les Britanniques envisagent la location comme une situation temporaire et non comme un choix de logement sur le long terme, comme c'est encore le cas en Europe continentale.

D'autre part, la facilité de l'accès au crédit a encouragé le phénomène du **buy-to-let**, à savoir l'acquisition de logements (à crédit) dans le but de les louer. Ce phénomène aggrave encore l'inflation immobilière, si bien qu'il est désormais difficile (voire impossible) pour bien des gens aux revenus moyens ou modestes d'obtenir un prêt pour acheter leur premier logement (**to get on the property ladder**, comme le disent les Britanniques ; ceux qui achètent (ou souhaitent acheter) leur premier logement sont appelés les **first-time buyers**). Ces prêts sont connus sous le nom de **mortgages**, ils sont remboursés sous forme de mensualités, le plus souvent sur une période de 25 ans.

Mais l'inflation des prix de l'immobilier est telle (et ce particulièrement dans le sud-est de l'Angleterre) que certaines banques proposent des prêts allant jusqu'à six ou sept fois le salaire brut annuel de leurs clients, remboursables sur des périodes plus longues. Non seulement il est possible d'acheter une maison en emprutant 100% de son prix d'achat, mais certains établissements prêtent jusqu'à 110% du prix de la maison pour permettre à leurs clients de se meubler ou d'effectuer des travaux.

« le prix de l'immobilier ne cesse de grimper »

On notera au passage que c'est en grande partie grâce à cette bulle immobilière que les Britanniques ont pu continuer à consommer à un rythme relativement soutenu au cours de ces dernières années et que l'économie a continué à donner des signes de bonne santé, parfois trompeurs. En effet, les banques accordent très volontiers des prêts aux personnes qui sont propriétaires de leur logement (même si ces derniers n'ont pas terminé d'en payer les traites). D'autre part, le prix de l'immobilier ne cessant de grimper, il est généralement possible d'emprunter davantage au fur et à mesure que la maison dont on est propriétaire prend de la valeur. Ceci – ainsi que la facilité déconcertante avec laquelle on peut obtenir un nombre presque illimité de cartes de crédit – explique pourquoi les ménages britanniques ont désormais le taux d'endettement le plus élevé d'Europe.

Des loyers élevés

Comme on l'a vu plus haut, les loyers sont généralement élevés en Grande-Bretagne, c'est pourquoi de nombreux étudiants, célibataires et jeunes couples choisissent de partager un logement avec des **flatmates** ou **housemates** (colocataires). La quasi-totalité des étudiants qui ne vivent pas en résidence universitaire partagent un logement avec d'autres étudiants. Il est également courant, lorsqu'on est propriétaire et que l'on dispose d'une chambre inoccupée chez soi, de la louer à un **lodger**, de façon à disposer d'un petit revenu supplémentaire ou d'alléger le poids de ses mensualités. Les logements sont pour la plupart loués meublés (**furnished**) et le type de bail le plus répandu est le bail de 6 mois renouvelable (**shorthold tenancy**).

Il convient d'ouvrir ici une petite parenthèse pour préciser qu'au prix du logement vient s'ajouter la **Council Tax** ; il s'agit d'une taxe d'habitation prélevée auprès de chaque foyer par les municipalités et servant à financer les services publics locaux. Son montant est calculé en fonction de la valeur estimée du logement occupé. Les logements sont répertoriés en huit catégories, les **valuation bands**, allant de A à H, par ordre croissant de valeur. Il est recommandé de se renseigner sur le taux de Council Tax avant d'emménager car elle est souvent horriblement chère – il n'est pas rare de devoir payer jusqu'à 150 livres ou plus par mois par foyer. Les étudiants, les chômeurs et les gens ne disposant que de revenus extrêmement faibles en sont exemptés.

L'habitat

Il existe trois grands types de maisons en Grande-Bretagne :

- les **semi-detached** ou **semis**, qui sont des maisons jumelées dont les deux parties sont bâties exactement sur le même plan. Ces maisons ont le plus souvent deux ou trois chambres et un petit jardin devant et derrière.
- les **detached houses** (maisons individuelles) ; ce peuvent être des **bungalows** (pavillons de plain-pied) ou des **cottages**.
- les **terraced houses**, qui se présentent en rangées ininterrompues, un peu comme les corons du nord de la France ; ce type de maison est souvent construit sur le modèle **two up, two down** (deux pièces au rez-de-chaussée et deux chambres à l'étage) et dispose d'un petit jardin à l'arrière, le **back garden**. Il s'agit du type de logement le plus répandu dans les villes anglaises.

On notera que, dans l'ensemble, les Britanniques vivent moins en appartement que les Français. Même les logements HLM (les **council houses** ou **council flats**) sont souvent des **terraced houses** ou des **semis**. Cependant, du fait du nombre croissant de personnes vivant seules et à cause du prix exorbitant des maisons, la proportion de gens qui habitent en appartement est en augmentation.

Si vous êtes étudiant dans une université, vous pouvez faire une demande de chambre dans un **hall of residence** (cité universitaire). Si vous préférez habiter en ville, il vous faudra trouver un logement vous-même et éventuellement apprendre à décrypter les petites annonces des journaux. Cela dit, la recherche de logement se fait de plus en plus par Internet où les sites consacrés (au moins en partie) au **flatshare** (partage de logement) sont nombreux, citons par exemple **www.gumtree.com**.

L'art de décoder les petites annonces de logement

> 2-rm. apt. to rent in city centre. All mod cons. TV, fitted kit., bathroom w/ shower. £555 pcm.
> Tel: 0786 554321

2-rm apt = 2-room apartment : appartement de deux chambres
all mod cons = all modern conveniences : tout le confort moderne
fitted kit. = fitted kitchen : cuisine équipée
bathroom w/ shower = bathroom with shower : salle de bain avec douche
pcm = per calendar month : par mois

> Lg. rm to rent in shared house, SE London, £80 per wk., + CT + bills. Deposit reqd. Suit young NS prof.
> Tel: 0206 555655

Lg. rm to rent = large room to rent : grande chambre à louer
SE London = South-East London : sud-est de Londres
£80 per wk. = £80 per week : 80 livres par semaine
CT= council tax : taxe d'habitation
Deposit reqd. = deposit required : caution exigée
Suit NS prof. = suitable for non-smoking professional : conviendrait à un non-fumeur avec emploi

> For sale: 2 b/room det. house, big garden, dbl. gar. S facing, £200K ono. Tel: 09987 66589

2 b/room det. house = 2 bedroom detached house : maison individuelle de 2 chambres
dbl. gar. = double garage : garage pour deux voitures
S facing = exposé au sud
£200K ono. = £200,000 or nearest offer = 200 000 livres à débattre

La santé

Fonctionnement du NHS

Le **NHS** (**National Health Service**) est le système public de santé britannique. Fondé en 1948, il a pour vocation de fournir des soins de santé gratuits à tous les résidents britanniques. Ces derniers doivent s'inscrire auprès d'un médecin généraliste (**GP** ou **general practitioner**) au centre médical le plus proche (que l'on appelle souvent **surgery**). Les centres médicaux, de même que les cabinets dentaires, sont libres de choisir leurs patients. Il est parfois difficile d'obtenir un rendez-vous car certains centres ont trop d'inscrits sur leurs listes ; il faut préciser que le nombre de médecins par rapport au nombre d'habitants est inférieur de moitié environ à celui de la France.

« les rendez-vous chez les généralistes sont gratuits »

En règle générale, les médecins essaient de limiter leurs consultations à environ dix minutes par patient. Il est très rare qu'ils effectuent des visites à domiciles, sauf en cas d'urgence. La plupart des centres médicaux sont fermés après 18 heures en semaine et n'ouvrent pas du tout le week-end ; il existe néanmoins un service de garde en cas d'urgence. Les rendez-vous chez les généralistes sont gratuits, mais les médicaments sont payants (à raison, à l'heure actuelle, d'environ 6 livres par médicament prescrit, sauf pour certaines catégories de clients, par exemple les femmes enceintes, les moins de 16 ans et les chômeurs).

Les examens et soins dentaires, de même que les examens de la vue en Angleterre et au Pays de Galles (mais pas en Écosse), sont eux aussi payants. Les rendez-vous chez un spécialiste opérant dans le cadre du NHS (par exemple un dermatologue ou un cardiologue) ne sont possibles que sur recommandation du médecin traitant. On peut consulter un spécialiste à ses frais, c'est-à-dire en-dehors du NHS, mais cela revient généralement très cher à moins d'avoir une assurance maladie privée, ce qui est rare au Royaume-Uni, parce que très onéreux.

En raison du manque d'investissement dont il a longtemps pâti, le NHS connaît une crise chronique dont les signes les plus évidents sont les longues listes de patients en attente d'un rendez-vous avec un spécialiste ou d'une opération. Au cours des dernières années, la polémique autour du NHS s'est intensifiée et à chaque élection, l'avenir des services de santé est un enjeu majeur.

Accords réciproques

Les ressortissants des pays membres de l'Union européenne bénéficient d'accords réciproques qui leur permettent d'accéder aux soins médicaux et dentaires du NHS. Si vous allez au Royaume-Uni, n'oubliez pas de vous munir de votre carte européenne d'assurance maladie. Valable de trois à cinq ans, elle couvre tout traitement médical qui se révélerait nécessaire durant votre séjour à la suite d'une maladie ou d'un accident. Elle donne accès uniquement aux soins médicaux du système de santé public dont bénéficient les résidents du Royaume-Uni.

Pour toute assistance médicale d'urgence, c'est-à-dire en cas d'accident, composez le **999** (appel gratuit) et demandez le service d'urgence dont vous avez besoin (pompiers, police ou ambulance). Les visites aux urgences (**Accident and Emergency department** ou **Casualty department**) des hôpitaux sont gratuites.

Les fêtes

Noël, jour de l'an et Pâques

La Noël (**Christmas**) se fête le 25 décembre. Le Père Noël (**Father Christmas** ou **Santa Claus**) est censé rendre visite aux enfants la veille au soir (**Christmas Eve**), en prévision de quoi ces derniers suspendent près de la cheminée ou au pied du lit une longue chaussette (**Christmas stocking**) destinée à recevoir les cadeaux. Dans la plupart des foyers, on achète un sapin de Noël et l'on décore non seulement ce dernier mais aussi le reste de la maison. La coutume veut que l'on expose les cartes de vœux (**Christmas cards**) envoyées par les parents et connaissances (voir **Greetings Cards**). Le jour de Noël (**Christmas Day**) est férié et se passe généralement en famille. On assiste parfois à l'office du matin (même si on ne va jamais à l'église le reste de l'année), puis on échange des cadeaux avant de s'attabler pour la traditionnelle dinde à la sauce d'airelles avec pommes de terre au four et légumes variés, suivie du **Christmas pudding** (voir **La nourriture**). Un **Christmas cracker** est disposé auprès de chaque assiette. Cette papillote renferme de petites surprises que deux personnes se disputent en tirant de chaque côté du cracker jusqu'à ce qu'il s'ouvre en claquant. (Il contient un pétard.)

Boxing Day (le 26) est également un jour férié ; il est traditionnellement réservé aux amis et à la famille.

À la Saint-Sylvestre (**New Year's Eve**), il est courant de se rendre à une soirée ou, surtout chez les jeunes, de sortir entre amis. Juste avant les douze coups de minuit, on compte les secondes restantes avant la nouvelle année, puis on se donne la main pour chanter une chanson écossaise traditionnelle intitulée « **Auld Lang Syne** ». C'est ce que l'on appelle **ringing in the New Year**.

Le premier janvier (**New Year's Day**) est un jour férié. Les Écossais fêtent tout particulièrement le nouvel an, ou **Hogmanay**, que l'on célébrait autrefois au lieu de la Noël. En Écosse, le 2 janvier aussi est férié.

La période de Pâques (**Easter**) donne lieu à un jour férié, le lundi de Pâques (**Easter Monday**), et beaucoup d'entreprises accordent également le vendredi saint (**Good Friday**) à leurs employés. Le dimanche de Pâques débute pour certains par l'office religieux, suivi d'un repas en famille où l'agneau pascal est de rigueur. La principale coutume associée à cette journée est celle des œufs de Pâques (**Easter eggs**), qui font parfois l'objet d'une chasse au trésor (**Easter egg hunt**) destinée aux enfants, dans la maison ou le jardin. Il existe une autre gourmandise typique des fêtes de Pâques, les **hot cross buns** (voir **La nourriture**).

« Bank holidays » et saints patrons

En dehors de Noël et de Pâques, il y a en Grande-Bretagne plusieurs jours fériés (**bank holidays**) qui tombent tous un lundi. Il s'agit du 1er mai (ou du lundi le plus rapproché) et de deux autres lundis, l'un vers la fin mai et l'autre à la fin août. Les dates varient parfois légèrement selon que l'on est en Angleterre ou au Pays de Galles, en Écosse ou en Irlande du Nord.

En règle générale, les fêtes des saints ne sont pas observées. Les seules dont on parle sont celles des patrons des quatre nations : pour l'Angleterre, la Saint-Georges (**St George's Day**), le 23 avril ; pour le Pays de Galles, la Saint-David (**St David's Day**), le 1er mars ; pour l'Écosse, la Saint-André (**St Andrew's Day**), le 30 novembre ; pour l'Irlande (Irlande du Nord et République d'Irlande), la Saint-Patrick (**St Patrick's Day**), le 17 mars. Seule la Saint-Patrick est un jour férié (en Irlande et en Irlande du Nord uniquement)

Sans oublier...

Il convient de mentionner plusieurs autres festivités annuelles, à commencer par **Burns Night** qui, le 25 janvier, marque en Écosse la naissance du poète Robert Burns.

> **« Guy Fawkes Night commémore le 5 novembre le célèbre Gunpowder Plot de 1605 »**

Lors du traditionnel **Burns Supper**, le haggis, plat national écossais, est apporté à table par une personne elle-même précédée par un joueur de cornemuse ; le plat est alors déposé sur la table de l'hôte. L'un des invités récite le poème de Burns « **Address To a Haggis** ». Le reste de la soirée est ponctué de lectures de poésie et de discours, le tout copieusement arrosé de whisky. La Saint-Valentin (**Valentines' Day**), le 14 février, fait l'objet d'un considérable battage publicitaire à l'intention des couples, mais c'est aussi le jour où les célibataires peuvent déclarer leur flamme en envoyant une carte (souvent anonyme) à la personne aimée. Le 1er avril (**April Fool's Day**) est ensuite l'occasion de farces en tous genres ; en revanche, la tradition du poisson en papier n'existe pas. On peut s'amuser ce jour-là à repérer dans la presse ou aux informations télévisées la fausse nouvelle qui se glisse invariablement dans les titres de la journée. **Bonfire Night**, ou **Guy Fawkes Night**, commémore le 5 novembre le célèbre **Gunpowder Plot** de 1605 : Guy Fawkes tenta avec d'autres conspirateurs de faire sauter le Parlement, ce qui lui valut d'être brûlé sur le bûcher. C'est ce supplice que l'on simule aujourd'hui en brûlant sur un feu de joie le **guy**, un pantin fait de paille et de vieux vêtements, tandis que résonnent les feux d'artifice censés évoquer la poudre qui devait servir les desseins des conspirateurs.

Hallowe'en, le 31 octobre, a pris ces dernières années des proportions bien plus importantes que par le passé. Des coutumes américaines ont été importées en Grande-Bretagne : certains organisent par exemple des soirées déguisées ; il est aussi courant de creuser une citrouille pour en faire une lanterne qui illuminera une fenêtre. Autre tradition américaine désormais bien implantée, le **trick or treating** : des groupes d'enfants déguisés en sorcières, diablotins et autres vampires font le tour des maisons du voisinage pour y réclamer des **treats** (bonbons, argent, etc.) et jouer un tour (**trick**) aux voisins qui les leur refusent.

Les « greetings cards »

Une véritable industrie

Les Britanniques aiment s'envoyer des cartes en tous genres et en toutes occasions. Ce sont les champions du monde de l'envoi de cartes, si bien qu'il existe une véritable industrie de la carte outre-Manche, industrie qui pèse plus d'un milliard de livres sterling par an (plus d'un milliard et demi d'euros) ! Chaque année, les Britanniques dépensent en moyenne vingt livres pour l'achat de cartes, et en reçoivent cinquante-cinq.

Il existe des chaînes de magasins spécialisés dans le domaine de la carte, offrant une sélection de plusieurs centaines de cartes de toutes sortes – des plus traditionnelles aux plus surréalistes – pour toutes les occasions et les situations imaginables : cartes de Noël, d'anniversaire, de mariage, de condoléances, à l'occasion d'une naissance, du départ d'un collègue, d'une promotion, pour féliciter quelqu'un pour son nouveau travail, pour son permis de conduire, pour lui souhaiter un prompt rétablissement, pour son oncle, sa tante, son gendre, sa belle-mère, son patron ; la liste est presque infinie...

Un must absolu pour Noël et les anniversaires

C'est à Noël que le phénomène atteint son apogée ; l'usage veut que l'on envoie une carte à tous les gens avec qui l'on souhaite garder contact et rester en bons termes, y compris ses voisins et ses collègues. À propos de ces derniers, il est courant de leur remettre leur carte de Noël en main propre ou de la laisser sur leur bureau ; bien souvent il s'agit d'une carte où figure un message pré-imprimé, portant simplement la signature de l'expéditeur. Il faut noter que contrairement aux Français, qui envoient leurs cartes de vœux en janvier, les Britanniques envoient leurs cartes avant Noël. D'ailleurs, le volume de cartes envoyées à l'occasion des fêtes est tel que chaque année, les postes britanniques informent le public du jour limite d'expédition au-delà duquel elles ne peuvent pas garantir que les cartes seront distribuées à temps pour Noël. Les gens exposent les cartes reçues sur leur cheminée ou en font des guirlandes pour décorer la maison.

« ce sont les champions du monde de l'envoi de cartes »

La carte d'anniversaire est également un must. Même si l'on côtoie quelqu'un quotidiennement, on ne se saurait se contenter de lui souhaiter « bon anniversaire ! » : la carte est de rigueur. Elle accompagne également tout cadeau.

Le multiculturalisme en Grande-Bretagne

Un peu d'histoire

La Grande-Bretagne est, depuis longtemps déjà, l'une des destinations de choix des émigrants venus d'autres pays européens. Nombre d'entre eux s'y sont installés après la Seconde Guerre mondiale, mais la diversité ethnique de la Grande-Bretagne contemporaine ne date véritablement que de la seconde moitié du XXème siècle, avec l'arrivée de ressortissants de l'ancien empire britannique à la recherche d'un emploi. En 1947, l'Inde obtenait son indépendance vis-à-vis de la Grande-Bretagne, suivie de la Birmanie, de Ceylan et de la Malaisie, puis, tout au long des années 60, des colonies africaines et antillaises. C'est ainsi que des bateaux entiers d'immigrants débarquèrent sur les côtes britanniques. Ils s'attendaient à un accueil chaleureux (notamment s'ils venaient des Antilles, où ils avaient appris à considérer la métropole comme la « mère patrie »), mais, dans la Grande-Bretagne blanche des années 50 et 60, c'est souvent au racisme et à la discrimination qu'ils se trouvèrent confrontés, notamment dans la recherche d'un logement ou d'un emploi. Heureusement, les mentalités ont changé depuis cette époque et la Grande-Bretagne est aujourd'hui un pays où règnent la diversité et, en règle générale, la tolérance. Les plus importantes communautés d'immigrés restent celles des anciennes colonies britanniques – Inde, Pakistan, Caraïbes – même si l'on remarque un afflux récent et massif de Polonais et autres ressortissants des nouveaux pays membres de l'Union européenne.

« la Grande-Bretagne est un pays où règne aujourd'hui la diversité »

Les « British Asians »

Les personnes originaires du sous-continent indien sont désignées en Grande-Bretagne par le terme **Asians**, à ne pas confondre avec le mot français *asiatique*. Ceux qui sont nés et ont grandi au Royaume-Uni se décrivent souvent eux-mêmes comme **British Asians**. Bien que de nombreuses familles du sous-continent indien soient établies au Royaume-Uni depuis plusieurs générations, le sens de la solidarité reste très fort au sein de leurs communautés. Celles-ci conservent souvent leur culture et leur langue : les langues minoritaires les plus parlées en Grande-Bretagne sont l'hindi, le pendjabi et l'ourdou. La culture du sous-continent indien occupe une place grandissante dans la société britannique contemporaine, comme en témoignent par exemple la popularité de la cuisine indienne ou des films bollywoodiens et la participation aux événements culturels que sont les **melas** (kermesses) ou **Diwali** (la fête des Lumières hindoue).

Londres et au-delà

Londres est l'une des villes les plus multiculturelles au monde ; on en veut pour preuve les quelques 300 langues parlées par ses habitants. Bien que les différentes populations y soient bien intégrées dans l'ensemble, certains quartiers abritent de très importantes communautés ethniques. Il y a par exemple une forte concentration de Bangladais autour de Brick Lane, dans l'est de la ville, parfois rebaptisée **Banglatown** en raison des dizaines de restaurants et de commerces bangladais qui jalonnent ses rues. Le quartier de Notting Hill était, à l'origine, peuplé de nombreux immigrés antillais qui y importèrent leur fameux carnaval. Quant au nord de Londres, on y trouve une forte immigration juive, ainsi que de nombreux Grecs, Turcs et Chypriotes. Si vous avez la nostalgie du français, sachez que vos compatriotes ne manquent pas à Londres, souvent dans des quartiers relativement prospères : Wandsworth et Fulham sont particulièrement prisés des expatriés, et South Kensington, Ealing et Clapham ont chacun leur Lycée français.

« Londres est l'une des villes les plus multiculturelles au monde »

Bien entendu, Londres n'est pas la seule destination des populations immigrées ; on retrouve cette même diversité ethnique dans la plupart des grands centres urbains britanniques. Leicester a la plus forte proportion de résidents originaires de minorités ethniques (en particulier du sous-continent indien), mais d'autres villes comme Birmingham, Leeds, Bradford, Sheffield, Manchester ou Glasgow sont aussi très multiculturelles. Dans les années 1950 et 1960, c'étaient encore de grands centres industriels qui attiraient les immigrés en quête d'un emploi.

Qui dit diversité ethnique dit aussi diversité religieuse : bien que la Grande-Bretagne soit un pays de tradition chrétienne, l'Islam, l'hindouisme, le sikhisme et le judaïsme y sont aujourd'hui bien représentés.

Une notion controversée

Récemment la notion de multiculturalisme a fait l'objet de nombreux débats en Grande-Bretagne, notamment après les attentats du métro de Londres en juillet 2005, dont les auteurs étaient des Britanniques d'origine pakistanaise. En effet, jusqu'à présent le multiculturalisme à la britannique s'est davantage caractérisé par la cohabitation des populations immigrées avec la population autochtone que par leur intégration, aboutissant à la création de communautés ethniques repliées sur elles-mêmes et n'ayant que très peu de contacts avec le reste de la population. De nombreuses voix se sont élevées pour que l'accent soit désormais mis sur l'intégration de ces populations dans la société britannique pour éviter un « choc des civilisations » au sein même du pays et pour favoriser la notion de **Britishness**, à savoir un ensemble de valeurs communes auxquelles pourraient s'identifier tous les Britanniques, quelles que soient leurs origines.

La nourriture

Au-delà des clichés

La cuisine anglaise est depuis longtemps tournée en dérision par les Français, pour qui elle se résume à des plats de viande et de légumes trop cuits et mal assaisonnés, ainsi qu'à d'étranges alliances de saveurs du type viande et sauce aux fruits. Cependant, depuis une vingtaine d'années, la cuisine britannique s'améliore et se diversifie peu à peu, ce qui fait qu'il est désormais possible de bien manger où que l'on se trouve et d'avoir accès à infiniment plus de produits qu'autrefois.

L'une des caractéristiques de la cuisine britannique moderne est sa diversité ethnique. La Grande-Bretagne ayant une forte population originaire d'Inde et du Pakistan, les restaurants indiens et pakistanais abondent ; dans les sondages, le curry est d'ailleurs souvent cité comme plat préféré des Britanniques. Certains quartiers regorgent de **curry houses**, par exemple Brick Lane à Londres ou le **curry mile** de Manchester. Les currys, de même que les plats chinois, sont aussi très prisés des amateurs de plats à emporter. En dehors de l'Inde, l'Italie reste l'une des valeurs sûres du paysage gastronomique britannique. Parmi les nouvelles venues de ces dernières années, la cuisine thaïe figure en bonne place. Même dans les restaurants sans caractère ethnique particulier, les plats sont souvent influencés par la cuisine d'autres pays. Si vous souhaitez goûter à des plats britanniques traditionnels, la meilleure solution est probablement un pub rural proposant des plats maison. La qualité de la nourriture dans les pubs est cependant très variable ; beaucoup d'établissements se contentent de proposer des plats tout prêts réchauffés au micro-ondes et accompagnés de frites, ou un **ploughman's lunch** (assiette composée avec fromage et/ou jambon, pain, salade et pickles).

« la cuisine britannique s'améliore et se diversifie »

Entre malbouffe et diététique

La télévision et l'édition ont beaucoup apporté au grand public en termes de savoir-faire culinaire, notamment par le biais d'émissions animées par des chefs devenus des célébrités (Jamie Oliver, Gordon Ramsay, Nigella Lawson, pour ne citer que les plus influents) et des livres de recettes dérivés. Pourtant, même s'ils aiment cuisiner par procuration, beaucoup de jeunes ne passent jamais à l'acte dans la vie de tous les jours et préfèrent se nourrir de fast-food et de plats tout prêts. C'est à cette tendance que l'on attribue l'augmentation de l'obésité et de certains problèmes de santé. Les Britanniques aiment aussi picorer, c'est pourquoi on trouve dans le commerce un choix impressionnant de chips, de biscuits et de barres chocolatées, sans compter les nouveaux-venus que sont les produits soi-disant « diététiques » ou « allégés. » La plupart des supermarchés proposent une vaste gamme de produits du monde entier ; pour les ingrédients les plus exotiques, on peut se fournir dans des commerces chinois, indiens, antillais, etc.

En parallèle avec l'essor de la malbouffe, on constate aussi celui de la diététique et de l'alimentation biologique, sous l'impulsion de ceux, toujours plus nombreux, qui s'intéressent à la provenance et au mode de production des aliments qu'ils consomment.

« on y trouve le plus de végétariens au monde »

C'est en Grande-Bretagne que l'on trouve le plus de végétariens (**vegetarians** ou, plus familièrement, **veggies**) au monde, notamment parmi les femmes jeunes (non pas, comment on pourrait le croire, parce qu'elles refusent de manger du bœuf britannique, mais principalement pour des raisons éthiques, la plupart des Britanniques aimant beaucoup les animaux). Nombreux sont ceux qui mangent peu ou pas de viande rouge ou qui ne mangent que du poisson. Les végétaliens (**vegans**), eux, ne consomment aucun produit animal, pas même des œufs ou des produits laitiers. On trouve dans le commerce un grand choix de produits végétariens (par exemple des substituts de viande comme le tofu, des saucisses ou des hamburgers végétariens, etc.). Les restaurants proposent aussi toujours un ou plusieurs plats végétariens.

Gastronomie britannique

Le repas britannique traditionnel est connu familièrement sous l'appellation **meat and two veg** (viande et deux légumes, c'est-à-dire des pommes de terre plus un légume vert). Le fameux **Sunday roast** ou **roast dinner** se compose d'un rôti (le plus souvent de bœuf, mais aussi parfois d'agneau ou de poulet) accompagné de divers légumes, de pommes de terre au four, de **gravy** (sauce au jus de viande) et des indispensables **Yorkshire puddings**. Ces derniers n'ont de **pudding** que le nom, puisqu'il s'agit d'un plat salé, une espèce de vol-au-vent en pâte à crêpes que l'on peut servir rempli de **gravy**. En revanche, vous mangerez peut-être un **pudding** d'un autre genre en dessert (sans compter que, pour compliquer encore les choses, le mot **pudding** peut aussi désigner le dessert en général, comme dans la phrase **what's for pudding?**) : les plus traditionnels sont des génoises cuites à la vapeur, contenant parfois des fruits et servis chaudes avec de la **custard** (une crème anglaise épaisse, elle aussi servie chaude). Les autres desserts communs sont les **crumbles** aux fruits, le **sticky toffee pudding** (un pudding traditionnel mais avec une sauce au caramel), le **bread-and-butter pudding** (à base de pain beurré, de **custard** et de raisins secs) ou le **trifle** (couches alternées de génoise, de fruits en jelée et de **custard**). La **jelly** (gelée) est typiquement britannique, mais elle est surtout réservée aux enfants, qui apprécient son goût sucré et fruité, ses couleurs vives et sa consistance inhabituelle.

Le **Christmas pudding** est un pudding aux épices très nourrissant, bourré de fruits secs et de cognac. On le sert, souvent flambé, le jour de Noël. Les fêtes de fin d'année s'accompagnent d'autres spécialités telles que le **Christmas cake** (cake aux fruits très dense nappé de pâte d'amandes et de glaçage), les **mince pies** (petits gâteaux au **mincemeat**, c'est-à-dire un mélange de fruits et d'épices, à ne pas confondre avec **mince**, la viande hachée) ou la **cranberry sauce** (sauce aux airelles), complément habituel de la traditionnelle dinde. On retrouve cette combinaison viande-sauce sucrée dans l'agneau-sauce à la menthe et le porc-sauce aux pommes.

Le **pie**, autre mets traditionnel, est le plus souvent une tourte à la viande (**steak and kidney pie**, **chicken pie**) ou aux fruits (**apple pie**). Attention cependant : le **shepherd's pie** et le **cottage pie** sont l'équivalent d'un hachis Parmentier (l'un à l'agneau, l'autre au bœuf) ; il existe aussi une version au poisson avec une sauce béchamel, le **fish pie**. On retrouve les pommes de terre sous forme de purée dans **bangers and mash** (**bangers** = *saucisses*) et de frites dans le **fish and chips** ; ce dernier, vendu emballé dans du papier dans les **chippies** (boutiques de fish and chips) et parfois accompagné de **mushy peas** (purée de petits pois), se mange souvent en plein air.

Vous avez peut-être entendu parler du plat national écossais, le **haggis** ou panse de brebis farcie. Traditionnellement, on le sert avec des **neeps and tatties** (rutabagas et pommes de terre). Parmi les spécialités régionales, on peut encore citer le **Lancashire hotpot** (ragoût de viande et de légumes), les **Cornish pasties** (chaussons à la viande hachée, aux pommes de terre et aux légumes), les **jellied eels** (anguilles en gelée) ou le **pie and mash**, typiques de l'est londonien.

Petit déjeuner et goûter

Pour bien commencer la journée, vous prendrez peut-être un **full English breakfast** ou **fry-up**. Bien que sa composition varie, il comprend toujours des œufs (frits, brouillés ou pochés) et du bacon ; ceux-ci peuvent s'accompagner de tomates et de champignons frits, de saucisses, de boudin (**black pudding**), de **baked beans** (haricots à la sauce tomate), de **hash browns** (galettes de pomme de terre), sans oublier le pain grillé ou frit. Le **full Scottish breakfast**, lui, comprend des **potato scones** ou petites galettes faites d'un mélange farine-pomme de terre, à ne pas confondre avec le **scone** tout court, servi au goûter (**afternoon tea**) avec du beurre, de la confiture et parfois de la **clotted cream** (crème fraîche très épaisse).

Au goûter, vous rencontrerez peut-être encore des **crumpets** (petites galettes en pâte à crêpe semée de petits trous), des **muffins** (petites galettes épaisses servies chaudes avec du beurre), des **tea cakes** (même chose en gros, mais avec des raisins secs et des épices) ou des **hot cross buns** (version pascale du **tea cake** décorée d'une croix symbolique). On vous proposera peut-être des **flapjacks** (gros biscuits à l'avoine très sucrés) ou des **fairy cakes** (madeleines). Pour un **afternoon tea** vraiment chic, on n'oubliera surtout pas les mini-sandwiches au concombre sur pain de mie.

Au petit déjeuner, les Britanniques prennent souvent du pain grillé avec du beurre, de la confiture, de la marmelade d'oranges, du miel ou du beurre de cacahuètes. Vous découvrirez peut-être même à cette occasion la **Marmite®**, une pâte épaisse, de couleur foncée, à base d'extrait de levure, dont le goût prononcé ne peut pas laisser indifférent.

Sur le pouce

Pour un déjeuner rapide et peu onéreux, les Britanniques ont souvent recours aux **beans on toast** (les **beans** en question sont des **baked beans**), au **cheese on toast** ou à la **baked potato** servie chaude avec du beurre et une garniture qui peut aller du fromage râpé aux **baked beans** en passant par le thon-mayonnaise ou le **coleslaw**, une salade de chou râpé également très courante dans les buffets et les barbecues. Au déjeuner, on peut aussi se contenter d'un sandwich (ou, plus familièrement, un **sarnie** ou **butty**) fait avec deux tranches de pain de mie ou un petit pain (**roll**, comme dans **a ham roll**).

Dinner ? Lunch ? Tea ?

Les repas prennent des appellations particulières selon les régions, même si le petit déjeuner reste toujours le **breakfast**. Le repas de midi s'appelle **lunch** dans le sud, mais souvent **dinner** dans le nord de l'Angleterre. Pour le repas du soir, le nom le plus courant est **dinner**, mais ceux qui prennent leur **dinner** à midi ont tendance à prendre leur **tea** le soir. Dans les milieux plus huppés, le mot **tea** désigne un goûter où l'on consomme habituellement du thé et des pâtisseries. Le **supper** peut être soit le repas du soir (notamment parmi les classes aisées ou ceux qui veulent se donner un genre élégant), soit une collation avant de se coucher. Un **snack** est soit un repas léger, soit un en-cas entre les repas ; celui que l'on prend en milieu de matinée est parfois connu sous le nom de **elevenses** (de **eleven**, *onze heures*). Un repas complet se compose d'un **starter** (ou parfois **appetizer**), d'un **main course** et d'un **dessert** (encore appelé **pudding**, **sweet** ou, plus familièrement, **afters**).

Les restaurants

Notez pour commencer qu'en anglais on dit **to eat out** ou **to go to a restaurant** et non pas « to go to *the* restaurant, » qui serait l'équivalent exact de l'expression française *aller au restaurant*.

L'embarras du choix

Comme il est dit au chapitre **Nourriture**, on peut manger toutes sortes de choses en Grande-Bretagne, parfois dans d'excellents restaurants. Les prix sont en général plus élevés qu'en France et la qualité varie beaucoup selon les établissements. Il existe également des **cafés** et des **coffee shops** qui servent des déjeuners légers, ou encore des **pubs** et des **bars**. Les plats servis dans ces derniers (**pub food** ou, plus familièrement, **pub grub**) relèvent généralement de la cuisine britannique classique : selon les établissements, cela peut aller d'un délicieux plat maison à un plat tout prêt réchauffé au micro-ondes et accompagné de frites.

Dans les **bistros**, le décor est souvent de style français et l'atmosphère plus intime que dans les bars ; ce sont des établissements plus élégants dans l'ensemble que leurs homonymes français. Les **takeaways** (traiteurs qui vendent des plats à emporter) sont très prisés des Britanniques, notamment pour la cuisine indienne et chinoise ainsi que les pizzas.

Surtout le soir

C'est normalement le soir (mais sensiblement plus tôt que les Français) que les Britanniques vont au restaurant, car à midi les gens qui travaillent ne font que très rarement un repas en bonne et due forme. Le menu du jour n'est pas un concept courant en Grande-Bretagne, même si l'on trouve parfois des formules à prix fixe pour un dîner avant spectacle (**pre-theatre supper**) ou un repas d'affaires (**business lunch**). Pratiquement tous les restaurants proposent au moins une entrée et un plat principal pour les végétariens. Contrairement aux restaurants français, ils ne fournissent pas automatiquement l'eau : on vous donnera de l'eau du robinet si vous la demandez. Lorsqu'on sort en groupe, l'habitude veut que l'on partage l'addition, à moins que le repas de certains ait coûté nettement plus que les autres, auquel cas chacun peut régler le montant de ce qu'il a consommé.

Pour les familles

Bien que, traditionnellement, la présence des enfants dans les restaurants ne soit pas ancrée dans les mœurs, elle est aujourd'hui de mieux en mieux acceptée. La plupart des établissements fournissent des chaises hautes pour les plus jeunes, et parfois des livres de coloriages ou un coin pour jouer. S'il n'y a pas de menu enfant proprement dit, on peut souvent commander une portion plus petite ou un plat à partager. Les restaurants destinés plus particulièrement aux familles, avec fast-food et aires de jeux, sont encore appréciés des Britanniques, mais il devient aussi de plus en plus facile d'emmener ses enfants dans les restaurants « standard. » Sachez, cela dit, que certains pubs sont interdits aux moins de 16 ans et que vous risquez de vous retrouver parqués dans une arrière-salle.

La plupart des restaurants sont habilités à vendre des boissons alcoolisées. Dans ceux qui ne le sont pas, vous trouverez peut-être sur le menu la mention **BYO** ou **BYOB** (**bring your own (bottle)**). Le repas vous reviendra bien entendu moins cher si vous apportez votre propre bouteille, même si certains établissements font payer le **corkage** (droit de bouchon).

On laisse un pourboire ?

La politesse et la patience des Britanniques sont bien connues ; ils rechignent à se plaindre s'ils ne sont pas satisfaits, car il est très mal vu de **make a fuss** (faire des histoires). Si votre repas ne vous a pas donné satisfaction, vous êtes tout à fait en droit d'en informer le personnel, mais sans jamais vous départir de votre sang-froid et de votre politesse. Les pourboires (**tips**) étant le plus souvent laissés à la discrétion du client (10–15 % si on est satisfait du service), le personnel a tout intérêt à se faire bien voir. Certains établissements, notamment à Londres, ajoutent automatiquement à l'addition un pourcentage pour le service (**gratuity**).

Le pub

Une véritable institution

Le pub – familièrement appelé **the boozer** – est **le** lieu privilégié pour se réunir entre amis en Grande-Bretagne. C'est l'endroit tout désigné pour décompresser avec ses collègues après le travail le vendredi soir, pour se retrouver *avant* d'aller au cinéma, au théâtre ou à une fête, pour continuer la soirée *après* le cinéma, le théâtre ou le restaurant, et c'est également un but de sortie en soi et un lieu de convivialité très important. Par ailleurs, de nombreux pubs servent à manger le midi et certains ont des zones aménagées pour les familles, parfois avec un coin-jeu. Certains établissements disposent d'une cour ou d'un jardin, le **beer garden**, plus fréquents dans les **country pubs** (pubs de campagne) qu'en ville.

« le pub est LE lieu pour se réunir entre amis »

Les distractions

Contrairement au café-bar à la française, le pub est un lieu conçu pour les séjours prolongés et à ce titre il propose généralement un certain confort au client. En effet, les Britanniques y passent volontiers des heures entières à bavarder, à boire, à jouer aux fléchettes (**darts**), au billard (**pool**), aux machines à sous (**fruit machines**), ou à différents jeux électroniques. Certains pubs accueillent des musiciens pour des séances de **live music** ou organisent des karaokés.

De nombreux établissements proposent des **pub quizzes** – généralement une fois par semaine – au cours desquels des équipes d'habitués se retrouvent pour répondre à des questions portant sur la culture générale, le sport, etc., posées par un animateur, le **quiz master**. Ces mini-concours durent entre deux et trois heures et l'équipe gagnante reçoit un prix d'une valeur modique (souvent des boissons au bar).

Les pubs sont des lieux très appréciés des amateurs de sport télévisé. Les nombreux établissements qui sont équipés de télévisions regorgent de monde lorsqu'un match de football ou de rugby important est retransmis. Dans certains pubs on trouve la mention « no football colours allowed ». Cela signifie que les clients n'ont pas le droit d'arborer les couleurs de leur équipe favorite ; il s'agit d'une précaution destinée à éviter les heurts entre supporters d'équipes rivales.

On appelle les habitués d'un pub les **regulars**, et l'on parle du pub de quartier que l'on fréquente régulièrement comme de son **local** (abréviation de **local pub**).

Qu'est-ce que vous buvez ?

On commande et on règle les consommations directement au bar. Dans les pubs traditionnels la bière reste de très loin la boisson la plus consommée, bien que les spiritueux tels que le **gin and tonic** – ou **G and T** – soient également des boissons populaires, surtout parmi les femmes. Il est désormais possible de commander du vin dans la plupart des pubs, bien que dans ce domaine le choix reste limité. Les bières servies à la pression sont dites **draught** ou **on tap**. L'équivalent d'un demi se dit **half a pint** ou **a half** et le double **a pint** (qui contient un peu plus d'un demi-litre). Le terme **lager** désigne la bière blonde. **Half a pint of lager** correspond donc au traditionnel « demi » servi dans les bars français, mais on le sert le plus souvent sans « faux-col » (**with no head**). Une **bitter** correspond plus ou moins à une bière rousse, une **brown ale** à une bière brune et une **stout** à une bière brune avec de la mousse (la **Guinness** est la plus connue). La **bitter** est généralement peu mousseuse et servie à température ambiante (**room temperature**).

« chacun paie sa tournée »

Lorsque l'on se retrouve entre amis, la tradition veut que chacun paie sa tournée (**round** ; **it's my round**, *c'est ma tournée*), ce qui peut se révéler onéreux – ainsi qu'assez éprouvant pour l'organisme – lorsque l'on est en nombreuse compagnie. Si l'on ne souhaite pas devoir payer une tournée, mieux vaut décliner poliment les offres des autres convives (« **thanks, I'll get my own drink** ») et s'acheter sa propre boisson.

Heures d'ouverture et excès

Les pubs d'Angleterre et du Pays de Galles peuvent désormais rester ouverts de 11 h à 23 h. En Écosse, en revanche, la réglementation est moins stricte et les pubs qui en font la demande peuvent rester ouverts beaucoup plus tard. Depuis 2005, les pubs d'Angleterre et du Pays de Galles ont également la possibilité de faire une demande de licence spéciale les autorisant à ouvrir 24 heures sur 24, mais relativement peu d'établissements se sont montrés intéressés.

D'après le gouvernement, le fait de prolonger les horaires d'ouverture des pubs pourrait apporter une solution au phénomène de **binge-drinking**, c'est-à-dire le fait de boire de grandes quantités d'alcool en peu de temps. Certains groupes de fêtards se livrent à des **pub crawls** (tournée des bars) durant lesquels des quantités phénoménales d'alcool sont consommées. Le **binge-drinking** est devenu un véritable fléau dans de nombreuses villes de Grande-Bretagne, en particulier le vendredi et le samedi soir.

Cependant, il faut noter que les Britanniques sont en général scrupuleux pour ce qui est de l'alcool au volant (**drink-driving**). Il est très mal vu de prendre la route après avoir bu de l'alcool, même en faible quantité. Pour éviter ce problème on prend le taxi ou les transports en commun, ou bien, lorsque l'on est en groupe, on nomme un **designated driver**, qui s'engage à ne pas boire d'alcool pour pouvoir reconduire les autres chez eux à la fin de la soirée en toute sécurité.

Enfin, il faut savoir qu'il est désormais interdit de fumer dans tous les pubs de Grande-Bretagne.

L'argent

La Grande-Bretagne a la réputation d'être un pays cher, ce qui est le cas tout particulièrement à Londres, l'une des villes les plus chères du monde. Le coût de la vie y est si élevé que les salaires bénéficient d'une prime de cherté de vie, le **London weighting**. Cela dit, votre séjour en Grande-Bretagne ne vous coûtera pas forcément les yeux de la tête (**an arm and a leg**) car, pour peu qu'on soit bien renseigné, on peut y dénicher de bonnes affaires (**bargains**) !

Faites jouer la concurrence

Si vous faites des études au Royaume-Uni, vous pourrez obtenir sur présentation de votre carte d'étudiant un tarif spécial ou **student discount**, en général inférieur de 10 à 25% au tarif plein, dans de nombreux établissements (repérez l'écriteau qui stipule la réduction ou posez la question). C'est notamment le cas dans les boutiques de vêtements, les salons de coiffure et de beauté, les centres de loisirs, les attractions touristiques, les cinémas, les théâtres, etc. Si vous comptez prendre le train, que vous êtes étudiant ou que vous avez moins de 26 ans, il est conseillé d'acheter une **Young Person's Railcard** (carte Jeunes) qui donne droit à une réduction d'un tiers sur la plupart des trains ; elle sera vite amortie, le train étant un moyen de transport particulièrement onéreux en Grande-Bretagne. Pour voyager dans Londres, achetez une **Oyster Card** rechargeable électroniquement et valable dans le métro et les bus. Vous l'amortirez même si vous n'êtes en visite que pour quelques jours. Évitez d'acheter des tickets de métro à l'unité car ils sont hors de prix (environ quatre fois le prix d'un ticket de métro à Paris).

> **« la Grande-Bretagne a la réputation d'être un pays cher »**

Si vous choisissez d'acheter une voiture, sachez qu'il vous faudra acheter une vignette (**tax disc**, dont le prix est actuellement d'environ 120 livres par an), renouvelable chaque année. Sachez également que pour les automobilistes l'accès au centre de Londres est désormais soumis à une taxe, la **congestion charge**, actuellement de 8 livres par jour.

Pour ce qui est des courses, les chaînes de supermarchés sont en général meilleur marché que les petits commerces. Elles vendent toutes sous leur propre enseigne de nombreux produits à des prix plus modiques que ceux des grandes marques. Les offres spéciales peuvent être aussi d'un bon rapport qualité-prix (**good value for money**) : elles sont souvent signalées par un « **3 for 2** » (« 3 pour le prix de 2 ») ou « **buy one get one free** » (« 2 pour le prix d'un »). Les cartes de fidélité (**loyalty cards**, voir **Le shopping**) sont encore un moyen d'économiser sur le prix de vos courses.

La privatisation des services publics britanniques fait qu'il est désormais possible de comparer les prix (**to shop around**) des diverses compagnies de gaz, d'électricité et de téléphone ; il existe pour ce faire des sites web spécialisés.

Les banques et les cartes

Pour ouvrir un compte en banque en Grande-Bretagne il faut remplir un formulaire, présenter une pièce d'identité et un document sur lequel figure l'adresse du domicile. Il est préférable de choisir l'agence la plus proche de l'une des grandes banques (**high-street banks**) afin de pouvoir parler directement à un employé si nécessaire. Les heures d'ouverture des banques sont généralement les mêmes que celles des commerces en semaine, mais elles ferment plus tôt le samedi et n'ouvrent pas du tout le dimanche. En revanche elles offrent toutes un service téléphonique ou en ligne fonctionnant 24 heures sur 24. Vous aurez besoin d'un compte courant (**current account**) pour vos dépenses quotidiennes, et éventuellement d'un compte épargne (**savings account**). Les **ISA** sont des comptes à intérêts non imposables très prisés des Britanniques, mais il faut avoir son domicile fiscal au Royaume-Uni pour pouvoir en ouvrir un. Il est à noter qu'il n'existe pas en Grande-Bretagne d'équivalent du « RIB » : par conséquent, si vous devez communiquer à quelqu'un vos coordonnées bancaires (par exemple pour payer par prélèvement automatique ou **direct debit**), il vous faudra indiquer le nom du titulaire du compte, le numéro du compte ainsi que votre **sort code** (l'équivalent du code guichet), qui se présente sous la forme 01-02-03.

L'ouverture d'un compte bancaire est une opération gratuite qui comprend généralement la délivrance d'une **debit card** (l'équivalent de la Carte bleue®) permettant les retraits d'espèces et le paiement des achats, ainsi que d'un chéquier ou **cheque book**. (Notez cependant que les chèques ne sont plus guère utilisés que pour envoyer de l'argent par la poste.) Si vous souhaitez obtenir une carte de crédit (**credit card**, non liée à un compte en banque, contrairement à la **debit card**) vous devrez dans la plupart des cas en faire la demande séparément. La **debit card** sert à retirer de l'argent dans les guichets automatiques (**cashpoints** ou **ATMs**), sans frais supplémentaires si le guichet est celui d'une grande banque. Il est à noter que l'expression « to withdraw money » est assez recherchée et que l'on dit plus couramment **I'm going to get some money out** ou **I need to go to a cashpoint**. Le paiement par **debit card** est très répandu et certains magasins proposent même ce que l'on appelle le **cashback** (voir **Le shopping**).

Les banques rivalisant entre elles pour attirer les étudiants, elles vous inciteront peut-être à ouvrir un compte en vous proposant des bons d'achat de livres ou de CD, une carte de réduction sur les transports ou même une somme en liquide. Les comptes pour étudiants bénéficient d'avantages spécifiques, par exemple un découvert (**overdraft**) gratuit. Il n'est pas rare de se retrouver à découvert (**overdrawn**), le niveau d'endettement étant un problème de plus en plus fréquent en Grande-Bretagne. La plupart des banques imposent toutefois des pénalités à leurs clients s'ils se retrouvent dans le rouge (**go into the red**) sans préavis ; si vous pensez que vous risquez d'être à découvert, il est donc conseillé d'en parler à votre banquier.

La monnaie

La monnaie britannique est la livre sterling (**the pound** ou **pound sterling**), qui se divise en 100 **pence**. Le mot **pence** s'abrège en **p**, que l'on prononce /***pii***/, comme dans **it costs 50p**. Le singulier de **pence** est **penny**, qui peut aussi s'employer au pluriel,

pence étant réservé aux sommes : si l'on veut parler de pièces de monnaie, on dira **pennies** (**I've only got a few pennies in my purse**, ou dans des expressions comme **to count the pennies**, *compter ses sous*). Lorsqu'on donne un prix, on omet le plus souvent le mot **pence** ou **p** et parfois même **pounds** : ainsi, **£2.95** se dit **two (pounds) ninety-five**. **Quid** est l'équivalent familier et invariable de **pound** (**a quid** – et non pas « one quid », **ten quid**). Il est probable que vous rencontrerez également les expressions **a fiver** (5 livres ou un billet de 5 livres) et **a tenner** (10 livres ou un billet de 10 livres).

Notons que certaines banques, notamment en Écosse, émettent leurs propres billets, distincts des billets émis par la Banque d'Angleterre mais d'une valeur équivalente ; ces billets écossais ont cours dans tout le pays, mais il arrive que certains commerçants anglais peu habitués à en voir ne les acceptent pas.

Les concepts de richesse et de pauvreté ont eux aussi leurs expressions familières, par exemple, pour le premier, **to be loaded** ou **to be rolling in it**, et pour le second **to be broke** ou **to be skint**. Quelque chose de cher coûte **a bomb/a fortune/an arm and a leg/a packet** ; si son prix est excessif, c'est un **rip-off**. De quelqu'un qui gagne beaucoup d'argent on dit qu'il **makes a fortune**, tandis que les petits salaires **get paid peanuts**.

Le shopping, les magasins

Les différents types de magasins

Dans les centres-villes britanniques, la plupart des magasins sont ouverts de 9 ou 10 h à 17 h 30 ou 18 h. C'est le plus souvent le jeudi soir que se fait l'ouverture en nocturne (**late-night shopping**), jusqu'à 19 ou 20 h. En ville, la majorité des commerces sont ouverts les dimanches et jours fériés, de 10 ou 11 h jusqu'à 17 ou 18 h, les magasins moins importants ayant parfois des horaires réduits. En fait, beaucoup de grands magasins sont ouverts tous les jours de l'année, à l'exception du 25 décembre. Les supermarchés ont des heures d'ouverture plus longues que les autres commerces (24 heures sur 24 dans certains cas). Il existe aussi un grand nombre de petites épiceries de quartiers (**corner shops**) qui restent ouvertes tard.

Les grandes chaînes de supermarchés sont Tesco, Sainsbury's, Asda et Morrisons, mais il en existe aussi beaucoup d'autres plus petites. Pour des produits alimentaires plus haut de gamme, les Britanniques se rendent chez Waitrose ou Marks & Spencer. Ils font la plus grande partie de leurs courses dans les supermarchés plutôt que dans les petits magasins, mais la mode récente du biologique et de la fabrication artisanale fait que les marchés et les épiceries fines sont de plus en plus fréquentés.

Le lait frais est une composante essentielle du panier de la ménagère britannique, qui n'a recours au lait UHT qu'en cas d'extrême urgence. Jusqu'à ces dernières années il était très courant de se faire livrer son lait à domicile par le **milkman**, qui faisait sa tournée (**round**) dans son **milk float** (camionnette) mais cette pratique est en train de tomber en désuétude. Le pain, en revanche, s'achète le plus souvent pré-emballé au supermarché et provient de boulangeries industrielles.

Peu de magasins indépendants

Le paysage commercial britannique est dominé par les magasins à succursales multiples, à tel point que la plupart des centres-villes sont pratiquement identiques où que l'on aille. Les magasins indépendants sont beaucoup plus rares qu'en France. On appelle **the high street** la principale rue commerçante des villes ; ce terme désigne également les produits et services qui y sont proposés, comme dans **high-street shops**, **high-street fashion**, **high-street banks**. La plupart des grandes villes possèdent au moins un grand magasin, par exemple John Lewis, Debenhams ou House of Fraser, où l'on trouve toutes sortes de vêtements et d'articles pour la maison, ainsi qu'un café ou un restaurant. La périphérie des villes abrite souvent de grands centres commerciaux (**shopping centres** ou **malls**, mot emprunté aux Américains) à l'américaine très fréquentés les jours de pluie ! Si vous êtes

« la plupart des centres-villes sont pratiquement identiques »

à la recherche de vêtements et d'accessoires qui sortent de l'ordinaire, il existe des marchés (les plus intéressants sont ceux de Londres) ainsi que des magasins d'articles d'occasion (**second-hand shops**) et des **charity shops** dont les bénéfices sont reversés à des œuvres d'utilité publique ; on peut y faire toutes sortes de bonnes affaires (**bargains**). Si vous avez envie de faire une folie, vous pouvez toujours vous rendre dans une **boutique** : en anglais, le mot implique toujours une idée de luxe.

Les nombreux bureaux de tabac vendent des journaux, des magazines, des confiseries, des chips, etc. Certains proposent également des articles de papeterie ou des produits de base comme le lait, d'autres sont rattachés à un bureau de poste.

Les pharmacies vendent des médicaments, sur ordonnance ou pas, ainsi que quelques produits de beauté. Si on recherche un plus grand choix de produits de santé et de beauté, on se tournera vers les magasins en self-service Boots et Superdrug. Dans la plupart des pharmacies, ainsi que dans ces deux chaînes, on peut aussi faire développer des photos.

Les **off-licences**, qui vendent des boissons alcoolisées, ferment à 22 h. Leur nom signifie qu'on peut y acheter de l'alcool mais qu'on ne peut pas le consommer sur place. Ce sont ni plus ni moins que des marchands de vins et de spiritueux.

Les modes de paiement

Les cartes bancaires sont acceptées à peu près partout ; notez que, dans certains petits magasins, il peut y avoir un montant minimum d'achat. Lorsqu'on paie par carte à débit immédiat (**debit card**, l'équivalent de la Carte bleue® française) dans les supermarchés, on se voit généralement proposer la possibilité de retirer du liquide au moment du règlement : c'est ce que l'on appelle le **cashback**. Si le caissier ou la caissière n'en prend pas l'initiative, vous pouvez le demander vous-même, en disant par exemple : **can I have ten pounds cashback, please?**

Certains supermarchés ont un système de carte de fidélité ou **loyalty card** grâce auquel on gagne tant de points pour chaque livre dépensée dans le magasin ; les points accumulés peuvent servir à réduire le montant d'achats ultérieurs. Les chaînes de vêtements et les grands magasins vous proposeront peut-être des cartes de crédit à utiliser dans leurs succursales (**store cards**). Bien qu'elles s'accompagnent au début de rabais alléchants, sachez que les taux d'intérêt sont souvent élevés et que vous pourriez dépenser plus au final que par les méthodes de paiement habituelles.

Les médias

La BBC : une renommée mondiale

La Grande-Bretagne est célèbre dans le monde entier pour son réseau radiophonique, la **BBC** (**British Broadcasting Corporation**), fondée en 1922. Les principales stations de radio de la BBC sont : **Radio 1** (musique pop et rock) ; **Radio 2** (variétés) ; **Radio 3** (musique classique) ; **Radio 4** (actualités, reportages, programmes éducatifs) ; **Radio 5 Live** (sport et actualités). La BBC comprend également de nombreuses stations locales, ainsi que plusieurs stations de radio numériques spécialisées. Les principales chaînes de télévision de la BBC sont **BBC1** (divertissements, dramatiques, informations) et **BBC2** (émissions éducatives, dramatiques et comédies moins grand public que BBC1). Ce sont des chaînes hertziennes accessibles à tous, mais la BBC propose également des chaînes de télévision numérique spécialisées. La BBC est financée avec l'argent de la redevance télévision – obligatoire pour tout foyer possédant un téléviseur – et ne diffuse pas de messages publicitaires. Les autres chaînes hertziennes sont **ITV1**, **Channel 4** et **Five**, et il existe également un grand nombre de chaînes numériques, câblées et par satellite.

Les « soap operas »

Les **soap operas**, ou **soaps** (feuilletons télévisés ou radiophoniques), sont une véritable institution en Grande-Bretagne. Les premiers furent diffusés à la radio dans les années 1940 et 1950 – le feuilleton radiophonique *The Archers* est diffusé par la BBC depuis 1951. Les feuilletons télévisés les plus connus sont *Coronation Street* (dont l'action se situe dans le Nord de l'Angleterre, diffusé depuis 1960) et *EastEnders* (diffusé sur BBC1 depuis le milieu des années 80 et situé dans l'East End londonien). Les **soap operas** australiens *Neighbours* et *Home and Away* ont également du succès auprès du public.

Les vedettes de **soap operas** acquièrent souvent le statut de célébrités nationales et la presse people est friande de toute anecdote les concernant. Le public britannique apprécie également les talk-shows (souvent présentés par un(e) comique), les jeux, les sitcoms et séries dramatiques (dont beaucoup sont importées des États-Unis), et bien entendu les émissions de télé-réalité en tout genre : ces derniers temps, on remarque notamment des concours du style de *Star Academy* en France ou des émissions orientées sur la vie personnelle (régimes amincissants, changements de look, achat et vente de logements...).

La presse

La presse nationale britannique peut se décomposer en deux groupes : les **broadsheets** (journaux de qualité) et les **tabloids** (journaux populaires au format tabloïd). Les principaux journaux nationaux de qualité en Grande-Bretagne sont : *The Guardian* (tendance centre gauche) ; *The Independent* (tendance centre gauche) ; *The Daily Telegraph* (tendance conservatrice) ; *The Times* (tendance centre droit) ; *The Financial Times*. Les journaux du dimanche sont très volumineux ; ils comprennent de nombreux suppléments sur des sujets tels que le sport, la mode, les voyages et les arts, et sont souvent accompagnés d'un magazine en couleurs (**colour supplement**). Ils coûtent plus cher que les journaux vendus en semaine. Certains journaux du dimanche sont des éditions dominicales de quotidiens paraissant en semaine (par exemple *The Sunday Times*, *The Independent on Sunday*) tandis que d'autres, comme *The Observer*, paraissent uniquement le dimanche.

En Grande-Bretagne, le format tabloïd est caractéristique des journaux populaires, même si certains journaux de qualité, de même que la plupart des publications régionales et des journaux du soir, ont eux aussi adopté depuis peu ce format pour des raisons de lisibilité. Les tabloïds les plus connus sont *The Sun*, *The Mirror*, *The Daily Mail*, *The Daily Express* et *The Daily Star*. Ces journaux sont très influents en Grande-Bretagne – le *Sun* affiche ainsi les plus gros tirages de la presse britannique. Ils sont parfois surnommés **red tops** en raison des gros titres rouges du *Sun*, du *Mirror* et du *Star*. Les tabloïds privilégient tout particulièrement les histoires à scandale et à sensation, ce qui a suscité un débat sur le code de conduite de la presse et sur la législation à mettre en place pour protéger la vie privée des gens.

« les tabloïds privilégient les histoires à scandale »

L'obsession de la célébrité a gagné les magazines et encourage la création constante de nouveaux hebdomadaires entièrement consacrés aux derniers potins : *Hello!, OK!, Heat, Closer, Now* pour ne nommer que les plus vendus (voir **Les people**). Les marchands de journaux proposent également une vaste gamme d'hebdomadaires et de mensuels féminins (souvent appelés **glossies** à cause du papier glacé sur lequel ils sont imprimés), de magazines pour adolescents, de **lad mags** destinés aux hommes jeunes (d'où la présence d'articles sur les femmes, le sport, les voitures, etc.) et de publications spécialisées. Les magazines d'actualité sont, en revanche, beaucoup moins lus qu'en France car ils s'adressent aux professionnels des affaires plutôt qu'au grand public.

Les people

Un phénomène relativement récent

Voilà une vingtaine d'années que la Grande-Bretagne est quelque peu obsédée par les célébrités de tout poil. L'année 1988 a été marquée par le lancement du magazine *Hello!* et 1990 par celui de son rival, *OK!*. Tous deux exaltent l'existence dorée des célébrités à travers des reportages sur leurs mariages ou des interviews de stars dans leurs luxueuses demeures. La fin des années 90 a vu l'avènement d'une nouvelle génération d'hebdomadaires people – par exemple *Now*, *Heat* et *Closer* – dont l'approche plus irrévérencieuse rencontre un succès fou. On trouve dans leurs pages des photos de célébrités dans des tenues ou des situations peu flatteuses, ainsi que des révélations sur leur vie privée. Cette obsession a aussi gagné la télévision, où pratiquement toutes les émissions de jeux ont une version people.

« la Grande-Bretagne est quelque peu obsédée par les célébrités »

Le public britannique semble réclamer toujours plus de potins, ce qui favorise la création constante de nouveaux magazines. Bien qu'ils parlent parfois des stars de Hollywood, ces derniers se concentrent surtout sur les célébrités britanniques : vedettes de télé, de feuilletons, candidats d'émissions de télé-réalité, jeunes chanteurs et, plus récemment, **WAGs** (**wives and girlfriends**, autrement dit les épouses et amies très glamour des grands footballeurs du moment).

Un goût insatiable

Les magazines people visant essentiellement un public féminin, ils consacrent une grande partie de leurs colonnes à la mode, que ce soit « comment s'habiller comme Kate Moss pour pas cher » ou « ce qui est in, ce qui est out. » On y trouve également des critiques de films et de spectacles et souvent un programme télé. En raison du coût relativement faible de ces publications, nombreuses sont les lectrices qui les achètent chaque semaine. Ce sont des femmes de tous âges et de tous milieux dont certaines, cadres éduquées, se refusent à lire la presse à scandale mais achètent régulièrement les magazines people. Chacune se doit désormais de savoir qui se marie ou se fait désintoxiquer, et d'échanger avec copines et collègues les derniers potins des stars comme s'il s'agissait d'amies communes.

Bien que cet intérêt pour les célébrités soit un phénomène international, la presse à scandale britannique a depuis longtemps la réputation d'être particulièrement indiscrète, ce qui lui vaut d'être critiquée et parfois traînée en justice par de nombreuses stars, d'autres préférant passer la plus grande partie de leur temps à l'étranger pour échapper aux paparazzi britanniques.

Les mariages

Notez pour commencer que le mot **marriage** ne désigne que le fait d'être marié ou la relation qui existe entre deux personnes mariées (comme dans **their marriage didn't last** = leur mariage n'a pas duré). Pour parler de la cérémonie du mariage, on dit **wedding**.

En Grande-Bretagne, on peut opter pour un mariage religieux (**church wedding** ou parfois **white wedding**) ou un mariage civil (**civil wedding**). La cérémonie de mariage (qu'il soit religieux ou civil) peut se dérouler dans presque tout lieu choisi par les futurs mariés du moment qu'un ministre du culte ou qu'un officier de l'état civil est présent pour prononcer le mariage. Si l'on se marie à l'église, on ne fait pas de cérémonie civile séparée comme en France. Dans tous les cas, il est obligatoire de produire deux témoins (**witnesses**) au moment de la signature du registre (**signing the register**). Les couples homosexuels ne sont pas autorisés à se marier, mais ils peuvent organiser une cérémonie de **civil partnership** (l'équivalent du PACS français) qui ressemble souvent à un mariage.

Déroulement d'un mariage traditionnel

Lors d'un mariage traditionnel, la mariée (**the bride**) est accompagnée d'une ou plusieurs demoiselles d'honneur (**bridesmaids**). La plus âgée est la **maid of honour** ; les plus jeunes sont les **flowergirls** qui répandent des pétales de fleurs sous les pas de la mariée. C'est le plus souvent le père de cette dernière ou, à défaut, un autre homme de la famille, qui la conduit à l'autel. Selon un dicton quelque peu superstitieux, la mariée doit porter **something old, something new, something borrowed, something blue** (quelque chose de vieux, quelque chose de neuf, quelque chose qu'on a emprunté, quelque chose de bleu). Le mari (**the groom**) désigne comme garçon d'honneur (**best man**) un ami ou un parent qui l'aide à organiser les réjouissances, qui apporte les alliances le jour du mariage et qui, selon la tradition, prononce un discours après le repas. Ce faisant, il porte un toast aux mariés mais s'efforce aussi d'être drôle et de taquiner gentiment le marié. Si les mariés ont de très jeunes garçons dans leur famille, il peuvent leur demander de faire office de **pageboys** et les charger par exemple d'apporter les alliances au moment de la bénédiction ou d'aider les **flowergirls**. Les garçons plus âgés peuvent devenir placeurs (**ushers**) pour l'occasion : ils accueillent les invités et leur indiquent où s'asseoir. En plus des fonctions liées au mariage proprement dit, les demoiselles et le garçon d'honneur sont aussi chargés d'organiser la **hen night** et la **stag night** (enterrement de la vie de jeune fille/de garçon ; voir plus loin).

Après la cérémonie, les mariés se font photographier et franchissent le seuil sous une pluie de confettis, après quoi tout le monde est invité à un cocktail ou à un repas. La réception (**wedding reception**) se déroule généralement le soir, avec un repas et de la musique pour danser. Plusieurs personnes, notamment le garçon d'honneur, font un discours et portent un toast aux mariés. Le gâteau traditionnel (**wedding cake**) est un gâteau à étages décoré de glaçage blanc que les mariés entament avant d'en offrir une tranche à chacun des invités. La tradition veut qu'à la fin de la soirée, la mariée jette son bouquet par-dessus son épaule en direction du groupe formé par les jeunes femmes célibataires de l'assistance ; on dit que celle qui l'attrapera sera la première à se marier. Il est assez courant de n'inviter que les proches à la cérémonie (surtout si celle-ci se déroule au **register office**, où l'espace est limité), pour ensuite inviter beaucoup plus de gens à la réception. Après le mariage, les mariés préparent leur départ en voyage de noces (**honeymoon**).

Les « hen nights » et les « stag nights »

En Grande-Bretagne, le phénomène des **hen nights** est une tradition bien établie. Il s'agit d'une sorte de rite de passage pour enterrer sa vie de jeune fille. La future mariée part en virée nocturne avec ses amies ; souvent toutes portent des tee-shirts, des chapeaux ou des déguisements identiques. La future mariée est généralement affublée de l'écriteau « L » (comme « learner ») que les apprentis conducteurs doivent mettre à l'arrière de leur véhicule. Généralement abondamment arrosées, ces soirées se prolongent jusqu'au petit matin dans une ambiance de fête et peuvent comporter des strip-teaseurs et autres divertissements. Dans la plupart des villes britanniques il est désormais courant de voir des groupes de jeunes femmes en goguette, en pleine **hen night**. Parfois ces festivités prennent la forme d'un week-end passé entre copines dans une autre ville ou même à l'étranger. L'équivalent masculin de la **hen night** est la **stag night** ; le principe est le même : excès, exubérance et alcool en sont le plus souvent les ingrédients principaux.

« une sorte de rite de passage pour enterrer sa vie de jeune fille »

La Seconde Guerre mondiale

Une sorte d'obsession nationale

Si la Seconde Guerre mondiale peut nous sembler bien loin, elle n'en exerce pas moins un effet durable sur la psyché collective des Britanniques, qui l'évoquent encore régulièrement aujourd'hui.

Malheureusement, c'est encore parfois en termes xénophobes qu'ils parlent des Allemands, par exemple lorsqu'un match de football oppose l'Angleterre à l'Allemagne et que les journaux populaires rivalisent de gros titres faisant allusion à la victoire des Alliés en 1945. L'une des scènes comiques préférées des Britanniques concerne également la guerre : dans un épisode du feuilleton télévisé intitulé *Fawlty Towers*, diffusé dans les années 1970, le propriétaire incompétent de l'hôtel du même nom (joué par l'ex-Monty Python John Cleese) sert dans son restaurant un groupe de touristes allemands. Tout en se répétant mentalement « **don't mention the war!** » (« surtout ne parle pas de la guerre ! »), il ne peut s'empêcher de commettre une série de gaffes : il imite Hitler, se met à marcher au pas de l'oie devant les touristes allemands, etc. Cette réplique est devenue l'une des petites phrases les plus connues des Britanniques, la scène en question étant à ce jour jugée extrêmement drôle. Les Britanniques se plaisent également à critiquer les Allemands lorsqu'ils se trouvent en vacances au même endroit qu'eux. Ils affirment par exemple qu'ils sont d'une efficacité si redoutable qu'ils se lèvent aux aurores pour réserver un transat au bord de la piscine en y déposant leur drap de bain.

Ne jamais s'avouer vaincu

Heureusement, les allusions à la seconde guerre mondiale ne sont pas toutes aussi répréhensibles ; il semblerait en fait que les Britanniques se remémorent cette époque avec une certaine nostalgie. L'expression **Dunkirk spirit** (l'esprit de Dunkerque) s'applique par exemple à la solidarité dont les Britanniques font apparemment preuve dans les moments difficiles. Elle a pour origine la bataille de Dunkerque, en 1940, au cours de laquelle une flotte de bateaux de pêche se joignit aux bâtiments de la marine pour les aider à évacuer les forces alliées de Dunkerque. Dans le même ordre d'idée, l'expression **the Blitz spirit** évoque la loyauté des Britanniques envers leur pays, leur courage face à l'adversité et leur refus de s'avouer vaincus. On l'a beaucoup employée après les attentats qui ont secoué Londres le 7 juillet 2005, à propos du refus des Londoniens de se laisser intimider par les terroristes. Parfois ces expressions sont un peu employées à tort et à travers. Par exemple il fut question du « Blitz spirit » dans la presse populaire à propos du flegme de la

« les Britanniques se remémorent cette époque avec une certaine nostalgie »

population lors des fortes inondations de l'été 2007 en Angleterre.

Les Britanniques étaient très fiers d'avoir contribué à l'effort de guerre (**the war effort**) en acceptant le rationnement, en faisant pousser eux-mêmes leurs légumes et en se pliant aux règles du black-out (**the blackout**) – ce dernier est encore évoqué aujourd'hui, par exemple en cas de coupures de courant. Ils y étaient encouragés par des affiches portant des slogans tels que **Your country needs YOU!** (Votre pays a besoin de VOUS !) ou **Dig for victory!** (Creusez pour la victoire !), pour les encourager à cultiver des légumes. Il s'agissait là encore de se montrer solidaires et d'œuvrer à l'intérêt collectif, autant d'idées que les plus âgés invoquent régulièrement aujourd'hui pour parler du déclin de la société moderne et de la mauvaise conduite des jeunes.

Les Français selon les Anglais

Vous savez probablement déjà que le stéréotype du Britannique moyen (chapeau melon, tasse de thé à 5 heures, autobus à impériale et Big Ben) est aujourd'hui bien dépassé. Mais vous êtes-vous jamais demandé comment les Britanniques vous voient, vous, en tant que Français ?

Un pays où il fait bon vivre

Eh bien, sachez que l'image qu'ils ont de votre pays est dans l'ensemble tout à fait positive. Non seulement il s'agit de l'un de leurs lieux de vacances préférés, mais beaucoup y achètent également des résidences secondaires, sans compter ceux, de plus en plus nombreux, qui s'y installent définitivement. La Provence et la Dordogne sont les destinations de prédilection des Britanniques, notamment de la classe moyenne, qu'il s'agisse de couples d'âge mûr ou de familles avec enfants. Les éléments plus jeunes et moins rangés préfèrent pour leur part s'adonner au **sun, sex and sangria** des Baléares, de la Grèce ou de Chypre. Les amoureux de la campagne française se considèrent souvent comme relativement cultivés, s'intéressant à l'art, la nature, la gastronomie et le vin ; même s'ils ne parlent pas français, ils espèrent l'apprendre « un jour. » On dit parfois que si les Britanniques aiment particulièrement la France rurale, c'est parce qu'elle leur rappelle l'Angleterre des années 1950, une Angleterre verdoyante, paisible et sans danger. Aujourd'hui, beaucoup de Britanniques vivent au contraire dans des villes ou des banlieues surpeuplées et bétonnées, passent plusieurs heures par jour sur des routes congestionnées ou dans les transports en commun et ne rêvent que d'une chose : lever un peu le pied... sans se douter qu'ils seront vraisemblablement agacés par les longues pauses-repas et les congés intempestifs pratiqués par les commerces et administrations françaises.

« comment les Britanniques vous voient, vous, en tant que Français ? »

Vous ne serez pas surpris d'apprendre que Paris fait elle aussi partie des destinations favorites des Britanniques. Elle est pour eux la ville romantique par excellence, le paradis des amoureux, des adeptes du shopping de luxe et de la bonne chère. Ceux qui n'ont ni le temps ni l'argent nécessaire à une escapade parisienne préféreront éventuellement une **booze cruise** ou excursion d'une journée à Calais, par le ferry, pour s'approvisionner en vin, en bière et en cigarettes à des prix avantageux.

Entre admiration et répulsion

Quant aux Français eux-mêmes, il existe deux stéréotypes bien ancrés dans l'imaginaire britannique. Premièrement, celui du paysan portant pull rayé, béret et collier d'oignons autour du cou[1], perché sur un antique vélo ou au volant d'une 2CV tout aussi antique qu'il conduit de façon anarchique (les Britanniques considérant les conducteurs français comme de véritables dangers publics). Deuxièmement, une image plus romanesque datant des années 1960 : celle d'étudiants (eux aussi dûment coiffés d'un béret) attablés à une terrasse de café, consommant des quantités industrielles de café noir et de Gauloises tout en discutant philosophie, littérature et autres sujets intellectuels. De manière générale, les Parisiens sont considérés comme très soignés et toujours du dernier chic.

Outre cette réputation d'intellectualisme et de raffinement, les Français ont aussi celle d'être romantiques et sexy, d'où les expressions **French kiss** (*patin, baiser avec la langue*), **French letter** (*préservatif*) ou **French knickers** (*culotte flottante*). Leur accent, apparemment irrésistible, ne fait qu'ajouter à leur charme.

« Les Français passent pour une nation d'anarchistes »

Pour ce qui est des aspects négatifs, les Britanniques considèrent souvent les Français comme grossiers, arrogants et paresseux, leur expérience de la France tendant à indiquer que ses habitants sont perpétuellement en vacances ou en grève. Les Français passent pour une nation d'anarchistes plus enclins à exprimer leur mécontentement qu'à se plier à la règle.

La cuisine

La cuisine est une autre source de stéréotypes : d'un côté, on reconnaît que la France est la patrie de la haute cuisine et des grands vins, mais de l'autre, on reproche aux Français de boire trop de vin, de manger du fromage puant et des choses innommables comme la viande de cheval, les escargots ou les cuisses de grenouille (d'où le surnom des Français, **frogs**). D'autre part, bien qu'ils soient impressionnés par la variété et le prix des produits dans les hypermarchés français, beaucoup de Britanniques se représentent encore des scènes idylliques peuplées de Français déambulant nonchalamment parmi les étals du marché, où ils achètent des produits frais, de saison, aux sympathiques fermiers du coin. D'ailleurs, la mode de l'alimentation biologique a provoqué un engouement pour les « marchés français » organisés régulièrement dans les villes britanniques, avec des marchands venus d'outre-Manche.

Une connaissance vague

Il faut préciser que, hormis les véritables francophiles ou ceux qui étudient sérieusement le français, la plupart des Britanniques n'ont qu'une connaissance vague de la culture

1 Ce stéréotype – qui paraîtra étrange à la plupart des Français – a un nom : il s'agit de l'« onion Johnny », qui était le surnom donné aux paysans bretons qui jadis traversaient la Manche pour aller vendre leurs produits (et particulièrement leurs oignons) en Grande-Bretagne. Ceci explique qu'encore aujourd'hui de nombreux Britanniques associent les oignons et les pull rayés bretons aux Français.

française contemporaine. Les films français sont rares (même les films grand public sont présentés comme des œuvres d'art et essai du seul fait qu'ils sont sous-titrés), les traductions de livres français se vendent peu et la plupart des stations de radio ne passent que des chansons en anglais. Beaucoup d'anglophones associent encore la musique française à Édith Piaf, Johnny Hallyday, Serge Gainsbourg et Vanessa Paradis, les plus jeunes connaissant probablement Air, Daft Punk et éventuellement MC Solaar.

Il faut espérer que les Britanniques que vous rencontrerez sauront aller au-delà des stéréotypes et se laisseront volontiers informer des réalités françaises actuelles !

LA PRONONCIATION DE L'ANGLAIS

La prononciation de l'anglais pose toutes sortes de problèmes aux apprenants francophones. Cela est dû à plusieurs facteurs, parmi lesquels on citera la présence de l'accent tonique (qui n'existe pas en français) et, bien évidemment, le fait que les phonèmes de l'anglais sont sensiblement différents de ceux du français. Par conséquent, même les (nombreux) mots anglais dont la graphie est équivalente à celle du français se prononcent de manière bien différente. La graphie de l'anglais pose d'ailleurs toutes sortes de problèmes aux apprenants du fait que, bien souvent, elle ne permet absolument pas de prédire la prononciation des mots avec précision. C'est donc en écoutant attentivement et en lisant de l'anglais que vous parviendrez à en maîtriser la prononciation.

Cette rubrique identifie les principales difficultés auxquelles vous vous trouverez confrontés dans votre apprentissage. Consultez-la aussi souvent que possible. Pour travailler votre prononciation, écoutez aussi le CD d'accompagnement (le symbole vous indique les passages qui y figurent, avec les numéros de pistes correspondants).

En ce qui concerne la transcription des mots anglais, nous avons opté, dans la mesure du possible, pour un système où les sons de l'anglais sont représentés à partir des sons du français. Il existe cependant des cas où ce genre de transcription serait impossible sauf à tomber dans l'approximation grossière : nous avons alors eu recours à l'**API** (ou alphabet phonétique international), qui vous est expliqué en détail dans les pages suivantes. Nous vous encourageons à vous familiariser avec ces symboles en écoutant attentivement la section sur les sons de l'anglais. Sachez que le type de prononciation présenté dans cette rubrique correspond à l'anglais dit « standard » parlé en Grande-Bretagne. Pour vous faire une idée des différents accents qui existent dans les îles britanniques, veuillez également consulter la partie **Les accents régionaux** (p. 73).

Les sons de l'anglais

2 L'alphabet

Voici un rappel de la prononciation de l'**alphabet anglais**. Nous avons donné une approximation française pour chaque lettre, mais nous vous conseillons d'écouter l'enregistrement et de vous entraîner à prononcer les sons anglais.

Attention aux lettres **g** et **j** – leur prononciation est presque l'inverse du français – et au **w** ("**double u**" et non *double v* comme en français). Notez que la lettre **h** se prononce sans h aspiré.

a	*/eille/*	**j**	*/djeille/*	**s**	*/esse/*
b	*/bi/*	**k**	*/keille/*	**t**	*/ti/*
c	*/si/*	**l**	*/elle/*	**u**	*/you/*
d	*/di/*	**m**	*/emme/*	**v**	*/vi/*
e	*/i/*	**n**	*/enne/*	**w**	*/deublyou/*
f	*/effe/*	**o**	*/ô/*	**x**	*/ex/*
g	*/dji/*	**p**	*/pi/*	**y**	*/waï/*
h	*/eïtch/*	**q**	*/kiou/*	**z**	*/zède/*
i	*/aï/*	**r**	*/âre/*		

Lorsque vous épelez un mot à haute voix, vous pouvez aider votre interlocuteur en utilisant la formule **... for...** ou **... as in ...** :

A for apple
M as in mother

Il n'existe pas de vrai système de référence en anglais : on peut employer n'importe quel mot simple et facile à écrire.

3 Les sons vocaliques

Il existe en anglais des **voyelles brèves** et des **voyelles longues**. On prononce les voyelles brèves en expirant l'air d'un coup, le son est sec et ne se prolonge pas, contrairement aux voyelles longues.

Dans les tableaux suivants nous expliquons les symboles **API** (alphabet phonétique international), que vous trouverez dans les dictionnaires. Nous vous conseillons de les étudier en écoutant l'enregistrement, afin de perfectionner votre prononciation.

API	explication	exemples en anglais
	Les voyelles brèves	
[æ]	C'est un son plus fermé que le /*a*/ français, qui tend vers le /*è*/. **N.B.** : ce son est **toujours** accentué.	**abandon** **analysis** **camp** **cat** **sandwich**
[e]	Ce son ressemble à un /*è*/ français plus court et plus bref.	**any** **bury** **friend** **set**

[ɪ]	Ce son ressemble à un /**é**/ qui tend vers le /**i**/. La bouche est plus ouverte que pour le /**i**/ français.	**delicate • initially** **kiss • rhythm** **talking • women**
[ɒ]	Ce son se situe entre le /**o**/ de *homme* et le /**â**/ de *âne*. C'est un son qui se prononce vers la gorge.	**cough** **dog** **want** **what**
[ʊ]	Ce son est très proche du /**ou**/ français, mais il est beaucoup plus bref. Il se prononce plus vers l'arrière de la bouche.	**book** **put** **wolf**
[ʌ]	Ce son ressemble au son vocalique du mot *seul*. La bouche doit cependant être un peu plus fermée. Ce son est très bref. **N.B.** : ce son est **toujours** accentué.	**blood** **bus** **mother** **young**
[ə]	Ce son s'appelle le **schwa**. Il ressemble au son /**e**/ en français, c'est le degré zéro de la voyelle, avec la langue en position de repos. Il n'est **jamais** accentué. Voir **Le schwa**, p. 62.	**about • addition** **Britain • dubious** **objective • thorough** **utter**
	4 Les voyelles longues	
[ɑː]	Ce son ressemble au /**â**/ de *âne*, en plus long.	**aunt • calm • car • father • heart** **N.B.** : beaucoup de mots se prononcent avec ce son dans le sud de l'Angleterre, mais avec le /**a**/ bref de **cat** dans le nord : **bath • castle • class • laugh** etc.
[ɜː]	Ce son est une sorte de /**e**/ prolongé.	**err • her • purr • shirt • turtle** **were • work**
[iː]	Ce son est très proche du /**i**/ français, il suffit de le prolonger.	**feet • key • leave • relieved • sea** **N.B.** : ne pas confondre ce son long avec le /**i**/ bref de **bit**, **little**, etc. : **to leave** *partir* **/ to live** *vivre* **sheep** *mouton* **/ ship** *navire* **these** *ces* **/ this** *ce*

[ɔː]	Ce son se situe entre le /**o**/ de *drôle* et le /**o**/ de *homme*.	**author • board • caught • door** **fork • law • story • thought** **walk • wall** **N.B.** : de nombreux francophones ne font pas la distinction entre ce son et le /**o**/ de **home**, **coat**, **go**, etc. (voir **Les diphtongues**, plus loin). Cela peut rendre la compréhension très difficile pour votre interlocuteur, par exemple : **ball** *ballon* / **bowl** *bol* **bought** *acheté* / **boat** *bateau* **hall** *vestibule* / **hole** *trou* **law** *loi* / **low** *bas*
[uː]	Ce son est proche du son /***ou***/ français, en plus long.	**blue • moon • move • shoe** **through • two • youth**

5 Les diphtongues et les triphtongues

Ce sont deux (diphtongues) ou trois (triphtongues) sons vocaliques qui « glissent » l'un dans l'autre pour ne former qu'un seul son.

API	explication	exemples en anglais
	Les diphtongues	
[aɪ]	Ce son est comparable au mot français *aïe*, mais sans trop insister sur le /***ï***/.	**eye • high** **idea • lie** **sky**
[aʊ]	Ce son commence en /***â***/ et se termine en /***ou***/.	**how • loud** **out • plough**
[eə]	Ce son ressemble à un /***ai***/ prolongé puis relâché.	**aerobics • aeroplane • hair** **Mary • share • where** **N.B.** : attention à ne pas prononcer les mots commençant par **aer-** avec les sons /***aér***/ français.
[eɪ]	Ce son est comparable au son /***eille***/ de *merveille*.	**day • eight** **late • main**
[əʊ]	Ce son est la combinaison du /***o***/ fermé de *drôle* et de /***ou***/.	**also • coat • go • home** **slow • soul • toe**
[ɪə]	Ce son est la combinaison de [ɪ] et du /***e***/ français.	**beer • hear** **here • idea**

[ɔɪ]	Ce son ressemble au /**oï**/ de *oïl* dans le terme *langue d'oïl*, mais sans trop insister sur le /**ï**/.	**boy** **soil**
[ʊə]	Ce son est la combinaison de [ʊ] et du /**e**/ français.	**furious • jury • poor** **sure • tour**
Les triphtongues [diphtongue + schwa ([ə])]		
[aɪə]		**higher** **iron**
[aʊə]		**hour** **shower**
[eɪə]		**player**
[əʊə]		**lower**
[ɔɪə]		**royalty**

Attention aux combinaisons **-ae-** et **-oe-**, qui apparaissent dans quelques mots empruntés au grec : ils se prononcent soit [iː], comme dans **speed**, **beach**, etc., soit [ɪ], comme dans **kiss**, **little**, etc. À l'écrit, on ne fait pas la ligature comme en français :

aesthetic /*i court*/ comme dans **bit**
amoeba /*i long*/ comme dans **see**
anaemic /*i long*/ comme dans **see**
archaeology /*i long*/ comme dans **see**
diarrhoea rime avec **idea**
foetus /*i long*/ comme dans **see**
gynaecology /*i court*/ comme dans **bit**

6 Les sons consonantiques

La plupart des consonnes anglaises se prononcent comme en français. En général, ce sont les lettres **h** et **r** et les sons [θ] et [ð] qui posent le plus de problèmes aux francophones, puisqu'ils n'existent pas en français. Faites attention aux exceptions données dans le tableau ci-dessous, surtout en ce qui concerne les lettres muettes (pour plus d'informations, voir p. 67).

API	explication	exemples en anglais
[b]	/**b**/ de *bébé*	**abbreviation • baby** **N.B.** : le **b** est muet dans le mots se terminant en **-mb**, et dans la combinaison **-bt-**. Dans les exemples suivants le **b** ne s'entend donc pas du tout. Voir les lettres muettes p. 67. **comb • debt • doubtful • lamb** etc.
[d]	/**d**/ de *danser*	**addition** **dog**
[dʒ]	/**dj**/ de *jean* (le pantalon)	**dodge • giant** **joke • pyjamas**
[f]	/**f**/ de *France*	**draught • effect • enough** **euphemism • fat** **N.B.** : n'associez pas le son /**f**/ à tous les mots avec **gh** car cette combinaison de lettres est bien souvent muette : **bough • daughter • thought** etc.
[g]	/**g**/ de *grotte*	**big • giggle** **N.B.** : le **g** est toujours muet dans la combinaison **gn-** en début de mot. Voir p. 67. **gnat • gnome** etc.
[h]	Il faut expirer l'air pour prononcer le **h** aspiré.	**alcohol • heat • unhappy** **N.B.** : Il existe des exceptions au **h** aspiré. Voir les lettres muettes p. 67. **honest • hour** etc. Attention à ne pas prononcer un **h** là où il n'y en a pas : **ill** *malade* / **hill** *colline* **eat** *manger* / **heat** *chaleur* etc.
[k]	/**c**/ de *carotte*	**catch • chemistry • kick** **N.B.** : le **k** est toujours muet dans la combinaison **kn-** en début de mot ou dans les mots avec préfixes. Voir p. 68. **knife • know • knuckle • unknown** etc.

[l]	/**l**/ de *lampe*	**lip • pill** **N.B.** : le **l** est parfois muet, voir p. 68. **could • palm • walk • half** etc.
[m]	/**m**/ de *maman*	**ham** **mummy**
[n]	/**n**/ de *nuit*	**nothing** **pen**
[ŋ]	Ce son est comparable au /***ng***/ de *parking*, sans insister sur le son /*g*/ à la fin. Il correspond aux combinaisons **-ng-**, **-nk-** et **-nx-**. Attention à ne pas prononcer le /**n**/ séparément.	**banging • finger • jinx • monkey** **ring • singer** **N.B.** : au milieu de certains mots, **ng** se prononce avec le son [ŋ] suivi d'un /***g***/ : **finger • hungry • longer** Dans les mots qui se terminent en **-nge**, cette combinaison se prononce avec un /**n**/ plus le /***dj***/ de « jeans » : **fringe • lounge** etc.
[p]	/**p**/ de *papier*	**nap** **paper**
[r]	Ce son est moins prononcé que le /**r**/ français. Courbez la langue vers le palais (attention à ne pas rouler le /**r**/ comme en espagnol).	**red • sorry • write** **N.B.** : le **r** est souvent muet en anglais standard après une voyelle. **burn • flower • warm** etc. Un **r** en fin de mot se prononce uniquement s'il est suivi d'une voyelle, de façon à pouvoir faire la liaison (**my car_is blue**, **flour_and water**). Dans les dictionnaires, ce phénomène est souvent indiqué en mettant le **r** final entre parenthèses dans l'API : **brother** [brʌðə(r)].

[s]	/**s**/ de *sauce*	**case • psychology** **sauce • science** **N.B.** : en anglais, le **p** est muet dans tous les mots commençant par **ps-** : **psalm • psychic • psychology** etc. Le **s** est parfois muet dans la combinaison **-isl-** : **island • aisle • lisle** Ces deux derniers mots ainsi que la première syllabe de **island** riment avec **mile**, **pile**, etc.
[ʃ]	/**ch**/ de *chat, riche*	**information • issue • mash** **passion • pressure** **ship • sure**
[t]	/**t**/ de *terre*	**boat** **bottom** **tip**
[ʧ]	/**tch**/ de *Tchad*	**batch** **chips** **Rachel**
[θ]	Placer le bout de la langue entre les dents du haut et celles du bas et prononcer le son /**s**/.	**aromatherapy** **bath** **thin**
[ð]	Placer le bout de la langue entre les dents du haut et celles du bas et prononcer le son /**z**/.	**father** **the** **with**
[v]	/**v**/ de *vallée*	**give** **of** **valley**
[z]	/**z**/ de *zoo*	**criticism • dessert** **physics • zip**
[ʒ]	/**j**/ de *jambe, rouge*	**beige • leisure** **pleasure • usually**
[χ]	Ce son, raclé au fond de la gorge, ressemble au /**ch**/ allemand (*Bach*) ou breton (*Penmarch*). Il ne se rencontre que dans des mots d'origine étrangère tels que **loch** ou **Bach**.	**loch** (*lac – mot écossais*) **Bach**

7 Les semi-consonnes (ou semi-voyelles)		
[j]	/**y**/ de *yaourt*	**yellow** **canyon**
[w]	/**w**/ de *whisky*	**wet** **why** **N.B.** : le **w** est muet en position initiale dans la combinaison **wr-**, dans le mot **who** et ses dérivés et dans certains mots commençant par **who-** (voir p. 69). **who • whole** **wrap • wrist**

Les indications données dans le tableau ci-dessus concernent la prononciation de l'anglais du sud-est de l'Angleterre, dit « standard. » Comme nous l'avons vu au début de cette rubrique, nous nous intéressons ici à la **received pronunciation** ou **RP**. Il existe de très nombreux accents régionaux au Royaume-Uni (voir p. 73). Si vous voyagez, vous découvrirez des différences de prononciation très marquées suivant la région où vous vous trouvez, notamment en ce qui concerne les sons vocaliques, l'utilisation du schwa, les diphtongues, le **r** et la prononciation des sons vocaliques devant le **r**.

Les règles d'accentuation

8 L'accent de mot (ou « accent lexical »)

Les mots anglais ont un **accent tonique** sur une ou plusieurs syllabes. L'accent français typique consiste à prononcer l'anglais sur un ton monocorde. Pour vos interlocuteurs, cela constitue un véritable handicap à la compréhension. Il est très important d'en avoir conscience et d'accentuer les mots là où il faut, non seulement pour vous faire comprendre, mais aussi pour vous permettre de mieux déchiffrer le discours anglais.

Si vous regardez la transcription des mots en API dans votre dictionnaire (elle se trouve généralement juste après l'entrée elle-même), l'accent tonique est indiqué en exposant juste avant la syllabe sur laquelle il faut insister : **dictionary** [ˈdɪkʃənərɪ].

Dans ce chapitre, vous trouverez la syllabe à accentuer indiquée en gras. Vous pouvez aussi écouter la prononciation des mots sur l'enregistrement.

- Tous les mots ont un **accent tonique primaire** sur une syllabe, indiqué en bleu dans les mots qui suivent :
  character
  debate
  English
  responsible

- En plus de l'accent primaire, les mots de plus de deux syllabes ont parfois un **accent secondaire** sur une syllabe qui est un peu moins accentuée que la syllabe primaire. Il est indiqué en indice dans les dictionnaires : **intercontinental** [ˌɪntəkɒntɪ'nentəl]. Dans les deux exemples suivants, l'accent primaire est en majuscules bleues, et l'accent secondaire en minuscules bleues :

  disorganiZAtion
  indiGEStion

- Les voyelles des syllabes non accentuées sont souvent **réduites** : on les prononce à peine et elles sont parfois remplacées par le schwa, sauf dans le cas des diphtongues :

  debatable [dɪ'beɪtəbəl]
  however [haʊ'evə(r)]
  information [ˌɪnfə'meɪʃən]

Voir **Le schwa** (p. 62) pour plus d'informations sur ce son.

L'accentuation des mots « grammaticaux »

Les **mots grammaticaux** sont les articles, les pronoms, les auxiliaires, les prépositions, les conjonctions et les adjectifs possessifs, démonstratifs et interrogatifs. Dans la plupart des cas ces petits mots ne sont pas accentués, leur voyelle se prononce donc comme un schwa : il s'agit de leur **forme réduite**. Cependant, si l'on souhaite insister sur ces mots, on prononce la voyelle correspondante (c'est la **forme pleine**). Voir **Le schwa**, p. 65.

I went to the Bahamas for Christmas. It's THE place to be at that time of year!

[ðə]	[ðiː]
(forme réduite de **the**)	(forme pleine de **the**)

Je suis allé aux Bahamas pour Noël. C'est vraiment le meilleur endroit pour cette période de l'année !

Quelques exemples de mots grammaticaux

	forme réduite	forme pleine
a / an	/ə/ / /ən/	rime avec **pay** / **pan**
and	/ənd/	rime avec **hand**
for	/fə/	comme le mot **four**
from	/frəm/	rime avec **Tom**
of	/əv/	comme dans le mot **hovercraft**
some	/səm/	comme le mot **sum**
than	/ðən/	rime avec **pan**
to	/tə/	comme le mot **too**

Règles générales

Comme indiqué plus haut il est essentiel de placer l'accent tonique correctement lorsqu'on parle anglais si l'on souhaite se faire comprendre. Malheureusement il n'existe pas de règles simples et précises régissant la place de l'accent tonique. Il est donc recommandé de mémoriser la place de l'accent tonique des mots au fur et à mesure que l'on apprend du vocabulaire.

Les tableaux qui suivent présentent quelques règles générales mais ne dispensent pas de mémoriser la place de l'accent tonique au fur et à mesure de l'apprentissage de nouveaux mots.

- 9 La plupart des terminaisons les plus courantes en anglais ne sont pas accentuées. Les mots avec les terminaisons suivantes portent l'accent sur la syllabe qui précède la terminaison :

les noms et adjectifs se terminant avec le son [ʃən] ou [ʒən] (**-cian**, **-cion**, **-sian**, **-sion**, **-tian**, **-tion**)	E**gy**ptian • Indo**ne**sian infor**ma**tion • poli**ti**cian sec**lu**sion • sus**pi**cion
les noms et adjectifs se terminant en **-ic** et **-ics** **N.B.** : parmi les exceptions citons **po**litics, **lu**natic, **Ca**tholic	ae**ro**bics • eco**no**mics • mathe**ma**tics pho**ne**tic • te**rri**fic
les noms de maladies se terminant en **-tis** ou **-sis**	appendi**ci**tis endometri**o**sis tubercu**lo**sis

- 10 Les mots avec les terminaisons suivantes portent l'accent sur l'antépénultième syllabe (l'avant-avant-dernière) :

les noms et adjectifs se terminant en **-ical**	eco**no**mical psycho**lo**gical **ma**gical
les verbes se terminant en **-ify**	di**ver**sify **mo**dify **sim**plify
les noms se terminant en **-ity** ou **-ety**	lia**bi**lity • medi**o**crity natio**na**lity • so**ci**ety va**ri**ety

les noms empruntés au grec ou au latin se terminant en **-graphy/ -grapher**, **-cracy**, **-ogy/-ogist**, **-omy/-omist**, **-pathy**, **-scopy**	an**ti**pathy • de**mo**cracy e**co**nomy/e**co**nomist en**do**scopy pho**to**graphy/pho**to**grapher psy**cho**logy/psy**cho**logist

Les règles ci-dessus font qu'un mot et ses dérivés peuvent avoir des accentuations différentes. C'est le cas notamment lorsqu'on forme un nom en **-ability/-ibility** à partir d'un adjectif en **-able/-ible** :

eligible	eligi**bi**lity
irritable	irrita**bi**lity
manageable	managea**bi**lity
res**pon**sible	responsi**bi**lity
sociable	socia**bi**lity
liable	lia**bi**lity

De même pour les mots empruntés au grec ou au latin :

as**tro**logist	as**tro**logy	astrogo**lo**gical
ca**ta**strophe	cata**stro**phic	
democrat	demo**cra**tic	de**mo**cracy
e**co**nomy	eco**no**mic(al)	
photograph	pho**to**graphy	photo**gra**phic
telescope	te**les**copy	

• 11 L'ajout de suffixes

Les suffixes suivants ne sont jamais accentués : **-able, -acy, -al, -ally, -ar, -dom, -ed, -er, -es, -est, -ful, -hood, -ible, -ing, -ish, -ism, -less, -ly, -ment, -ness, -or, -s, -ship, -some, -y**.

On peut les ajouter à des noms, des verbes ou des adjectifs sans en changer l'accent tonique :

confron**ta**tion	confron**ta**tio**nal**
generous	**ge**nerous**ly**
radical	**ra**dical**ism**

On peut même ajouter plusieurs suffixes :

disa**gree**	disa**greeable**	disa**greeableness**
neighbour	**neigh**bour**ly**	**neigh**bourli**ness**

12 Il existe aussi des mots anglais qui portent l'accent sur la dernière syllabe. Vous trouverez dans ce tableau quelques règles pour vous aider à les repérer. Cependant, il existe de nombreux mots avec cette accentuation qui ne font partie d'aucune de ces catégories. Il faut donc les mémoriser individuellement.

les noms de personnes ou de professions se terminant en **-ee** ou **-eer** **N.B.** : le suffixe **-ee** s'emploie pour parler d'une personne qui fait l'objet d'une action, ou qui se caractérise par son état	divorc**ee** (*divorcé*) employ**ee** (*employé*) refu**gee** (*réfugié*) trai**nee** (*stagiaire*) engi**neer** pio**neer**
les mots empruntés du français se terminant en **-ette**, **-esque**, **-ique**	bru**nette** ara**besque** tech**nique**
les noms se terminant en **-oo** ou **-oon** **N.B.** : Le mot **honeymoon** (*lune de miel*) est accentué sur la première syllabe, puisqu'il s'agit d'un nom composé (voir plus bas)	kanga**roo** ta**ttoo** ba**lloon** maca**roon**

• 13 L'ajout de préfixes

L'adjonction de préfixes ne modifie pas l'accentuation du mot :

a**vai**lable	**un**a**vai**lable
nuclear	**anti****nu**clear
probable	**im****pro**bable

Cependant, on peut placer l'accent sur le préfixe si on souhaite particulièrement insister dessus :

did you say it's **po**ssible or **im**possible ?
it's good to be **con**fident but not **over**confident

• Les mots composés

Les noms composés comportent en général un accent primaire seulement sur le premier élément du mot. Le deuxième mot prend un accent secondaire pour respecter le rythme binaire :

a **lan**guage teacher (*un professeur de langues*)
a **moun**tain bike (*un VTT*)
a **ri**ding outfit (*une tenue d'équitation*)

Il en va de même pour les noms composés en un mot :

a **ba**bysitter (*une baby-sitter*)
a **head**band (*un serre-tête*)
a **pa**perweight (*un presse-papiers*)

Les adjectifs composés comportent en général un accent primaire sur le deuxième élément, sauf lorsque celui-ci est suivi d'une syllabe accentuée :

blue-**eyed** / a **blue**-eyed **girl**
second-**hand** / a **sec**ond-hand **car**

• 14 Attention : certains mots peuvent changer d'accentuation (et parfois de sens) selon leur fonction grammaticale. Voici quelques exemples courants :

verbe	**nom**	**adjectif**
to con**duct** *mener*	good **con**duct *bonne conduite*	—
to de**crease** *baisser*	a **de**crease *une baisse*	—
to down**load** *télécharger*	a **down**load *un téléchargement*	—
to fre**quent** *fréquenter*	—	**fre**quent visits *des visites fréquentes*
—	an **in**valid *un malade*	an in**va**lid ticket *un billet non valable*
to ob**ject** *protester*	an **ob**ject *un objet*	—
to pre**sent** *présenter*	a **pre**sent *un cadeau*	the **pre**sent tense *le présent*
to re**bel** *se rebeller*	a **re**bel *un rebelle*	—
to re**cord** *enregistrer*	a **re**cord *un disque/un record*	in **re**cord time *en un temps record*
to re**fuse** *refuser*	household **re**fuse *ordures ménagères*	—
to sub**ject** *soumettre*	a **sub**ject *un sujet*	—
to up**set** *bouleverser*	a stomach **up**set *une indigestion*	to be up**set** *être bouleversé*

• Attention également aux mots de trois syllabes ou plus se terminant en **-ate** : certains d'entre eux peuvent s'employer en tant que verbe ou encore en tant que nom ou adjectif, mais il se produit un changement de prononciation de la dernière syllabe : dans le premier cas **-ate** rime avec **late**, dans les deux derniers il se prononce avec le schwa (voir **Le schwa**, p. 64). L'accent tonique reste le même. Par exemple :

verbe	**adjectif/nom**
to **ad**vo**cate** /-***kèïte***/ *préconiser*	an **ad**vo**cate** /-**kət**/ of civil rights *un défenseur des droits civils*
to **con**sum**mate** /-***mèïte***/ a marriage *consommer un mariage*	a **con**sum**mate** /-**mət**/ professional *un professionnel accompli*
to de**lib**er**ate** /-***rèïte***/ *délibérer*	a de**lib**er**ate** /-**rət**/ mistake *une erreur faite exprès*
to **del**e**gate** /-***guèïte***/ *déléguer*	a **del**e**gate** /-**gət**/ *un délégué*
to **sep**a**rate** /-***rèïte***/ *séparer*	a **sep**a**rate** /-**rət**/ sheet of paper *une feuille séparée*

• 15 L'accent de phrase

En anglais, comme en français, on a tendance à employer une intonation neutre (ou légèrement descendante) pour les affirmations, et une intonation montante pour les questions et les exclamations.

Attention aux question tags : on emploie une intonation montante lorsqu'il s'agit d'une vraie question dont on ne connaît pas la réponse, tandis qu'une intonation neutre ou descendante indique qu'on cherche simplement une confirmation :

It's a nice day, ↓ isn't it?
Il fait beau, hein ! (confirmation)

You haven't seen my keys, ↑ have you?
Tu n'aurais pas vu mes clés, par hasard ? (question)

London's expensive, ↓ isn't it? I can't believe how much a tube ticket costs.
Londres est cher, hein ! (confirmation)

London's expensive, ↑ isn't it? I don't think I want to go there.
C'est vrai que Londres est cher ? (question)

Depuis quelques années, certains Britanniques, surtout parmi les jeunes, ont tendance à donner à leurs phrases une intonation montante même lorsqu'il s'agit d'affirmations et non de questions (il s'agit d'un phénomène venu d'outre-Atlantique). Il vous faudra donc faire d'autant plus attention à ce qui vous est dit, car dans ces cas-là l'intonation ne vous permettra pas de savoir si l'on vous pose vraiment une question.

16 Le schwa

Le **schwa** est un son vocalique que l'on prononce à peine, en gardant la bouche en position de repos, et qui n'est jamais accentué (voir **Les sons vocaliques** p. 49). Dans l'alphabet phonétique, il correspond au symbole [ə]. On le trouve dans de très nombreux mots anglais, il peut correspondre à n'importe quelle voyelle, ainsi que très souvent aux séquences **-ar**, **-er**, **-or** et **-ur**.

Le schwa joue un très grand rôle dans le rythme musical de l'anglais, qui alterne les syllabes toniques et les syllabes atones, très souvent représentées par le schwa ou une autre forme réduite de voyelle (voir **Les règles d'accentuation** p. 56). Vous trouverez ci-dessous des listes de mots anglais courants qui contiennent le schwa. La syllabe accentuée est indiquée en gras (en noir), et le schwa en bleu. Attention : certains de ces mots ont une orthographe identique ou proche de leur équivalent français, mais ils se prononcent très différemment.

Ces termes sont enregistrés sur le CD de façon à vous permettre de parfaire votre prononciation.

La place du schwa

Toute voyelle non accentuée peut se prononcer comme un schwa :

a(r) **a**g**ain** • **me**t**a**l

org**a**nize • pe**cu**li**ar**

! Attention au mot **radar** : bien que l'accent tombe sur la première syllabe, la dernière se prononce comme le mot **bar** et non avec le schwa.

e(r) o**th**er • p**er**mi**ss**i**o**n • **pro**bl**e**m

i **gra**v**i**ty • respons**i****bil****i**ty

o(r) act**or** • **ba**c**o**n • f**or****get**

u(r) s**u**p**po**se • s**ur****pri**se

! Ne pas confondre le schwa avec le son /*u*/ très bref (représenté par le symbole [ʌ] en API) que l'on trouve dans **fun**, **lucky**, etc. Le schwa est moins prononcé, avec la bouche moins ouverte. Écoutez attentivement les mots suivants sur votre CD pour entendre la différence (le son /*u*/ est souligné) :

butter
funnier
mother

Les terminaisons prononcées avec le schwa

Ces terminaisons non accentuées (voir **Les règles d'accentuation** p. 55) se prononceront presque toujours avec le schwa :

-able/-ably considerable
considerably
vegetable

-al(ly) criminal
criminally
physical

! La terminaison **-cally** (dans les adverbes formés à partir d'adjectifs en **-cal**) se prononce souvent en une seule syllabe : /*kli*/. C'est le cas pour **basically**, **physically** etc.

-ance/-ancy distance • vacancy

-ant(ly) *ou* **-ent(ly)** compliment *(nom)* • document *(nom)*
frequent *(nom)* • frequently • ignorant • ignorantly

! Les verbes correspondant aux noms et adjectifs terminés en **-ent** verront cette syllabe prononcée avec le son /*e*/ de **pen** et non avec le schwa (voir aussi **Les règles d'accentuation** p. 55) :

to compliment
to document
to frequent

-ate(ly) **de**lic**a**te • **de**lic**a**tely
separ**a**te • **se**par**a**tely

! Les verbes correspondant aux adjectifs terminés en **-ate** riment avec les mots **hate**, **late**, etc., et ne se prononcent pas avec le schwa (voir aussi p. 61) :

to **a**dvocate
to de**li**berate
to **se**parate

-ence/-ency de**pen**d**e**ncy • **e**ss**e**nce

-ian *ou* **-ion** mu**si**ci**a**n • occu**pa**ti**o**n

! Beaucoup de ces mots ressemblent à des mots français, mais ils se prononcent différemment. Les terminaisons **-cian** et **-tion** se prononcent avec le son /***sh***/ (comme dans **show**) suivi du schwa + /***n***/. Ainsi, la dernière syllabe du mot **informa**tion se prononce /***sh****ə****n***/.

Les mots en **-sian** (qui désignent souvent des nationalités : **Indonesian**, **Asian**, etc.) et ceux en **-sion** se prononcent de la même manière, à l'exception du **s**, qui se prononce comme dans les mots **pleasure**, **leisure**, etc. (voir **Les sons consonantiques**, p. 54). Mais attention à **Russian**, dont la dernière syllabe se prononce /***sh****ə****n***/ (à cause des deux s).

-ity responsi**bil**i**ty** • uni**ver**s**i**ty

-le(d) **ar**tic**le** • **pu**zz**le**d • **sim**p**le**

-our **col**our • **gla**mour

-ous de**li**ci**ous** • **fa**m**ous**

! Notez que les terminaisons **-cious** et **-tious** se prononcent avec le son /***sh***/ (comme dans **show**) suivi du schwa + /***s***/. Ainsi, la dernière syllabe des mots **deli**cious et **supersti**tious se prononce /***sh****ə****s***/.

-tre **cen**tre • **li**tre

! Dans cette combinaison, le **r** est muet.

-ure nature • pleasure • pressure

! Notez que ces mots ne se prononcent pas comme en français. En général, la terminaison **-ture** se prononce avec le son /***tch***/ (comme dans **challenge**) suivi du schwa. La terminaison **-sure** se prononce avec /***sh***/ (comme dans **show**) suivi du schwa. N'essayez pas de les prononcer avec un son /***tiure***/ ou /***siure***/, faute courante chez les Français.

Les formes pleines et réduites des mots grammaticaux

Lorsqu'ils ne sont pas accentués, les mots grammaticaux se prononcent avec le schwa : c'est leur forme réduite. Mais si on veut insister dessus, on les prononce avec un son vocalique : c'est la forme pleine.

here's **the** /***th***ə/ bag I bought	mais	it's **THE** /***thee***/ bag for this season
it's a letter **from** /***frəm***/ Paula	mais	who's it **from** /***from***/?
we bought cakes **and** /ə***n***/ biscuits	mais	I had a piece of cake **AND** /***and***/ some biscuits!

Reportez-vous à la rubrique **Les règles d'accentuation** p. 56 pour voir le tableau des mots grammaticaux les plus usuels.

! Lorsque les mots grammaticaux **the** et **to** sont suivis d'un son vocalique, on les prononce avec la forme pleine pour faire la liaison :

the /***th***ə/ **b**ananas	mais	**the** /***thee***/ **a**pples
I'm going **to** /***t***ə/ **G**ermany	mais	I'm going **to** /***too***/ **I**ndia
he's joined **the** /***th***ə/ **u**nion	mais	**the** /***thee***/ **u**ncomfortable chair

(dans le dernier cas, **union** se prononce avec le son /*you*/, tandis que **uncomfortable** se prononce avec le son /*u*/ comme dans **fun**)

17 Les sons /s/ et [θ] et /z/ et [ð]

Pour la prononciation de [θ] et [ð] reportez-vous à la rubrique **Les sons consonantiques** p. 54. Les listes de mots suivantes vous permettront de vous exercer à percevoir la différence qui existe entre ces deux sons et les sons /***s***/ et /***z***/. Les mots sont enregistrés sur le CD, n'hésitez pas à les répéter plusieurs fois à haute voix.

• /s/ et [θ]

Dans chacun de ces paires de mots la prononciation du /**s**/ à la place du [θ] change la signification.

[θ]	/s/
fourth *quatrième*	**force** *force*
mouth *bouche*	**mouse** *souris*
thick *épais*	**sick** *malade*
thing *chose*	**sing** *chanter*
think *penser*	**sink** *couler*

• 18 /z/ et [ð]

En ce qui concerne le son /**z**/ c'est un peu différent. Il n'y aura peut-être pas confusion avec un autre mot si vous prononcez un /**z**/ au lieu d'un [ð], mais ce que vous dites sera difficile à comprendre. Voici une liste de mots courants que vous pouvez vous exercer à prononcer :

[ð]	
although	**the**
brother	**these**
leather	**together**
mother	**weather**
that	**without**

! Notez que beaucoup des mots dans ce tableau contiennent la combinaison **-ther-**.

Les mots grammaticaux commençant par **th-** (**the**, **them**, **theirs**, **this**, etc.) se prononcent aussi avec le son [ð], mais notez que la plupart du temps, **th-** en début de mot se prononce [θ] (**thing**, **thistle**, **thread**, **thunder**, etc.). Attention, le prénom **Thomas** et le fleuve **Thames** se prononcent cependant avec le son /**t**/ .

! Notez que certains mots qui se terminent en [θ] ont des dérivés qui se prononcent avec [ð] :

bath [θ] > **to bathe** [ð], **bathing** [ð], etc.
breath [θ] > **to breathe** [ð], **breathing** [ð], etc.
cloth [θ] *(tissu/chiffon)* > **clothes** [ð] *(vêtements)*, **clothing** [ð], etc.
mouth [θ] > **mouths** [ðz]
path [θ] > **paths** [ðz]
wreath [θ] *(couronne de fleurs)* > **wreathes** [ðz], **wreathed** [ðd], etc.

Les lettres muettes

19 Quand une lettre d'un mot n'est pas prononcée on dit qu'elle est **muette**.

Pour chacune de ces lettres nous allons donner une liste (non exhaustive) d'exemples de mots et de certains de leurs dérivés dans lesquels elles apparaissent. Vous les retrouverez dans le CD et pourrez ainsi perfectionner votre prononciation.

• b

Cela concerne notamment le **b** de la combinaison **-bt-** ainsi que la plupart des mots qui se terminent en **-mb** :

bomb (**bombing**, **bomber**, etc.), **climb** *escalader* (**climbing**, **climber**, etc.), **comb** *peigne* (**combed**, etc.), **debt** *dette* (**indebted**, etc.), **doubt** *doute* (**doubted**, **doubtful** *improbable*, **doubting**, **undoubtedly** *sans aucun doute*, etc.).

• g

Cela concerne notamment le **g** de la combinaison **gn-** en début de mot :

gnat *moucheron*, **gnaw** *ronger*, **gnome**.

Le **g** de **-gn-** peut également être muet dans d'autres positions :

campaign, **champagne**, **foreign** (**foreigner**), **reign** (**reigning**, etc.), **sign** (**signpost**, etc.).

Mais attention, ce n'est pas toujours le cas : le **g** se prononce dans les mots tels que **dignified**, **signal**, **recognition**.

Attention au groupe de lettres **-gh-**. Souvent ces lettres ne sont pas prononcées du tout :

bough *branche*, **bought**, **daughter**, **height**, **mighty** *puissant*, **right**, **weigh**.

Dans d'autres cas, il se prononce /**f**/ :

cough, **enough**, **laugh**, **rough**, **tough**.

Il faut donc apprendre la prononciation de ces mots individuellement.

Souvenez-vous que la combinaison **-ng-** correspond à un son distinct, et le **g** est à peine prononcé (voir p. 53) :

king, **singing**, **song**, **wrong**.

• h

Bien que l'on prononce généralement le **h** aspiré à l'initiale, il existe quelques exceptions :

heir, **honest**, **honour**, **hour** (et autres emprunts au français).

Autrefois on prononçait moins souvent le **h** en début de mot. C'est pourquoi on trouve parfois des phrases comme **we stayed at an hotel** ou **it was an historic occasion** (où le **h** est muet et donc précédé de l'article **an**).

Le **h** est muet dans les mots commençant par **gh-**, et la plupart de ceux commençant par **wh-**, sauf quelques exceptions où c'est le **w** qui est muet (voir **w** plus loin) :

ghetto, **ghost**, **what**, **where**.

• k

Le **k** est muet dans la combinaison **kn-** en début de mot :

knee, knife, **knight** (**knighthood**, **knightly**, etc.), **knit** (**knitted**, **knitting**, etc.), **knock** (**knockout** *K-O*, etc.), **knot**, **know** (**knowing**, **knowledge**, **know-how**, **known**, etc.).

• l

Le **l** est souvent muet dans les combinaisons **-alk-** et **-alm-** :

almond, **calm** (**calming**, **calmness**, etc.), **salmon**, **talk** (**talking**, **talked**, etc.), **walk** (**walking**, **walker**, **walkie-talkie**, etc).

Attention : le **l** se prononce dans les mots **Balkan** et **Falklands**.

Il est muet dans certains autres mots où il est suivi d'une consonne :

calf, **could** (**couldn't**), **folk** (**folklore**), **half**, **should** (**shouldn't**).

• n

Cela concerne particulièrement le **n** de la combinaison **-mn** en fin de mot :

autumn (attention : il se prononce dans **autumnal**), **column**, **condemn** (**condemned**, mais il se prononce dans **condemnation**), **damn** (**damned**, mais il se prononce dans **damnation**), **hymn**.

Le **n** est souvent avalé dans les mots **government** et **environment** (**environmental**, etc.).

• p

En début de mot, cela concerne le **p** des combinaisons **pn-**, **ps-** et **pt-** (termes d'origine grecque) :

pneumonia, **psalm**, **psychology** (**psyche**, **psychiatrist**, **psychotic**, etc.), **pterodactyl** etc.

Le **p** est également muet dans les mots **cupboard, raspberry, receipt**.

• r

En anglais dit « standard », le **r** est muet en position finale, entre une voyelle et une consonne ainsi que dans la terminaison **-tre** :

car, **centre**, **first**, **forward**, **four**, **girl**, **hard** (**harden**, **harder**, etc.), **more**, **order** (**ordered**, **orderly**), **sister**, **wandered (to wander** *flâner*).

! On prononce le **r** final lorsqu'il est suivi d'un son de voyelle, pour faire la liaison :

four islands *quatre îles*
the weather in London *le temps à Londres*
my sister and I *ma sœur et moi*
the centre of town *le centre-ville*
four hours later *quatre heures plus tard*

Attention au mot **iron** (*fer*) : le **r** y est muet. Par contre, il se prononce dans les mots **irony** et **ironic**.

- **s**

Le **s** est parfois muet dans la combinaison **-isl-** :

aisle, **island**, **isle**.

- **t**

Le **t** est muet dans la combinaison **-stle-** :

castle, **hustle and bustle**, **mistletoe**, **rustle** (**rustled**, etc.), **whistle** (**whistled**, etc.).

Il est aussi muet dans les combinaisons **-st-** et **-ft-** des mots suivants :

christen, **Christmas**, **fasten**, **hasten**, **listen**, **mustn't**, **often**, **soften**.

- **w**

Cela concerne le **w** dans les mots qui commencent par **wr-** :

wrap (**wrapping**, **wrapper**, etc.), **wrestle** (**wrestler**, **wrestling**, etc.), **wrinkle** (**wrinkled**, **wrinkly**, etc.), **wrist**, **write** (**unwritten**, **writer**, **writing**, **written**, **wrote**, etc.), **wrong** (**wrongly**, **wrongdoer**, etc.).

Le **w** est aussi muet dans beaucoup de mots qui commencent par **who-** :

who (**whom**, **whose**, **whoever**, etc.), **whole** (**wholly**, **wholefoods**, **wholehearted**, etc.), **whooping cough** (*coqueluche*) (attention : il se prononce dans **whoop** *cri*, **whoops** *houp-là*, **whopping** *énorme*, etc. Voir la lettre **h**).

Il est également muet dans les mots **answer**, **sword** et **two**.

- **y**

La combinaison **-ay-** est parfois prononcée comme le mot **air** en anglais :

mayor, **prayer**.

Les homographes

20 Les **homographes** sont des mots qui s'écrivent de la même façon mais qui se prononcent différemment. Vous trouverez ci-dessous une sélection d'homographes courants. Chacun est suivi d'une indication de prononciation (transcription ou rime) et d'une phrase pour le mettre en contexte. Les syllabes accentuées sont indiquées en gras. Aidez-vous du CD pour vous exercer à les prononcer.

bow [rime avec « no »] *arc*

He carried a bow and arrow.
Il portait un arc et une flèche.

bow [rime avec « now »] *s'incliner, salut*

He bowed to her.
Il l'a saluée de la tête.

close */klôouss/ proche*

Don't go too close to the edge.
Ne t'approche pas trop du bord.

close */klôouz/ fermer*

Close your eyes.
Fermez les yeux.

desert /***dèz**-èt/ désert*

We camped in the desert.
Nous avons campé dans le désert.

desert */diz-**eut**/ abandonner*

The house was deserted.
La maison était déserte.

! Attention : ne pas confondre ces mots avec le mot anglais **dessert** : il se prononce comme le verbe **to desert** (abandonner), mais s'écrit avec deux *s*.

lead */lid/ conduire*

Mark is going to lead you there.
Mark va vous y conduire.

lead */lèd/ plomb*

This pipe is made of lead.
Ce tuyau est en plomb.

polish */**pol**-ish/ cirer*

You should polish your shoes.
Tu devrais cirer tes chaussures.

Polish */**pôoul**-ish/ polonais*

They have a Polish au-pair.
Ils ont une jeune fille au pair polonaise.

read */rid/ lire*

She's reading the newspaper.
Elle lit le journal.

read */rèd/ lu*

I've already read that book.
J'ai déjà lu ce livre.

row [rime avec « now »] *dispute*

I had a row with my parents.
Je me suis disputé avec mes parents.

row [rime avec « no »] *ramer*

Let's row to that island over there!
Ramons jusqu'à cette île là-bas !

sow [rime avec « now »] *truie*

The sow has ten piglets.
La truie a dix cochonnets.

sow [rime avec « no »] *semer*

You reap what you sow.
Comme tu auras semé tu moissonneras.

tear /tèr/ *déchirer*

Careful, you'll tear your shirt!
Attention, tu vas déchirer ta chemise !

tear /tir/ *larme*

She burst into tears.
Elle a fondu en larmes.

wind [comme dans « window »] *vent*

There's a strong wind today.
Il y a beaucoup de vent aujourd'hui.

wind [rime avec « find »] *enrouler*

Can you wind back the tape?
Tu peux rembobiner la cassette ?

wound /*wou-nd*/ *blesser, blessure*

He was wounded in Iraq.
Il a été blessé en Irak.

wound /*waou-nd*/ (v) (**to wind** *enrouler*)

I wound a scarf round my neck.
J'ai enroulé une écharpe autour de mon cou.

• 21 Catégorie grammaticale

Rappelons ici que l'on distingue la prononciation de certains homographes selon leur catégorie grammaticale. La différence peut avoir trait à la prononciation des lettres, mais aussi à la place de l'accent tonique dans le mot. Dans les exemples suivants, nous avons donné une transcription de la prononciation en mettant la syllabe accentuée en gras (voir **Les règles d'accentuation** p. 55). Les voyelles dont la prononciation change selon la catégorie grammaticale du mot sont en bleu.

invite /***in***-*vaït*/ (n)

Thanks for the invite.
Merci pour l'invitation !

invite /*in*-***vaït***/ (v)

I would invite you if I could.
Je t'inviterais si je pouvais.

live /*laïv*/ (adj/adv) *vivant, en direct*

The interview will be broadcast live.
L'interview sera diffusée en direct.

live /*liv*/ (v) *vivre*

They live in the town centre.
Ils vivent dans le centre-ville.

minute /***min***-*it*/ (n) *minute*

I'll be back in a minute.
Je reviens dans une minute.

minute /*maï*-***niout***/ (adj) *minuscule*

Even a minute dose can be fatal.
Même une dose minuscule peut être mortelle.

produce /***prod***-youss/ (n) *produit*

The farmer sells his produce at the market.
Le fermier vend ses produits au marché.

They produce a very good wine.
Ils produisent un très bon vin.

produce /*pre-****dyouss***/ (v) *produire*

! Le nom **produce** est indénombrable et invariable.

---

present /***prèz***-eunt/ (n) *cadeau*

I've got a present for you.
J'ai un cadeau pour toi.

present /*pri-****zènt***/ (v) *remettre*

Who's going to present the prizes?
Qui va procéder à la remise des prix ?

object /***ob***-djèkt/ (n) *objet*

It's a round object.
C'est un objet de forme ronde.

object /*ob-****djèkt***/ (v) *protester*

Tom didn't object to the project.
Tom n'a pas fait objection au projet.

record /***rèk***-eud/ (n) *disque/record*

Have you heard their new record?
Tu as entendu leur dernier disque ?

He broke the world record.
Il a battu le record du monde.

record /*ri-****kord***/ (vt) *enregistrer*

Can you record tonight's episode for me ?
Tu peux m'enregistrer l'épisode de ce soir ?

Les accents régionaux

"All Americans understand each other instantly across three million square miles and everybody else in the world who speaks English can understand them too, whereas there are plenty of British people who can't understand their own countrymen across a distance of a hundred yards."[1]

Même si ces mots du chroniqueur australien Clive James relèvent du comique d'exagération, ils recèlent tout de même une bonne part de vérité. En effet, il existe de très nombreux types d'accents en Grande-Bretagne, qui sont souvent fort éloignés de la prononciation standard. Si en plus de l'accent viennent s'ajouter des termes dialectaux, alors on comprend pourquoi la communication entre Britanniques de régions différentes peut s'avérer difficile, voire impossible. Transplantez un Anglais originaire du sud de l'Angleterre et issu des classes supérieures dans un pub d'un quartier ouvrier de la région de Glasgow ou de Newcastle et il y a fort à parier que celui-ci n'entendra rien aux conversations qui se tiennent autour de lui. Ce qui est vrai pour les Britanniques l'est évidemment encore davantage pour ceux dont l'anglais n'est pas la langue maternelle ; en effet, pour quiconque apprend l'anglais (et même pour les anglophones non britanniques), les accents régionaux constituent souvent un obstacle considérable et une longue période d'adaptation est parfois nécessaire avant de pouvoir communiquer efficacement avec la population locale.

Les accents régionaux les plus marqués se rencontrent le plus souvent parmi les classes les moins éduquées. D'ailleurs, l'un des objectifs des **public schools** a longtemps été de faire la chasse aux accents régionaux, qui constituaient un véritable handicap pour quiconque souhaitait réussir dans le monde. Le terme **BBC English** vient précisément du fait que pendant de nombreuses années les accents régionaux n'y avaient pas droit de cité. Ce n'est plus le cas aujourd'hui ; un accent régional confère même une certaine touche d'authenticité appréciée de nombreux producteurs de télévision et de radio. Cela dit, bien que la célèbre formule de George Bernard Shaw selon laquelle **"it is impossible for an Englishman to open his mouth without making some other Englishman hate or despise him"[2]** soit beaucoup moins vraie aujourd'hui qu'autrefois, l'accent demeure un indicateur fiable de l'origine géographique et sociale des Britanniques.

Les pages suivantes ont pour objectif de vous faire découvrir les particularités des accents régionaux les plus caractéristiques du Royaume-Uni.

Chaque texte débute par une brève présentation du pays, de la région ou de la

1 Clive James, A point of view, BBC Radio4, mars 2007.
2 Dans la préface de *Pygmalion* (1916).

ville en question, suivie par une description de l'accent et de ses connotations ; après quoi suivent des rubriques sur la prononciation (et le cas échéant sur des points de grammaire) et sur le vocabulaire. La dernière section propose une liste de célébrités qui parlent avec l'accent dont il est question. Bien souvent ces « célébrités » ne sont pas connues hors de Grande-Bretagne, mais vous aurez probablement l'occasion de les voir à la télévision ou de les entendre à la radio si vous faites un séjour outre-Manche.

Vous trouverez une version condensée des textes suivants sur le CD qui accompagne cet ouvrage. Pour chacun des textes, le symbole vous indique le numéro de piste correspondant.

Vous trouverez également à la fin de cette rubrique la transcription de textes lus par des personnes originaires des différentes régions abordées. Sur le CD chacun de ces textes se trouve à la fin de la piste qui lui correspond.

Pour plus d'informations sur l'anglais régional, nous vous recommandons les ressources en ligne de la BBC :

www.bbc.co.uk/whereilive : choisissez une région pour lire et regarder des informations régionales, et écouter la radio locale

www.bbc.co.uk/voices : écoutez des accents régionaux et des dialectes anglais, et découvrez des mots et expressions propres à chaque région.

23 Londres et le sud-est de l'Angleterre

La ville

Londres est de loin la plus grande ville de Grande-Bretagne, avec environ 7,8 millions d'habitants pour la ville proprement dite et presque le double pour le Grand Londres. Elle est aussi au cœur du système administratif du Royaume-Uni et de ses réseaux culturels et médiatiques.

Prononciation

L'accent de la région londonienne (on parle souvent de **Cockney**) se répercute sur la façon de parler d'une grande partie du sud-est de l'Angleterre. Elle a joué un rôle prépondérant dans ce que certains considèrent comme l'émergence d'un nouvel accent commun à la quasi-totalité des classes sociales, l'**Estuary English** (ainsi nommé car il concerne la zone de l'estuaire de la Tamise).

Cependant Londres est une ville multiculturelle, et de nos jours le vocabulaire et l'accent des jeunes Londoniens sont souvent influencés par l'anglais des Antilles et d'Inde. Ce phénomène a déjà été identifié et exploité à des fins humoristiques, notamment par le comique Sacha Baron-Cohen à travers le personnage d'**Ali G**, banlieusard blanc qui se prend pour un rappeur noir des quartiers chauds.

La liste suivante vous permettra de découvrir les traits les plus caractéristiques de l'accent Cockney. Beaucoup d'entre eux existent (souvent atténués) dans une grande partie du sud-est de l'Angleterre.

- le son /***eï***/ présent dans les mots **day** ou **late** se rapproche du /***aï***/ de **die** ou **lime**
- le /***aï***/ de **high** ou **time** se rapproche du /***oï***/ de **boy**
- le son /***aou***/ de **town** ou **south** se rapproche plutôt d'un *a* long. Une expression comme **down south** donnera donc /***daane saath***/. Cette caractéristique est présente dans les accents londoniens « purs » plutôt que dans les accents « Estuary »
- les h aspirés deviennent souvent muets : **house** et **haven't** deviennent donc /***aous***/ et /***avent***/ ; **behave** donne /***bi-eïv***/
- dans de nombreux cas, le /***t***/ disparaît entre deux voyelles ou en fin de mot, de sorte que **butter** et **water** deviennent /***beu'eu***/ et /***wo'eu***/, tandis que **not** et **cat** deviennent /***no'***/ et /***ka'***/. L'omission du /***t***/ en fin de mot est un phénomène courant (que l'on a par exemple relevé chez Tony Blair), généralement considéré comme l'une des principales caractéristiques de l'anglais « Estuary ». L'omission entre deux voyelles est en revanche jugée « vulgaire » encore aujourd'hui par de nombreux défenseurs de la langue et de l'accent standard
- le /***l***/ est souvent avalé pour devenir pratiquement un /***w***/ : pour **milk bottle**, on entend /***mi'ouk bo'ou***/
- le /***th***/ de **think** ou **thing** est parfois assimilé à un /***f***/ (/***fink***/, /***fing***/) et le /***th***/ de **mother** ou **weather** à un /***v***/ (/***mo-veu***/, /***wè-veu***/). Ces deux mutations sont courantes dans les accents cockney mais pas en anglais « Estuary »

Grammaire

L'anglais parlé à Londres et dans le sud-est présente souvent des traits grammaticaux non conformes à l'anglais standard :

- des négations multiples : **we don't never go round there** au lieu de « we never go round there » ; **don't ask no questions** au lieu de « don't ask any questions »
- le mot **ain't** à la place de « am not/are not/is not » et « have not/has not » : **I ain't seen him** ; **she ain't here**
- le participe passé à la place du prétérit : **I been there before** au lieu de « I have been there before » ; **I seen him do it** au lieu de « I saw him do it » ; **we done all the work** au lieu de « we did all the work »
- plus récemment, **innit** est devenu pour beaucoup de locuteurs une façon de dire *n'est-ce pas* quel que soit le sujet du verbe qui précède, au point que la formule en perd même parfois toute valeur interrogative : **he's wrong, innit?**

Vocabulaire

Beaucoup de termes argotiques proviennent vraisemblablement de Londres, mais se répandent si rapidement à travers le pays que l'on perd la trace de leur origine. Certains d'entre eux possèdent toutefois une tonalité clairement londonienne :

blimey!	*oh là là !*
cushty	*super*
gaff	*maison*
geezer	*mec*
guv, guvnor	*chef* (terme d'adresse)
knees-up	*fête, soirée*
leave it out!	*arrête !*
my manor	*chez moi, mon quartier*
moody	*louche*
pukka	*génial*
the (old) Bill	*les flics*

Il existe plusieurs stations de radio et plusieurs journaux spécifiquement londoniens, parmi lesquels on retiendra notamment l'hebdomadaire culturel *Time Out*. La domination culturelle de Londres dans de nombreux domaines implique cependant que les nouvelles tendances linguistiques, loin de rester confinées à la capitale, gagnent souvent sans délai le reste du pays.

Dressez l'oreille

- **Ray Winstone** acteur, connu notamment pour ses rôles de dur et de gangster dans le monde criminel de l'est de Londres
- **Bob Hoskins** acteur de cinéma
- **Danny Dyer** jeune acteur qui a figuré dans plusieurs films d'action
- **Vinnie Jones** ex-footballeur devenu acteur, connu pour son image de dur
- **Lily Allen** jeune chanteuse pop
- **Amy Winehouse** jeune chanteuse soul/jazz
- **Jamie Oliver** chef cuisinier originaire de l'Essex, très populaire à la télévision
- **Jonathan Ross** présentateur de télévision et de radio
- ***Only Fools and Horses*** (1981-2003), série comique centrée sur un Cockney traficoteur, Del Boy Trotter, et son frère cadet Rodney. Cette série est à l'origine de plusieurs mots ou expressions aujourd'hui passés dans la langue, comme **plonker**, **dipstick** (signifiant tous deux *idiot*) ou **lovely jubbly!** (*super !*)
- ***EastEnders*** (1985-) feuilleton à succès situé dans le quartier fictif de Walford, dans l'est de Londres
- ***The Catherine Tate Show*** (2004-) émission de sketches. Dans un des sketches les plus connus, la comédienne éponyme incarne une adolescente londonienne boudeuse dont l'expression favorite est **Am I bovvered?** (= **Am I bothered?** *Je m'en fous !*).
- ***The Bill*** (1983-) série policière

- ***Minder*** (1979-94) série dont le personnage central, Arthur Daley, est le stéréotype Cockney du criminel sympathique (et généralement voué à l'échec)
- ***The Italian Job*** (*Braquage à l'italienne*, 1969, remake en 2003) film de gangsters comique
- ***The Long Good Friday*** (*Racket*, 1980) film de gangsters avec Bob Hoskins et Helen Mirren
- ***Lock, Stock and Two Smoking Barrels*** (*Arnaques, crimes et botanique*, 1998) film de gangsters comique qui a relancé le genre

24 L'anglais du nord

La région

Le clivage nord-sud (**the North-South divide**) est, selon la majorité des Anglais, une réalité basée sur des différences fondamentales entre les deux moitiés du pays tant du point de vue de l'économie, du niveau de revenus et du style de vie que de celui du caractère et du comportement. Une rivalité (bon enfant dans la plupart des cas) oppose les habitants du sud à ceux du nord : les premiers considèrent les seconds comme un peu voyous, pas très raffinés et pas très futés, tandis que les seconds trouvent les premiers veules, frimeurs et snobs. On notera les expressions **up north** et **down south**, qui désignent les deux moitiés du pays vues de l'autre côté de la barrière. La phrase **it's grim up north** (« ce n'est pas gai dans le nord »), souvent dite avec un accent du nord parodique, s'emploie depuis longtemps au sujet des villes industrielles du nord – **Manchester**, **Leeds** ou **Sheffield** – qui étaient perçues comme des lieux sombres, sales et pauvres. Aujourd'hui, les activités industrielles qui les faisaient vivre ont disparu presque entièrement et elles connaissent un renouveau qui fait d'elles d'importants centres artistiques, culturels et universitaires également connus pour leurs commerces et leur vie nocturne.

Quant à savoir ce qu'englobe exactement le nord de l'Angleterre, tout est question de point de vue. L'expression **north of Watford** s'emploie parfois pour suggérer que la frontière du monde civilisé se trouve à la première aire de services (Watford Gap) de l'autoroute M1 Londres-Birmingham ou, selon le point de vue inverse, que l'insularité et le nombrilisme de la capitale anglaise s'évanouissent soudainement à quelque 80 kilomètres au nord.

En général, « le nord » englobe les comtés du Yorkshire (partie centrale et est) et du Lancashire (partie ouest). Mais il faut savoir que ces deux régions ont des identités très distinctes sous bien des aspects, du sport à la nourriture en passant par les industries traditionnelles, et les habitants n'aiment pas qu'on les confonde ! En parlant de l'autre comté, ils emploient parfois l'expression **t'other side o't Pennines** (*l'autre côté des Pennines*), comme si ces hautes terres formaient une frontière nationale et que leur pays était bien supérieur à l'autre.

L'accent

Lorsqu'il s'agit d'accents et de dialectes, on considère généralement que « le nord » commence là où se terminent les Midlands, c'est-à-dire entre Birmingham et Manchester, pour s'étendre jusqu'à la frontière avec l'Écosse. Certains traits sont communs à la plupart des accents de la région, mais il existe aussi des variations au sein de cette dernière.

Notez cependant que nous avons consacré des textes séparés aux régions de Liverpool et de Newcastle, qui ont chacune un accent très particulier.

- dans la plupart des accents du nord de l'Angleterre, le /***a***/ des mots **bath**, **past**, etc. est un son court (comme dans **hat** ou **back**), contrairement à la prononciation standard
- le son vocalique de **but** ou **country** est prononcé comme celui de **put** ou **book**
- dans certaines parties de la région, les mots du type **book** et **look** contiennent un /***ou***/ long similaire à celui de **boot** ou **food**
- le /***èï***/ de **late**, **bay**, etc. ressemble au *é* français
- dans certaines parties du Yorkshire, les mots tels que **make** ou **take** sont parfois prononcés /***mèk***/ et /***tèk***/
- le possessif « my » est souvent remplacé par **me** : **where's me glasses?**
- le mot ou suffixe « self » devient souvent **sen**, de sorte que « I'll do it myself » donne **I'll do it mesen** (/***missène***/)
- à l'ouest, le *r* se prononce après une voyelle et devant une consonne. Par exemple, on entend le *r* de « Burnley » (ville du Lancashire)
- les mots qui se terminent en **-ight** se prononcent parfois comme le mot **eat** ; ainsi **right** et **night** se prononcent /***riit***/ et /***niit***/
- dans certaines parties du nord-ouest, la prononciation se rapproche parfois de l'accent voisin de Liverpool.

Vocabulaire

aye	*oui*
barmpot	*andouille*
brass	*argent*
gradely (Lancashire)	*super*
happen (Yorkshire)	*peut-être*
to mash the tea	*faire le thé*
nay (Yorkshire)	*non*
nesh	*frileux(euse)*
nowt (Yorkshire)	*rien*
owt (Yorkshire)	*quelque chose*
rum	*bizarre*

snap	*casse-croûte*
snicket (Yorkshire)	*passage étroit*
summat	*quelque chose* (altération de **something**)
wick	*vif, plein de vie*

Les gens du nord sont généralement perçus comme étant d'origine ouvrière, honnêtes et sans prétentions. Ce sont ces mêmes qualités que prêtent à leur accent la plupart des habitants du reste du pays, tout en le trouvant parfois drôle. L'image de l'austère fermier ou mineur du Yorkshire est un ressort comique récurrent : coiffé d'une casquette et chaussé de bottes en caoutchouc, il boit de la bière, mange des **pies** (voir l'article sur **La nourriture** p. 23) et élève des chiens de course ou des pigeons voyageurs. C'est un homme qui a ses habitudes, qui dépense peu et voit d'un mauvais œil toute forme d'excès ou de sentimentalité.

Dressez l'oreille

- **Peter Kay** comique dont le fort accent de Bolton (dans le nord-ouest) fait partie intégrante de son spectacle
- **Victoria Wood** comique du Lancashire
- **Chris Moyles** animateur de Radio 1 originaire de Leeds
- **Vernon Kay** présentateur originaire de la ville de Bolton
- **Kaiser Chiefs** groupe de rock de Leeds
- **Arctic Monkeys** groupe de rock de Sheffield
- **Oasis** groupe de rock de Manchester
- **Robbie Williams** et son ancien boys band **Take That**, originaires de la région de Manchester
- ***Coronation Street*** feuilleton diffusé depuis 1960 et toujours très regardé, dont l'action se déroule dans une rue ouvrière de Manchester
- ***Emmerdale*** feuilleton populaire filmé dans les environs de Leeds mais censé se dérouler dans un village agricole des Yorkshire Dales
- ***Heartbeat*** série policière dont l'action se déroule dans les Yorkshire Dales des années 60
- ***The Royle Family*** sitcom qui met en scène une famille ouvrière de Manchester qui passe son temps à bavarder en regardant la télévision, ce qui permet de bien analyser la façon de parler des personnages
- ***Kes*** (1969), film très célèbre de Ken Loach, qui raconte l'histoire d'un jeune garçon de Barnsley sans grandes perspectives d'avenir dont la vie prend soudain un sens lorsqu'il trouve et dresse un faucon. Les accents très prononcés des personnages sont difficiles à comprendre même pour certains Britanniques ; ce film était tout à fait inhabituel à une époque où les accents régionaux et ouvriers étaient très peu représentés dans les médias

- ***Billy Liar*** (*Billy le menteur*, 1963) classique du cinéma anglais qui se déroule à Bradford
- ***The Full Monty*** (*Le Grand jeu*, 1997) comédie dont l'action se passe à Sheffield
- ***Little Voice*** (1998) film dont l'action se déroule à Scarborough
- ***East is East*** (*Fish and Chips*, 1999) film qui dépeint les conflits culturels au sein d'une famille anglo-pakistanaise à Salford (près de Manchester) dans les années 70

25 L'anglais de la région de Liverpool ou « Scouse »

La ville

La région de **Liverpool** se nomme le **Merseyside** (de la rivière Mersey qui se jette dans la mer d'Irlande à Liverpool, dans le nord-ouest de l'Angleterre). On appelle le dialecte de cette région le **Scouse** et les habitants de Liverpool sont les **Scousers**. On dit que ce terme vient de **lobscouse**, qui est un plat traditionnel composé de viande bouillie et de légumes accompagnés de biscuits, que consommaient les marins de la célèbre ville portuaire. Grâce à sa position géographique et au fait qu'elle fut longtemps le premier port de Grande-Bretagne, Liverpool a attiré de nombreux immigrants, en provenance entre autres d'Écosse, du pays de Galles, de l'île de Man et en particulier d'Irlande.

Même du temps de sa prospérité, Liverpool connaissait un fort taux de pauvreté et de criminalité parmi sa population ouvrière. Encore aujourd'hui, l'image stéréotypée du Scouser est celle d'un individu de la classe ouvrière, inculte, assez violent et qui a tendance à se livrer à toutes sortes de trafics illicites.

L'accent

L'accent de Liverpool est très caractéristique et pas toujours facile à comprendre lorsqu'on n'y est pas habitué. L'une de ses particularités est son côté chantant ; les intonations montantes des phrases sont très marquées, et paraissent très exagérées par rapport à l'anglais standard. L'accent de Liverpool se distingue également par ses sonorités nasales. Voici une liste de ses traits les plus caractéristiques :

- en fin de mot, le son /***k***/ ressemble à la prononciation allemande de /***ch***/ dans *Bach*
- les *t* sont souvent prononcés /***ts***/ ; ainsi le mot **night** ressemble presque à **nice**
- les *d* sont souvent prononcés /***dz***/ ; ainsi on entendra /***dzad***/ au lieu de **dad** et /***madz***/ au lieu de **mad**
- dans les mots finissant en /***ng***/ le *g* est clairement prononcé, ce qui n'est pas le cas en anglais standard. Le mot **ringing** se prononce donc /***ring-ging***/ et **song** devient /***song-g***/

- la voyelle dans les mots tels que **but** et **country** se prononce comme le /***ou***/ de **put**, **book**, etc. en anglais standard
- le son /***œu***/ de **word**, **learn**, etc. ressemble souvent à /***ai***/
- le son /***ai***/ est souvent prononcé comme /***œu***/. Ainsi, il n'existe pas de différence dans la prononciation des mots **pair**/**purr**, **fair**/**fur**, etc.
- entre deux voyelles, le son /***t***/ ressemble à /***r***/ ; ainsi on entendra /***marr-eu***/ à la place de **matter** : **what's the marra with you?** *qu'est-ce que tu as ?*
- l'adjectif possessif **my** est souvent remplacé par « me » : **where's me glasses?** *où sont mes lunettes ?*

Grammaire

- **youse** est souvent employé à la place de **you** pour exprimer la deuxième personne du pluriel (**so, are youse coming?** *alors, vous venez ?*)

Vocabulaire

antwakky	*vieillot*
bevvy	*boisson alcoolisée*
bezzie mate	*meilleur(e) ami(e)* (abréviation de **best mate**)
bins	*lunettes*
bizzies	*les flics*
chuck	*mon vieux, ma vieille*
cozzy	*costume* (le plus souvent costume de bain)
divvy	*personne stupide*
to have a cob-on	*faire la tête*
kecks	*pantalon, slip*
la	*mec/copain* (abréviation de **lad**)
mint	*excellent(e)*
nice one!	*merci !*
ozzie	*hôpital*
scally	*zonard(e)* (abréviation de **scallywag**)

Dressez l'oreille

- **the Beatles** écoutez leurs interviews des années 60/70
- **Paul O'Grady** comique et animateur de talk-show
- **Cilla Black** présentatrice
- **Wayne Rooney & Coleen McLoughlin** star du football anglais et sa compagne
- **Melanie C** chanteuse et ex-Spice Girl
- ***Brookside*** feuilleton diffusé par Channel 4 de 1982 à 2003

- ***The Royle Family*** (1998-2000) sitcom sur une famille ouvrière de Manchester dont le père, Jim Royle (joué par Ricky Tomlinson), a un fort accent de Liverpool
- ***Harry Enfield's Television Programme*** émission de sketches des années 1990. Parmi les personnages les plus populaires, on trouve quatre **Scousers** qui s'habillent en survêtement et qui sont toujours en train de se battre
- ***Letter to Brezhnev*** (1985) film dont l'action se déroule dans les quartiers ouvriers de Liverpool dans les années 80

26 Newcastle et le nord-est de l'Angleterre

La ville

Newcastle (ou, selon l'appellation officielle, **Newcastle upon Tyne**), est une grande ville du nord-est de l'Angleterre, dans le comté du **Tyne and Wear** (qui se prononce /***oui-eu***/). Lorsqu'on parle du **Northeast**, on y englobe généralement le comté de **Durham**, au sud de Newcastle, et celui plus rural du **Northumberland**, au nord, juste avant la frontière avec l'Écosse. On trouve dans cette région les villes de **Sunderland**, **Gateshead**, **Durham** et **Middlesbrough**.

Newcastle était autrefois au cœur de l'industrie charbonnière britannique, d'où l'expression **to carry coals to Newcastle** (mot à mot « porter du charbon à Newcastle » = *porter de l'eau à la rivière*). Le nord-est jouait également un rôle important dans le secteur de la construction navale. Le déclin de ces industries lourdes à partir du milieu du siècle dernier a entraîné l'augmentation du chômage et l'appauvrissement de la région. Aujourd'hui encore, c'est dans le nord-est que l'on trouve beaucoup des régions les plus défavorisées du pays. Depuis les années 1990, il connaît toutefois un important renouveau. Newcastle et la ville voisine de Gateshead sont désormais fort prisées des amateurs de shopping, de bars et de boîtes de nuit ainsi que des adeptes d'art et d'architecture modernes : on compte parmi les constructions récentes de Gateshead le **Millennium Bridge**, le centre d'art contemporain **Baltic** et la célèbre statue **Angel of the North**. Newcastle même est une ville universitaire où se déroulent nombre de manifestations musicales et culturelles. Ses habitants, surnommés familièrement **Geordies**, ont un accent bien particulier. La proximité relative de la frontière avec l'Écosse explique certains points communs entre l'accent geordie et l'accent écossais (voir ci-dessous).

L'accent

Lorsqu'il est très prononcé, l'accent geordie peut être difficile à comprendre même pour d'autres anglophones, c'est pourquoi il est souvent attribué dans les sketches, films comiques, etc. à des personnages peu intelligents ou dépourvus de bon sens. Lorsqu'il est plus léger, en revanche, il est généralement considéré comme gai et sympathique, et cet accent est assez présent dans les médias britanniques.

- le *a* des mots **bath**, **past**, etc. est un son court (comme dans **hat** ou **back**), contrairement à la prononciation standard
- le son présent, en anglais standard, dans les mots **but** ou **up** (entre un /***a***/ et un /***eu***/ en français) n'existe pas dans l'accent geordie ; il est remplacé par un /***ou***/ comme dans **put** ou **book**
- les mots du type **book** ou **look** sont souvent prononcés avec le son /***ou***/ long présent normalement dans **boot** ou **food**
- le son /***aou***/ est souvent remplacé par un /***ou***/, ce qui fait que **down** devient /***doune***/. C'est à cette caractéristique que l'équipe de foot de Newcastle United et ses supporters doivent leur surnom, respectivement **The Toon** (« the town ») et **the Toon Army**. La bière locale, « Newcastle Brown Ale », a elle aussi un surnom familier, **Broon**
- le /***o***/ ouvert est souvent remplacé par un /***a***/ long, de sorte que **all** et **walk** donnent /***aal***/ et /***ouaak***/
- le son /***èï***/ des mots **late**, **bay**, etc. est souvent prononcé comme un *é* français
- certains mots héritent d'une syllabe supplémentaire : **school** devient /***scoueul***/, **coat** devient /***côeute***/, **late** donne /***léeute***/, etc.
- la terminaison **-er** se prononce /***a***/, de sorte qu'un mot comme **computer** donne /***comepiouta***/
- le possessif « my » est souvent remplacé par **me** : **where's me glasses ?**

Grammaire

- le mot **youse** est souvent employé à la place de « you » pour exprimer la deuxième personne du pluriel : **so, are youse coming?** *alors, vous venez ?*
- le pronom « me » est souvent remplacé par **us** : **give us a ring later** *appelle-moi plus tard*
- le pronom « our » est souvent remplacé par **wor** : **wor dinner** *notre dîner*

Vocabulaire

aye	*oui*
canny	*sympa*
charver	*racaille*
gadgy	*mec*
gan	*aller*
howay	*allez !*
mam	*maman*
marra	*copain* (vient du mot **mate**)

mebbes	*peut-être*
neb	*nez*
nebby	*fouineur(euse)*
netty	*toilettes*
tab	*cigarette*

Dressez l'oreille

- **Ant and Dec** duo de présentateurs télé
- **Paul Gascoigne, Alan Shearer** anciens footballeurs
- **Jayne Middlemiss, Lauren Laverne, Donna Air** présentatrices de télévision
- **Sting** musicien (bien que son accent soit aujourd'hui très atténué)
- **Ross Noble** comique
- ***Big Brother*** émission célébrissime de télé-réalité, connue pour sa voix-off à l'accent geordie
- ***Auf Wiedersehen Pet*** série des années 80 dans laquelle un groupe d'ouvriers du bâtiment quittaient leur nord-est natal pour aller travailler en Allemagne
- ***Our Friends in the North*** série dramatique des années 90 ayant pour thème la vie de divers personnages à Newcastle sur une période d'une trentaine d'années
- ***Get Carter*** (1971) film avec Michael Caine dont l'action se déroule à Newcastle
- ***Billy Elliot*** (2000) film sur un jeune danseur qui vit dans une ville minière du nord-est de l'Angleterre, avec, en toile de fond, la fermeture des puits, les grèves et le chômage emblématiques des années 1980 sous le gouvernement de Margaret Thatcher

27 L'anglais d'Écosse

La région

L'Écosse (**Scotland**) occupe environ un tiers du territoire britannique ; il n'est donc pas surprenant qu'on y rencontre une grande variété d'accents et de dialectes. La majorité de la population vit dans la **Central Belt**, qui va de Glasgow à l'ouest jusqu'à Édimbourg à l'est. Ces deux villes, les plus grandes d'Écosse, ont chacune leur propre accent. C'est aussi le cas des deux autres grandes villes du nord, Dundee et Aberdeen. Les **Highlands and Islands** (hautes terres et îles), au nord et à l'ouest, sont faiblement peuplées (moins de 10 habitants au kilomètre carré, avec une seule ville importante : Inverness), mais présentent également des différences et des variations géographiques quant aux accents.

On notera qu'avec l'anglais, le gaélique (**Gaelic**, que l'on prononce /**galic**/) est une langue officielle de l'Écosse. C'est une langue celte proche du gaélique d'Irlande mais qui est parlée par une proportion moindre de la population. Par ailleurs, la plupart des locuteurs vivent dans les Highlands et dans les îles reculées de l'Ouest du pays plutôt que dans les villes. Contrairement au gallois et au gaélique irlandais, cette langue n'est pas enseignée sytématiquement dans les écoles. Elle fait néanmoins l'objet d'un certain regain d'intérêt, et le **Gaelic Language (Scotland) Act** est entré en vigueur en 2006 dans le but de la promouvoir. Le gaélique est une des langues de travail du parlement écossais ; il existe des émissions de télévision et de radio diffusées dans cette langue.

L'accent

Comme dans le reste de la Grande-Bretagne, il existe en Écosse un certain nombre de dialectes locaux qui s'apparentent parfois à de véritables langues (et qui, selon certains, le sont effectivement). Chez les locuteurs cultivés des classes moyennes, l'accent anglais « standard » est moins répandu qu'en Angleterre. Bien que leur accent soit en général moins marqué que celui des classes populaires, ils ont tout de même un accent écossais perceptible, du moins pour des oreilles anglaises.

Un léger accent écossais est en général apprécié des Britanniques, pour qui il évoque le bon sens, l'honnêteté et l'absence de prétention. Mais l'un des accents écossais les plus particuliers, celui de Glasgow, ne fait pas l'unanimité parmi les Britanniques et il est parfois difficile à comprendre pour les gens qui ne sont pas originaires d'Écosse. Glasgow essaie de se débarrasser de sa réputation de ville violente, mais un accent glaswégien prononcé est néanmoins souvent perçu comme rude et menaçant. Les gens de Glasgow sont cependant souvent considérés comme chaleureux et ouverts, ce qui explique probablement la popularité de certains comiques originaires de cette région.

Voici quelques-unes des caractéristiques des divers accents écossais, valables pour la plupart des régions :

- la caractéristique la plus frappante est la prononciation du /**r**/, nettement audible quelle que soit sa position dans le mot, plus particulièrement en début de mot, et souvent roulé (ex: **cross the road carefully**)
- le /***h***/ de **wh-** est aspiré, de sorte que les deux premiers mots de **where were you?**, par exemple, ne débutent pas par le même son, contrairement à l'anglais standard
- le /***èï***/ de **late**, **bay**, etc. est souvent remplacé par un son proche du *é* français
- le son vocalique de **cot** et **caught** est le même, contrairement à l'anglais standard, qui distingue le /**o**/ court de **cot** du /***o***/ long de **caught**
- le /***a***/ des mots **bath**, **past**, etc. est un son court (comme dans **hat** ou **back**), contrairement à la prononciation standard
- il y a peu de de distinction entre le /***u***/ court de **put** et le /***u***/ long de **pool**
- le son final du mot écossais **loch** (*lac*) est guttural, comme la *jota* espagnole ou la prononciation allemande du /***ch***/ de « Bach ». Les Anglais, eux, ont tendance à le prononcer /***k***/, comme s'il s'agissait du mot **lock**
- dans l'accent de Glasgow en particulier, un *t* entre deux voyelles ou à la fin d'un

mot est souvent souvent avalé : **butter** et **water** deviennent /***beu'eu***/ et /***wo'eu***/ ; **not** et **cat** donnent /***no'***/ et /***ka'***/

- certains locuteurs remplacent le son /***aou***/ par /***ou***/, ce qui donne /***nou***/, /***housse***/ et /***toune***/ pour **now**, **house** et **town**

Grammaire

- à l'ouest et parfois dans les régions centrales, **youse** est employé à la place de « you » pour exprimer la deuxième personne du pluriel : **so, are youse coming?** *alors, vous venez ?*
- la construction **the grass needs cut** (*l'herbe a besoin d'être coupée, il faut couper l'herbe*) ou **the dishes need washed** (*il faut faire la vaisselle*) remplace souvent « the grass needs cutt**ing** » ou « the dishes need wash**ing** »
- le mot **how** s'emploie fréquemment, dans la langue familière, à la place de **why** : **the party's been cancelled – how's that?** En dialecte, **how no?** remplace « why not? » (*pourquoi pas ?*)
- le mot **nae** (prononcé /**né**/) s'emploie souvent à la place de « **no/not** », dans l'expression **nae bother** (pas de problème) par exemple. On l'emploie aussi dans les contractions du type **cannae** (à la place de « cannot »), **dinnae** (à la place de « do/does/did not »), et **havnae/hasnae** » (à la place de « have/has not »)

Vocabulaire

aye	*oui* (s'emploie aussi dans le nord de l'Angleterre)
bairn	*enfant*
blether	*bavarder ; causette ; personne qui aime bavarder*
bonny	*joli(e)*
ken	*savoir* : **I dinnae ken**, *je ne sais pas*
lassie	*fille, jeune femme*
ned	*zonard(e)*
numpty	*idiot(e)*
steaming	*bourré(e)*
wean	*bébé, jeune enfant*
wee	*petit(e)*
weegie	*personne originaire de Glasgow* (abréviation humoristique de **Glaswegian**)
wifie	*bonne femme*

Dressez l'oreille

- **Gordon Brown** premier ministre britannique (bien que son accent ne soit pas très prononcé)
- **Sean Connery** acteur dont l'accent d'Édimbourg arrive régulièrement en tête du

palmarès des accents préférés des Britanniques

- **Ewan McGregor, James McAvoy** acteurs célèbres
- **Robert Carlyle** acteur connu pour ses rôles de durs et son accent de Glasgow
- **Billy Connolly** comique très apprécié avec un fort accent de Glasgow
- **Franz Ferdinand, Travis, The Fratellis** groupes de rock
- **KT Tunstall, Paolo Nutini** jeunes chanteurs
- **Lorraine Kelly, Gail Porter** animatrices de télé
- **Edith Bowman** animatrice de Radio 1
- ***Shallow Grave*** (1994) comédie noire avec Ewan McGregor dont l'action se passe dans un appartement d'Édimbourg
- ***Trainspotting*** (1996) film tiré du roman d'Irvine Welsh, qui dépeint la vie d'un groupe de jeunes héroïnomanes d'Édimbourg. À sa sortie aux États-Unis, les 20 premières minutes du film avait été réenregistrées pour le public américain à cause des accents jugés trop difficiles à comprendre
- ***Sweet Sixteen*** (2002) film de Ken Loach qui se déroule à Greenock, dans l'ouest de l'Écosse, et dont les personnages parlent un dialecte presque impénétrable. Ses 20 premières minutes avaient été sous-titrées en vue de sa sortie en Angleterre
- ***Hallam Foe*** (2007) film sur un adolescent solitaire qui fuit la maison de campagne de son père pour refaire sa vie à Édimbourg
- ***BBC Scotland*** service de radio-télévision de la BBC propre à l'Écosse

28 L'anglais du Pays de Galles

La région

Le **Pays de Galles** (**Wales**) compte un peu moins de 3 millions d'habitants, dont la plupart vivent dans les villes du sud (ancienne région industrielle), **Cardiff** et **Swansea**, ainsi que dans la région surnommée **the Valleys** (les Vallées), où l'extraction de la houille était autrefois l'industrie principale.

L'ouest et le nord du Pays de Galles sont moins densément peuplés, mais c'est là que l'on trouve encore le plus grand nombre de gens qui parlent le gallois (**Welsh**). Cette langue celte était parlée dans une grande partie de l'Angleterre avant les invasions anglo-saxonnes du Vème siècle. Plus de 20 % de la population déclare parler le gallois, avec une proportion plus élevée chez les jeunes due au fait que l'apprentissage de cette langue à l'école est obligatoire jusqu'à l'âge de 16 ans. Bien que beaucoup d'habitants du sud ne soient pas très attachés à la langue de leur pays, nombreux sont ceux qui la défendent avec passion, à tel point que, de toutes les langues celtes parlées dans les îles Britanniques, le gallois est celle qui a les meilleures perspectives d'avenir. On peut l'entendre sur plusieurs stations de radio et chaînes de télé, par exemple **S4C**, une chaîne exclusivement celtophone. Certains disent même que la culture de langue anglaise du Pays de Galles se voit aujourd'hui marginalisée au profit du gallois. En vertu d'une loi de 1993 (**the Welsh Language Act**), le gallois et l'anglais doivent être traités à égalité et les services publics et les documents officiels doivent être disponibles dans les deux langues.

L'accent

L'anglais parlé avec l'accent gallois présente les caractéristiques suivantes :

- l'accent du sud du Pays de Galles est particulièrement chantant et présente un allongement des voyelles (ex: **party**, **work**, **fighting**)
- les consonnes placées entre deux voyelles sont parfois allongées, ce qui fait que **waiting** est prononcé /***ouèït-tine***/ et **pulling** /***poul-line***/
- dans les mots qui se terminent en **-tion** (comme **concentration**), les dernières voyelles sont prononcées plus distinctement qu'en anglais standard, ce qui donne l'impression que les mots longs sont prononcés syllabe par syllabe (un peu comme en français)
- au nord, il arrive que le son /***z***/ soit remplacé par le son /***s***/ (le /***z***/ n'existe pas en gallois), de sorte que **lose**, par exemple, est prononcé comme **loose**
- le son final du mot **bach** (terme affectueux placé après le nom de la personne) est le même que la *jota* espagnole ou la prononciation allemande du /***ch***/ de « Bach »
- le /***i***/ court de **chips** ou **edit** se rapproche du /***è***/ de **set**
- le son /***ou***/ d'un mot comme **threw** est parfois précédé du son /***ii***/
- dans le sud, les *h* initiaux sont souvent muets : on entend /***aous***/ et /***aven't***/ pour **house** et **haven't**

Grammaire

- l'adjectif est parfois placé en tête de phrase, où il prend une valeur intensive : **soaked, we were, by the time we got home** (*nous étions trempés comme des soupes en arrivant à la maison*)
- les tournures **isn't it** et **yes** peuvent s'employer pour dire *n'est-ce pas* là où l'anglais standard utiliserait une formule variable : **you're from London, isn't it?** au lieu de « you're from London, aren't you? », **it's nice weather, yes?** au lieu de « it's nice weather, isn't it? »

Vocabulaire

askel	*triton*
bach	*mon vieux*
boyo	*mon vieux*
crachach	*chic* (le terme signifiait autrefois « anglicisé », mais actuellement il s'applique plutôt à l'intelligentsia celtophone)

lumper	*un(e) jeune*
tidy	*bon/bonne*

Dressez l'oreille

- **Charlotte Church** jeune chanteuse, présentatrice et chouchou des tabloïds
- **Tom Jones** chanteur
- **Stereophonics, Manic Street Preachers** groupes de rock
- **Catherine Zeta Jones** actrice (bien qu'après de nombreuses années passées à Hollywood, son accent soit aujourd'hui plus américain que gallois)
- **Rhys Ifans** (prononcé /***riisse iifane-ss***/) acteur connu surtout pour son rôle dans *Notting Hill* (1999)
- **Rob Brydon** acteur comique
- **Huw Edwards** (prononcé /***hyou***/, comme Hugh Grant) présentateur du journal télévisé
- **Siân Lloyd** (prononcé /***chane***/) madame météo
- **Steve Jones** animateur de télévision
- **Colin Jackson** ancien champion olympique d'athlétisme
- ***Twin Town*** (1997) comédie grinçante qui se passe à Swansea
- ***Human Traffic*** (2000) film qui évoque la culture « rave » de Cardiff, parfois comparé au film écossais *Trainspotting*
- ***The Darling Buds of May*** série diffusée au début des années 90, portant sur une grande famille galloise dont la fille était incarnée par Catherine Zeta Jones
- ***BBC Wales*** service de radio-télévision de la BBC propre au Pays de Galles

29 L'anglais d'Irlande

Le pays

L'**Irlande** est une île d'environ 5,7 millions d'habitants, dont 1,7 millions en **Irlande du Nord** (qui fait partie du Royaume-Uni) et 4 millions dans la **République d'Irlande**.

L'irlandais ou gaélique irlandais, qui est une langue celte, est l'une des langues officielles de la République d'Irlande et de l'Union européenne. Elle est parlée quotidiennement dans les régions rassemblées sous l'appellation **Gaeltacht**, dans l'extrême ouest du pays, qui ont une population totale d'environ 85000 personnes. L'apprentissage de l'irlandais à l'école est obligatoire en République d'Irlande, ce qui explique que la plupart des habitants ont une connaissance plus ou moins approfondie de la langue. Celle-ci est également enseignée dans les établissements catholiques d'Irlande du Nord. On attribue parfois à l'influence du gaélique certains traits grammaticaux caractéristiques de l'anglais d'Irlande. On retrouve aussi cette influence dans de nombreux prénoms irlandais d'utilisation courante, dont la prononciation peut être déroutante pour les non-initiés : **Aoife** /***iifa***/, **Niamh** /***nive***/, **Roisin** /***ro-chine***/, **Ruari** /***rori***/, **Siobhan** /***che-vaune***/, **Sean** /***chaune***/.

L'accent

Même si l'on tient compte des importantes variations d'accent dues au milieu social et géographique, on peut dire que peu d'Irlandais parlent l'anglais standard – un phénomène au moins aussi développé qu'en Écosse. L'anglais d'Irlande du Nord a de nombreux points communs avec celui d'Écosse, que ce soit dans la prononciation, le vocabulaire ou la grammaire.

Les traits les plus caractéristiques de l'accent irlandais sont les suivants :

- un *t* placé entre deux voyelles est souvent prononcé presque comme un /***th***/ (comme dans **think**) : **butter**, **matter**
- il n'y a parfois qu'une différence minime entre /***t***/ et le /***th***/ de **think** ; cela est valable également pour /***d***/ et le /***th***/ de **there**. Pour les oreilles peu habituées à l'accent irlandais, un mot comme **three** sera donc difficile à distinguer de **tree**, tandis que **they** ressemble à **day**. C'est là un stéréotype qui revient souvent lorsqu'on veut imiter l'accent irlandais
- dans la plupart des régions, le *r* se prononce quelle que soit sa position dans le mot : **mark**, **flower**, **border**
- le *h* dans la séquence *wh* n'est pas muet, contrairement à l'anglais standard. Les deux premiers mots de **where were you?**, par exemple, sont donc bien différenciés
- le son /***aï***/ est parfois prononcé comme un /***oï***/ ; ainsi le son vocalique de **bite** ou **right** est-il très semblable à celui de **boy**. Cette particularité phonétique explique que l'on voie parfois le mot **Irish** écrit **Oirish** lorsqu'il est question de stéréotypes liés à l'Irlande ou à sa langue
- le son que l'on trouve au début de **butter** et dans **cut** est arrondi pour donner à peu de chose près /***bot-eu***/ et /***cot***/
- chez certaines personnes ayant un fort accent du nord, le son /***aou***/ se rapproche du /***aï***/ de **night**, de sorte que **now** et **out** ressemblent à /***naï***/ et /***aït***/

Grammaire

- le mot **ye** (et en Irlande du Nord **youse**) est souvent employé à la place de **you** pour exprimer la deuxième personne du pluriel : **so, are ye/youse coming?** *alors, vous venez ?*
- **to be after doing** s'emploie parfois pour évoquer un événement récent : **he's after crashing his car again** *il vient d'avoir encore un accident de voiture*
- les affirmations peuvent être renforcées par une tournure placée en fin de phrase,

introduite par **so** : **it's cold today, so it is** ; **they need a good talking to, so they do**

- **amn't I** remplace parfois « aren't I » dans les question tags : **I'm a good driver, amn't I?** *je conduis bien, non ?* C'est là l'un des points communs entre l'anglais d'Irlande et celui d'Écosse

Vocabulaire

banjaxed	*cassé(e)/ivre*
bold	*méchant(e)* (se dit à propos des enfants)
chiseler	*enfant* (s'emploie à Dublin)
craic	*animation, bonne ambiance, conversation animée*
eejit	*idiot(e)*
to give out to someone	*gronder quelqu'un*
grand	*super*
to have the Gaelic	*savoir parler le gaélique*
mineral	*boisson non alcoolisée*
press	*placard*
slainte! /*slane-tcha*/	*santé !*
snapper	*enfant*
taytos	*chips*
yoke	*truc*
your man/woman	*Machin/Machine*

En Angleterre, les Irlandais sont traditionnellement la cible de nombreuses histoires drôles commençant souvent par « c'est un Anglais, un Écossais et un Irlandais... » et se terminant par une sottise commise par l'Irlandais. L'accent irlandais « typique » est également un ressort comique fréquemment employé. Pourtant, des enquêtes ont démontré que les accents du sud du pays sont perçus de façon positive en dehors de l'Irlande car ils sont considérés comme chaleureux, sympathiques et agréables à l'oreille.

Dressez l'oreille

- **Terry Wogan** animateur de Radio 2
- **Bono** chanteur du groupe U2 et militant
- **Bob Geldof** chanteur-militant
- **Westlife** boys band
- **Colin Farrell** acteur
- **Dylan Moran** comique, star du sitcom ***Black Books*** (2000-04)
- ***Father Ted*** série comique irlandaise (1995-8), qui jouait sciemment sur les

stéréotypes pour se moquer gentiment des Irlandais

- ***The Commitments*** (1990) film d'Alan Parker sur un jeune groupe de soul de Dublin, tiré d'un livre de l'écrivain irlandais Roddy Doyle
- ***Angela's Ashes*** (1999) film d'Alan Parker sur la vie d'une famille irlandaise très pauvre pendant les années 30 et 40
- ***The Wind That Shakes the Barley*** (2006) film dont l'action se déroule pendant la guerre d'indépendance (1919-21) et la guerre civile (1922-3) en Irlande. Ce film de Ken Loach a remporté le Palme D'Or en 2006
- ***RTE*** (**Radio Telefis Éireann**) réseau de diffusion propre à la République d'Irlande

L'accent d'**Irlande du Nord**, lui aussi bien particulier, est cependant moins apprécié que son voisin du sud ; il est parfois décrit comme « difficile à comprendre », « dur » ou « désagréable. » Ces impressions sont peut-être dues au fait que de nombreux Britanniques associent cet accent à un certain climat de violence puisqu'ils l'ont surtout entendu dans le contexte du conflit entre catholiques et protestants en Irlande du Nord.

Dressez l'oreille

- **Gerry Adams** homme politique républicain, dirigeant du parti SInn Féin en Irlande du Nord
- **Ian Paisley** homme politique unioniste, chef de l'exécutif en Irlande du Nord
- **Colin Murray** animateur de Radio 1
- **James Nesbitt** star de séries dramatiques tels que *Cold Feet* (1998-2003) et *Murphy's Law* (2003-)
- **Snow Patrol** groupe de rock
- **Patrick Kielty** comique-présentateur
- ***In the Name of the Father*** (*Au nom du père*,1993) film avec Daniel Day-Lewis, tiré de l'histoire vécue de quatre Irlandais du Nord injustement emprisonnés pour un attentat terroriste de l'IRA
- ***BBC Ulster*** service de radio-télévision de la BBC propre à l'Irlande du Nord

TRANSCRIPTION DES TEXTES RÉGIONAUX

23 Londres

Hi, my name's Ewan and I'm a trainee accountant from London. I live with five mates in a big old house in Clapham, in South London. Clapham's a good place to live: it's not the smartest area but it's pretty young and lively, and it's not too far from central London.

London's a really exciting place to live. There are millions of people here from all over the world, so it's always lively and has a real cosmopolitan feel to it.

The downside is it is expensive – everything costs more than up north, and there's no way I could afford to buy a flat here. And some people say Londoners are rude and unfriendly, but I don't think that's true. It's like any big city – people are busy, and they don't always have time to stop and chat!

24 Nord de l'Angleterre

Hello, my name's Kate and I'm a civil servant from Barnsley, near Sheffield in South Yorkshire. I live with my husband in a little house in the suburbs. In my free time I do some voluntary work at a youth centre, and I like painting and yoga.

I think Yorkshire's the best place to live because it's got everything. You can go walking in the Peak District or the Yorkshire Dales, or have a day out at the beach. But you've also got big cities like Sheffield and Leeds, where you can find plenty of culture as well as great shopping and nightlife.

People from the South talk about "a northern accent" as if we all sound the same, but there are so many variations. A Yorkshire accent's different from a Lancashire one, and every little area's got its own sounds and local expressions. The South Yorkshire accent's the best though!

25 Liverpool

Hello, my name's Tom and I'm a barman from Liverpool. I live in a modern flat in the city with my girlfriend. I spend my free time going to the gym, watching DVDs and travelling.

Liverpool's a great place to live – there's loads going on here. There are lots of students here so it's a really young, lively place with great nightlife. It's good for shopping too – people here take their fashion seriously. And their football too – you either support Liverpool or Everton!

The city's known for its music – after all, it was the home of the Beatles – so there's always loads of concerts on here, and theatre as well. There's a lot of history in Liverpool and we've got some good museums and fantastic old buildings. And if you want a break from the city, it's really easy to get out to the coast or into the countryside for a walk.

People joke about the Scouse accent, but I think it's brilliant. People here are friendly and always up for a laugh, so when I'm away from home and meet a fellow Scouser it always makes me smile.

26 Newcastle

Hiya, my name's Neil and I'm a social worker from Newcastle. I live with my girlfriend in a flat not too far from the city centre. In my spare time I like playing rugby, hillwalking and going to the pub with my friends.

Newcastle's a great place to live – it's not too big, but it's really lively and there's always something going on. It's a nice location as well because you can easily get out into the countryside, or even have a day trip to Scotland!

It's known for being a real party city and the bars and clubs are packed every weekend.

I'm proud of my Geordie accent – I like the fact that people immediately know where I'm from. People from the south seem to think I've got a really strong accent, but I haven't really. They should meet some of my friends – nobody in London would understand them!

27 Écosse

Hello, my name's Liam and I'm a teacher from Glasgow, although now I live with my family in Edinburgh. I work in the city centre, and at weekends I like walking or going to the cinema or theatre.

Edinburgh and Glasgow are very different places to live: Edinburgh's the capital of Scotland, but Glasgow's actually a bigger city with more people.

Often when people think of Scotland, they probably imagine the Highlands – that's where you can find the mountains, lochs and wild scenery that Scotland's famous for.

People might describe me as having a "Scottish accent", but accents vary as you move around the country. English people often complain that they can't understand Glaswegians. They seem to understand me all right though – I've got a Glasgow accent, but it isn't particularly strong.

28 Pays de Galles

Hello, my name's Poppy and I'm from Swansea in Wales.

A lot of people don't know very much about Wales. Some even think it's part of England! But we're our own country with our own language – in fact Welsh is one of the oldest languages in the world.

I think most people who come to Wales on holiday want to enjoy the outdoor life: we've got beautiful beaches, mountains and nature reserves. But we've also got lively cities with lots of history and culture to find out about. Cardiff's the capital city – it's got loads of good bars and restaurants, and of course the Millennium Stadium where you can see Wales play rugby!

29 Irlande (du Sud)

Hello, my name's Ruth and I'm an IT consultant from Cork in Ireland.

Ireland's a fantastic country – there's so much history here and we've some beautiful countryside and coastlines. It gets pretty lively in the cities – people come from all over the world to drink in traditional Irish pubs and enjoy the craic! There's a lot more to Ireland than Guinness though. It's famous for music and literature, it's great if you like outdoor activities and the local food is pretty good too.

People often tell me they like my "Irish accent", but actually there are lots of different accents in Ireland.

29 Irlande du Nord

Hi, my name's Michael and I'm a student from Belfast in Northern Ireland. I live with my parents and two brothers in a big house in the suburbs. When I'm not studying I like to play tennis and football, and going to concerts.

Northern Ireland's had a pretty tough time over the years and I think a lot of people still think it's maybe not safe to visit. But they should come over and see it for themselves! It's changed a lot – Belfast has become a really popular place to live and there's loads going on there (even though it is pretty rainy!). And once you get out of the city there's some beautiful scenery.

I'm proud to have an accent that everyone can identify. I think some English people find it a bit hard to understand, but they soon get used to it!

LES MOTS VOISINS

Certains mots se ressemblent et sont donc à l'origine de bien des erreurs. Attention à ne pas confondre ces **mots voisins** :

adverse	≠	***averse***
1 *défavorable*		***to be averse to sthg*** *détester qch*
2 *opposé, contraire*		

The match was cancelled due to adverse weather conditions.
Le match a été annulé à cause du mauvais temps.

He's not averse to the occasional glass of wine.
Il boit volontiers un verre de vin de temps à autre.

●

alone ≠ ***lonely***

Alone signifie *physiquement seul* tandis que **lonely** suggère un sentiment de **solitude** :

He lives alone.
Il vit seul.

She feels lonely without the children.
Elle se sent seule sans les enfants.

●

alternate	≠	***alternative***
alterné		**1** *autre, de rechange*
		2 *alternatif*
alternately	≠	***alternatively***
en alternance, tour à tour		*sinon, autrement*

I see her on alternate weekends.
Je la vois un week-end sur deux.

You'll have to find an alternative solution.
Il faudra trouver une autre solution.

●

amiable	≠	***amicable***
aimable, gentil		**1** *amical*
		2 *à l'amiable*

His uncle was an amiable man.
Son oncle était quelqu'un de fort aimable.

We came to an amicable agreement.
Nous nous sommes arrangés à l'amiable.

•

ascent ≠ ***assent***
ascension — *consentement, assentiment*

The ascent took over an hour.
L'ascension dura plus d'une heure.

She gave her assent to the plan.
Elle a donné son consentement au projet.

•

authoritarian ≠ ***authoritative***
autoritaire — **1** *qui fait autorité* **2** *autorisé, officiel*

My father was a strict authoritarian.
Mon père était très autoritaire.

This is an authoritative book on the subject.
Ce livre fait autorité en la matière.

•

beside ≠ ***besides***
à côté de — *en plus*

They have a house beside the sea.
Ils ont une maison au bord de la mer.

It's an excellent play and, besides, the tickets aren't expensive.
La pièce est excellente et en plus, les billets ne coûtent pas cher.

•

briefly ≠ ***shortly***
1 *un court instant* **2** *brièvement* — *bientôt, sous peu*

I saw her briefly.
Je l'ai vue en coup de vent.

I'll join you shortly.
Je vous rejoindrai bientôt.

•

to censor ≠ ***to censure***
interdire, censurer — *blâmer, condamner*

His letters were censored by the police.
Ses lettres ont été censurées par la police.

The player was censured for his violent behaviour.
On a condamné le joueur pour son comportement violent.

•

childish ≠ ***childlike***
enfantin, puéril — *d'enfant, naïf*

Childish a le plus souvent une connotation **péjorative**. **Childlike** est neutre ou même positif, faisant référence à la **naïveté** et l'**enthousiasme** de l'enfance :

Don't be so childish!
Ne fais pas l'enfant !

He was childlike in his curiosity.
Il avait une curiosité d'enfant.

•

civil ≠ ***civilian***
1 *non religieux* — *non militaire*
2 *poli*

Please try to be civil!
Essayez d'être poli !

The soldier was wearing civilian clothes.
Le soldat était en civil.

•

classic ≠ ***classical***

Pour traduire *classique*, on emploie **classical** pour la **musique**, les **études**, la **littérature**, etc., et **classic** lorsque *classique* signifie *habituel* ou *conventionnel* :

It's a classic response.
C'est une réaction classique.

He likes classical music.
Il aime la musique classique.

•

cloth ≠ ***clothes***
tissu, chiffon — *vêtements*

She wiped the table with a cloth.
Elle a essuyé la table avec un chiffon.

She spends a lot of money on clothes.
Elle dépense beaucoup d'argent en vêtements.

•

comic ≠ ***comical***

L'adjectif **comic** s'emploie pour parler d'un **acteur** ou d'un **rôle** alors que **comical** signifie *amusant* :

He's a comic actor.
Il est acteur comique.

He had a comical look on his face.
Il avait une expression comique.

●

confidant *n* ≠ ***confident*** *adj*

Ne pas confondre le nom **confidant** qui désigne un *confident* (*une confidente* se dit **a confidante**) avec l'adjectif **confident** qui signifie *sûr de soi, confiant, assuré* :

He's her confidant.
C'est son confident.

You need to be confident to do this job.
Il faut être sûr de soi pour faire ce travail.

●

conscience ≠ ***consciousness***

Conscience se rapporte à la **morale** alors que **consciousness** signifie *conscience* dans le sens de **connaissance** :

I have a clear conscience.
J'ai bonne conscience.

He lost consciousness in the accident.
Il a perdu conscience dans l'accident.

! **Conscience** est donc parfois un **faux ami**.

●

to convict ≠ ***to convince***

déclarer ou *reconnaître coupable* — *convaincre*

He was convicted of rape.
Il a été reconnu coupable de viol.

We convinced him to come with us.
Nous l'avons convaincu de venir avec nous.

●

cook ≠ ***cooker***

Ne pas confondre le *cuisinier* ou la *cuisinière* avec l'**appareil ménager** :

She's a very good cook.
Elle est très bonne cuisinière.

We have an electric cooker.
Nous avons une cuisinière électrique.

definite ≠ ***definitive***

1 *précis, net* — **1** *définitif*

2 *certain, sûr* — **2** *qui fait autorité*

definitely ≠ ***definitively***

certainement, sans aucun doute — *définitivement*

It's not definite yet.
Ce n'est pas encore sûr.

It's the definitive book on the subject.
C'est le livre qui fait autorité en la matière.

●

to defuse ≠ ***to diffuse***

désamorcer — *diffuser, répandre*

She managed to defuse the situation.
Elle a réussi à désamorcer la situation.

The lamp diffused a soft light.
La lampe diffusait une douce lumière.

●

dinghy *n* ≠ ***dingy*** *adj*

dériveur, canot — *miteux*

We sailed a dinghy on the lake.
Nous avons fait du dériveur sur le lac.

The flat was dark and dingy.
L'appartement était sombre et miteux.

●

disinterested ≠ ***uninterested***

désintéressé — *indifférent*

His advice was far from disinterested.
Ses conseils étaient loin d'être désintéressés.

He's uninterested in politics.
Il est indifférent à la politique.

●

distinct ≠ ***distinctive***

distinct, clair, net — *distinctif*

He's made distinct progress.
Il a nettement progressé.

He has a distinctive accent.
Il a un accent particulier.

economic ≠ *economical*

Economic s'emploie pour ce qui a trait à l'**économie**, alors que **economical** signifie *qui permet d'économiser* :

The country is on the verge of an economic crisis.
Le pays est au bord d'une crise économique.

It's more economical to buy in bulk.
C'est plus économique d'acheter en grande quantité.

•

effective ≠ *efficient*

Effective s'emploie pour un remède, une intervention *qui produit l'effet recherché* alors que **efficient** qualifie une personne *qui travaille bien* ou une machine *qui fonctionne bien* :

The treatment was effective.
Le traitement a été efficace.

My secretary is very efficient.
Ma secrétaire est très efficace.

•

enthusiast *n* ≠ *enthusiastic adj*

Ne pas confondre l'**adjectif** et le **nom** :

He's very enthusiastic about the project.
Il est très enthousiaste à l'idée de ce projet.

She's a jazz enthusiast.
Elle est passionnée de jazz.

•

especially ≠ *specially*

particulièrement, surtout, spécialement ≠ *exprès, spécialement*

She likes fruit, especially strawberries.
Elle aime les fruits, surtout les fraises.

I bought these strawberries specially for you.
J'ai acheté ces fraises spécialement pour toi.

•

experience ≠ *experiment*

Ne pas confondre la *connaissance de la vie* et l'*expertise* dans un domaine (**experience**) avec un *essai* plus ou moins scientifique (**experiment**) :

He has lots of experience.
Il a beaucoup d'expérience.

They do experiments on animals.
Ils font des expériences sur les animaux.

! **Experience** est donc un **faux ami** ; voir p. 139.

foreigner ≠ *stranger*

habitant d'un autre pays, étranger — *inconnu*

They've got a lot of foreigners on their team.
Ils ont beaucoup d'étrangers dans leur équipe.

You mustn't talk to strangers.
Il ne faut pas parler aux inconnus.

fun ≠ *funny*

agréable, amusant — **1** *drôle, amusant* **2** *bizarre*

You should try scuba diving, it's great fun.
Tu devrais essayer la plongée, c'est drôlement bien.

His latest play is very funny.
Sa dernière pièce est très drôle.

historic ≠ *historical*

On emploie **historical** pour ce qui se rapporte à l'**histoire**, alors que **historic** signifie *mémorable, important d'un point de vue historique* :

This is a historic moment.
C'est un moment historique.

She likes historical novels.
Elle aime les romans historiques.

history ≠ *story*

L'histoire se dit **history**, tandis que **a story**, c'est *une histoire* :

She's studying French history.
Elle étudie l'histoire de France.

Every night I read them a story.
Je leur lis une histoire tous les soirs.

heroin ≠ *heroine*

Ne pas confondre la **drogue** avec le féminin de *héros* :

He's a heroin addict.
Il se drogue à l'héroïne.

The heroine is called Leila.
L'héroïne s'appelle Leila.

homework ≠ *housework*

Il s'agit bien de **travail** dans les deux cas, mais **housework** désigne les *travaux ménagers* alors que **homework** se rapporte aux *devoirs* :

The children get a lot of homework.
Les enfants ont beaucoup de devoirs.

My husband does all the housework.
Mon mari fait tout le ménage.

●

hostel ≠ *hotel*

En vacances, vous pouvez choisir de vous loger dans un **hotel** (*hôtel*) ou un **(youth) hostel** (*auberge de jeunesse*). Le mot **hostel** tout seul peut aussi signifier *foyer* (le plus souvent pour les sans-abri).

She lives in a hostel.
Elle vit dans un foyer.

We stayed at a hotel.
Nous avons logé à l'hôtel.

! **Hostel** est donc un **faux ami** ; voir p. 144.

●

human ≠ *humane*

Human signifie *qui se rapporte à l'être humain*, alors que **humane** signifie *bienveillant* :

The accident was caused by human error.
C'est une défaillance humaine qui est à l'origine de l'accident.

The chickens are killed using humane methods.
On tue les poulets de façon humaine.

●

impracticable ≠ *impractical*

impracticable	impractical
1 *irréalisable, infaisable*	**1** *irréaliste, qui manque d'esprit pratique*
2 *impraticable*	**2** *pas pratique*

His project proved impracticable.
Son projet s'est avéré irréalisable.

Having the kitchen so far from the dining room is a bit impractical.
Ce n'est pas très pratique d'avoir la cuisine aussi loin de la salle à manger.

●

indoor *adj* ≠ *indoors adv*

Ne pas confondre l'adjectif **indoor** et l'adverbe **indoors** :

There's no indoor toilet.
Il n'y a pas de toilettes à l'intérieur.

It's much cooler indoors.
Il fait beaucoup plus frais à l'intérieur.

! Voir également **outdoor** et **outdoors** p. 107.

•

ingenious ≠ ***ingenuous***
ingénieux, astucieux — **1** *ingénu, naïf* **2** *franc, sincère*

What an ingenious idea!
Quelle idée ingénieuse !

She gave me an ingenuous smile.
Elle m'a fait un sourire ingénu.

•

insulation ≠ ***isolation***
isolation — *isolement*

The building has no insulation.
L'immeuble n'a pas d'isolation.

He lives in total isolation.
Il vit dans un isolement complet.

•

interested ≠ ***interesting***
intéressé — *intéressant*

He's not interested in sports.
Le sport ne l'intéresse pas.

Her last book is very interesting.
Son dernier livre est très intéressant.

! De même, ne pas confondre les adjectifs suivants formés à partir d'un verbe : ils ont un sens **passif** lorsqu'ils se terminent par **-ed** et un sens **actif** lorsqu'ils se terminent par **-ing** :

amused *amusé* et **amusing** *amusant*
bored *qui s'ennuie* et **boring** *ennuyeux*
confused *confus* et **confusing** *déroutant*
depressed *déprimé* et **depressing** *déprimant*
disgusted *écœuré, dégoûté* et **disgusting** *dégoûtant*
excited *excité* et **exciting** *passionnant*
frightened *effrayé* et **frightening** *effrayant*
worried *inquiet* et **worrying** *inquiétant*
etc.

! *Intéressant* ne se traduit pas toujours par **interesting** : voir **Les faux amis** p. 146.

●

it's ≠ *its*

Ne pas confondre **it's**, **forme abrégée** de **it is** ou **it has**, avec l'**adjectif** et le **pronom possessif its** :

It's too late.
C'est trop tard.

The dog wagged its tail.
Le chien a remué la queue.

●

to lay (laid, laid) ≠ *to lie (lied, lied)* ≠ *to lie (lay, lain)*

poser, mettre, étendre — *mentir* — *être couché*

She laid the blanket on the ground.
Elle a étendu la couverture par terre.

They lied to us.
Ils nous ont menti.

He lay on his back.
Il était couché sur le dos.

●

loose *adj* ≠ *to lose v*

loose *adj*
1 *lâche, desserré, qui bouge*
2 *ample, large*
3 *en vrac*
4 *libre*

to lose *v*
perdre

She has a loose tooth.
Elle a une dent qui bouge.

Don't lose the keys.
Ne perds pas les clés.

! Ne pas confondre la prononciation de ces deux mots : l'adjectif **loose** se prononce avec un son **/s/** à la fin, tandis que le verbe **to lose** se prononce avec un **/z/**.

●

memoirs ≠ *memory*

Ne pas confondre l'**ouvrage** et les **souvenirs** :

He's writing his memoirs.
Il rédige ses mémoires.

She has a good memory.
Elle a une bonne mémoire.

moral ≠ ***morale***

morale — *moral*

The moral of the story is, don't waste your money.
La morale de cette histoire, c'est qu'il ne faut pas gaspiller son argent.

Morale was at its lowest among the troops.
Le moral des troupes était au plus bas.

! **Moral** est donc un **faux ami** ; voir p. 150.

●

outdoor *adj* ≠ ***outdoors*** *adv*

Ne pas confondre l'adjectif **outdoor** et l'adverbe **outdoors** :

She enjoys outdoor pursuits.
Elle aime les activités de plein air.

The children were playing outdoors.
Les enfants jouaient dehors.

! Voir également **indoor** et **indoors** p. 104.

●

personal *adj* ≠ ***personnel*** *n*

personnel — **1** *personnel* **2** *service du personnel*

My personal opinion is that she's right.
Personnellement, je crois qu'elle a raison.

He works in personnel.
Il travaille au service du personnel.

●

politics ≠ ***policy***

Politics est un terme **indénombrable** (voir p. 189) qui désigne la *discipline*, alors que **policy** est un terme **dénombrable** qui désigne un *ensemble de mesures*, une *stratégie*.

She's involved in politics.
Elle fait de la politique.

Our policy is to hire graduates only.
Nous avons pour politique de n'engager que des diplômés.

price ≠ *prize*

Price désigne une **somme à payer**, alors que **prize** désigne toujours une **récompense**.

Petrol has gone up in price.
Le prix de l'essence a augmenté.

The first prize is a weekend in Rome.
Le premier prix est un week-end à Rome.

●

purposefully ≠ *purposely*

avec détermination — *délibérément*

She walked forward purposefully.
Elle avança d'un pas résolu.

He purposely ignored me.
Il m'a délibérément ignoré.

●

quiet *adj* ≠ *quite adv*

quiet *adj*	quite *adv*
1 *silencieux*	**1** *assez*
2 *calme, tranquille*	**2** *tout à fait*

You're very quiet, is anything wrong?
Tu es drôlement silencieux, ça ne va pas ?

You're quite right.
Vous avez tout à fait raison.

●

to raise ≠ *to rise*

to raise	to rise
1 *lever*	**1** *se lever*
2 *soulever*	**2** *se relever*
3 *augmenter*	**3** *s'élever*
4 *élever*	**4** *augmenter, monter*
5 *collecter*	

Contrairement au verbe transitif **to raise**, le verbe **to rise** n'est jamais suivi d'un complément d'objet.

Management agreed to raise salaries.
La direction a accepté d'augmenter les salaires.

Salaries aren't rising fast enough.
Les salaires n'augmentent pas assez rapidement.

to remember ≠ *to remind*

Ne pas confondre **to remember** et **to remind** lorsque l'on traduit le verbe *rappeler* :

Remember to lock the door.
Rappelle-toi de fermer la porte à clé.

Remind me to call her.
Rappelle-moi de l'appeler.

●

satisfactory ≠ *satisfying*

L'adjectif *satisfaisant* se traduit par **satisfactory** lorsqu'il signifie *convenable, acceptable* et par **satisfying** lorsqu'il signifie *gratifiant*.

These results are not satisfactory.
Ces résultats ne sont pas satisfaisants.

My work is not very satisfying.
Mon travail me donne peu de satisfaction.

●

to say ≠ *to tell*

to say *dire* ≠ **to tell** **1** *dire* **2** *raconter*

Ne pas confondre **to say** et **to tell** lorque l'on traduit le verbe *dire*. Le verbe **to tell** est toujours suivi d'un **complément d'objet** désignant la personne à qui l'on s'adresse :

He said it wasn't possible.
Il a dit que ce n'était pas possible.

He told her it wasn't possible.
Il lui a dit que ce n'était pas possible.

"Wait here," he said.
« Attends-moi ici », dit-il.

Tell me a story!
Raconte-moi une histoire !

●

shade ≠ *shadow*

Shade désigne une zone de *pénombre* alors que **shadow** s'emploie pour *l'ombre projetée* par une personne ou un objet :

I prefer to sit in the shade.
Je préfère m'asseoir à l'ombre.

I can see a shadow in the garden.
J'aperçois une ombre dans le jardin.

●

sometime ≠ *sometimes*

sometime **1** *un jour, un de ces jours* **2** *dans le courant de* ≠ **sometimes** *quelquefois, parfois*

You must come and see us sometime.
Il faut que vous veniez nous voir un de ces jours.

She phoned sometime last week.
Elle a téléphoné dans le courant de la semaine passée.

I sometimes think it's a waste of time.
Parfois je me dis que c'est une perte de temps.

•

stationary *adj* ≠ ***stationery*** *n*

stationnaire, immobile

1 *papeterie*
2 *papier à lettres*
3 *fournitures (pour l'école ou le bureau)*

He hit a stationary vehicle.
Il a heurté un véhicule en stationnement.

We bought the school stationery.
Nous avons acheté les fournitures scolaires.

! Pour vous aider à distinguer ces deux mots, souvenez-vous que **a stationer sells stationery** (terminaison **-er** pour dénoter un **emploi**).

•

terrific ≠ ***terrible***

Terrific signifie *formidable, génial* alors que **terrible** signifie *affreux, épouvantable, terrible* :

That's terrific news!
C'est génial !

It's a terrible film!
C'est un film épouvantable !

! Notez qu'en anglais, on n'utilise jamais le mot **terrible** de façon argotique pour signifier *génial*.

•

tiresome ≠ ***tiring***

Ne pas confondre **tiresome**, qui signifie *ennuyeux, pénible*, avec **tiring**, qui se rapporte le plus souvent à la **fatigue physique**.

His questions are so tiresome!
Il est fatigant avec ses questions !

I've had a tiring day.
J'ai eu une journée fatigante.

•

to waive ≠ ***to wave***

renoncer à, abandonner

1 *faire un signe de la main (verbe intransitif)*
2 *agiter (verbe transitif)*

We'll waive the subscription fee for you.
Nous vous accorderons une remise gracieuse sur les frais d'abonnement.

She waved goodbye to her parents.
Elle fit au revoir de la main à ses parents.

●

wary	≠	***weary***
1 *prudent*		*fatigué, las*
2 *méfiant*		

The child is wary of strangers.
L'enfant se méfie des inconnus.

I'm weary after my train journey.
Je suis fatigué après mon voyage de train.

Les faux amis

Il existe en anglais de nombreux termes qui ressemblent à des mots français mais dont le sens est parfois bien différent. On appelle ces mots trompeurs les **faux amis**.

Vous trouverez ci-dessous une liste des faux amis anglais parmi les plus courants, illustrés par des exemples et traduits en français, ainsi que la traduction anglaise du faux ami français correspondant. Cette liste n'est pas exhaustive.

Notez que certains des mots qui suivent sont des faux amis partiels, comme par exemple le mot **interesting**, qui se traduit bien par « intéressant » dans le sens « digne d'intérêt » mais qui ne s'emploie jamais pour parler d'un bon rapport qualité/prix.

to abuse	≠	***abuser***
1 *maltraiter*		[exagérer] **to go too far**
2 *insulter*		

She looks after children who have been abused.
Elle s'occupe d'enfants qui ont été maltraités.

Some drunks in the park started abusing us.
Des ivrognes au parc ont commencé à nous insulter.

! *Ils abusent tout de même !* se traduira donc par **They're going a bit far!** (et non : They're abusing!).

•

academic *adj*	≠	***académique***
1 *scolaire*		[qui appartient à une académie, conventionnel] **academic**
2 *universitaire*		
3 *intellectuel*		
4 *studieux*		
5 *théorique*		
6 *académique [qui appartient à une académie, conventionnel]*		

! Le terme **academic** est beaucoup plus employé en anglais que l'adjectif *académique* en français : **the academic year** *l'année scolaire ou universitaire* ; **Their son is very academic.** *Leur fils est très doué pour les études* ; **Whether he comes or not is academic.** *Qu'il vienne ou pas, cela n'a pas d'importance.* Ce terme s'emploie également comme nom pour désigner un universitaire ou un intellectuel.

•

to accommodate ≠ ***accommoder***
1 *loger, contenir*
2 *satisfaire*
[aliments] **to prepare**

The cottage can accommodate six people.
On peut loger six personnes dans le gîte.

•

account ≠ ***acompte***
1 *compte [en banque, chez un commerçant]*
2 *récit*
3 *compte-rendu*
deposit

I'd like to pay money into my account.
Je voudrais verser de l'argent sur mon compte.

He gave his account of the accident.
Il a donné sa version de l'accident.

•

to achieve ≠ ***achever***
accomplir, atteindre, réaliser
[terminer] **to finish**
[tuer, accabler] **to finish off**

achievement ≠ ***achèvement***
exploit, réussite
completion

He's achieved his aim.
Il a atteint son but.

I felt a great sense of achievement.
J'ai vraiment eu le sentiment d'avoir accompli quelque chose.

! *La côte nous a achevés !* **The hill finished us off!** (et non : The hill achieved us!) ; *Elle vient d'achever son premier roman.* **She's just finished her first novel** (et non : She's just achieved her first novel).

•

actual ≠ ***actuel***

1 *réel, exact, concret* — **current, present**

2 *même, proprement dit*

I can't remember his actual words.
Je ne me souviens plus de ses paroles exactes.

The actual house is not open to the public.
La maison proprement dite n'est pas ouverte au public.

! *le monde actuel* **today's world** (et non : the actual world) ; *à l'époque actuelle* **nowadays** (et non : at the actual time) ; *à l'heure actuelle* **at the moment, at present** (et non : at the actual hour) ; *le cours actuel du dollar* **the current rate for the dollar** (et non : the actual rate). Le mot *l'actualité* peut se traduire par **current affairs** ou **events** (et non : actuality).

•

actually ≠ ***actuellement***

en fait, réellement — **at the moment, at present**

We actually got lost.
En fait, nous nous sommes perdus.

! *Ils sont actuellement en Écosse.* **They're in Scotland at the moment** (et non : They're actually in Scotland).

•

advertisement ≠ ***avertissement***

1 *publicité* — **warning**

2 *(petite) annonce*

! *Il a eu un avertissement.* **He got a warning** (et non : an advertisement).

advice ≠ ***avis***
conseil — **opinion**

Attention ! **Advice** est un nom **indénombrable** ; voir p. 189. *Un conseil* se dit donc **a piece of advice**.

He didn't take our advice.
Il n'a pas suivi nos conseils.

On ne m'a pas demandé mon avis. **Nobody asked me for my opinion** (et non : for my advice). *À mon avis...* **In my opinion...** (et non : to my advice...).

●

affair ≠ ***affaire***

1 *liaison, aventure*
2 *truc*

1 [entreprise] **business**
2 [transaction] **deal**
3 [question] **matter, question**
4 [achat à bon marché] **bargain**

affaires
1 [activités commerciales] **business**

Attention ! **Business** est **indénombrable** dans ce sens.

2 [de l'État, internationales, etc.] **affairs**
3 [objets personnels] **belongings, things**

They had an affair.
Ils ont eu une aventure.

It was a complicated affair.
C'était un truc compliqué.

! *Il a monté une affaire avec son frère.* **He set up a business with his brother** (et non : He set up an affair) ; *Nous avons conclu l'affaire hier.* **We clinched the deal yesterday** (et non : We clinched the affair) ; *C'est une affaire de goût.* **It's a matter of taste** (et non : an affair of taste) ; *Nous avons fait une bonne affaire.* **We got a good bargain** (et non : a good affair) ; *Je préfère ne pas avoir affaire à lui.* **I prefer not to have to deal with him** (et non : I prefer not to have affair with him) ; *Occupe-toi de tes affaires !* **Mind your own business!** (et non : Mind your own affairs!).

●

agenda ≠ ***agenda***
ordre du jour, programme — **diary**

! *Agenda électronique* se dit **personal organizer** (et non : electronic agenda) ; *agenda de poche* **pocket diary** (et non : pocket agenda).

●

to aggravate *(familier)* ≠ ***aggraver***
agacer, exaspérer — **to make worse**, *(soutenu)* **to aggravate**

s'aggraver
to get worse, to worsen

! Dans un registre soutenu, on emploie parfois **to aggravate** dans le même sens qu'*aggraver*. *Son état s'est aggravé.* **His condition has worsened** (et non : His condition has aggravated).

●

to agonize ≠ ***agoniser***
se tourmenter, se tracasser — **to be dying**

agony ≠ ***agonie***
1 *douleur atroce* — **death throes**
2 *souffrance atroce*
3 *angoisse*

Don't agonize over it!
Ne te tracasse pas trop pour ça !

I was in agony after the surgery.
J'ai souffert le martyre après l'opération.

! *Être à l'agonie* se dit **to be on the point of death** ou **to be dying** (et non : to be in agony).

alien ≠ ***aliéné***

1 *extraterrestre*
2 *étranger, immigré*

insane person, mentally disturbed person

! **An illegal alien** n'a pas de troubles mentaux : il s'agit d'un *immigrant clandestin*.

alley ≠ ***allée***

1 *ruelle, passage*
2 *allée [dans un parc]*

1 [en ville] **avenue**
2 [à la campagne] **path**
3 [devant une maison] **driveway**
4 [dans un parc] **alley**
5 [dans un cinéma, un train, etc.] **aisle**

! **Blind alley** désigne une *impasse* et **alley cat** un *chat de gouttière*. Seule *l'allée* d'un parc ou d'un jardin peut se traduire par **alley** en anglais.

ancient ≠ ***ancien***

1 *antique*
2 *très vieux*

1 [coutume, monument, objet, etc.] **old**
2 [ex] **old, ex-** , *(plus soutenu)* **former**
3 [histoire, civilisation] **ancient**

angina ≠ ***angine***

angine de poitrine — [infection des amygdales] **tonsillitis** ; [infection du pharynx] **pharyngitis**

! *J'ai une angine* se traduit le plus souvent par **I have a sore throat**.

•

après-ski ≠ ***après-ski***

distractions après une séance de ski — **snow boot, moon boot**

That resort has great après-ski.
Cette station de ski est très animée le soir.

•

argument ≠ ***argument***

1 *dispute*
2 *débat, discussion*
3 *[raisonnement] argument*

[raisonnement] **reasoning, case, argument**

They had an argument about politics.
Ils se sont disputés à propos de politique.

The issue is open to argument.
La question donne matière à discussion.

! Au pluriel, *argument* se traduit souvent par **case** ou **reasoning** en anglais : *Il a de bons arguments.* **He has a strong case** (et non : He has good arguments).

•

arm ≠ ***arme***

bras — **weapon**

! Lorsque *arme* est employé au pluriel dans un sens collectif pour désigner des *armes de guerre,* on emploie **arms** en anglais : *prendre les armes* **to take up arms**. Dans tous les autres cas *arme* se traduit par **weapon**. *Une arme blanche* **a knife** (et non : a white weapon) ; *l'arme nucléaire* **nuclear weapons** (et non : the nuclear arm).

to assist ≠ ***assister***
aider — [aider] **to help, to assist**

assister à
1 [être présent à] **to attend, to be at**
2 [être témoin de] **to witness**

! Le verbe **to help** est plus couramment employé que **to assist**: *Il m'a assisté avec mes valises.* **He helped me with my suitcases.**

Des milliers de personnes ont assisté à son dernier concert. **Thousands of people were at his last concert** (et non : Thousands of people assisted his last concert) ; *Il a assisté à l'accident.* **He witnessed the accident** (et non : He assisted at the accident).

●

to assume ≠ ***assumer***

1 *supposer, présumer*
2 *[responsabilité] assumer*

1 [responsabilité] **to take on, to assume**
2 [conséquences] **to accept**
3 [fonction] **to carry out**

Let's assume he'll agree.
Partons du principe qu'il acceptera.

! **To assume** est rarement employé en anglais pour traduire *assumer une responsabilité, un risque, etc.* : *Elle assume de grosses responsabilités dans son nouveau travail.* **She's taking on some big responsibilities in her new job.** *J'en assume le risque.* **I accept the risk** (et non : I assume the risk).

●

to attend ≠ ***attendre***
assister à, aller à — **to wait for**

Will you be attending the meeting?
Assisterez-vous à la réunion ?

! *Ne m'attendez pas, je vous rejoindrai plus tard.* **Don't wait for me, I'll join you later** (et non : Don't attend me).

balance ≠ ***balance***
équilibre **scales**

I lost my balance.
J'ai perdu l'équilibre.

! *Montez sur la balance.* **Stand on the scales** (et non : on the balance). Attention ! **Scales** est un nom pluriel.

•

barracks ≠ ***baraque***
caserne
1 [cabane] **shed, hut ;** [de fête foraine] **stall**
2 *(familier)* [maison] **house**

! **Barracks** est réservé aux militaires. *Baraque*, dans le sens de cabane à outils, se dit **shed** ou **hut**. L'emploi familier de *baraque* pour désigner une maison se traduit le plus souvent par le terme neutre **house**.

•

beef ≠ ***bœuf*** [animal]
bœuf [viande] **ox**

! Attention à ne pas confondre les deux termes : vous ne verrez pas de **beef** dans les prés ni de **ox** dans votre assiette. Voir également les autres « doublets » (le premier mot désignant la viande et le second l'animal) : *mouton* **mutton** / **sheep** ; *porc* **pork** / **pig** ; *veau* **veal** / **calf**.

! Le pluriel de **ox** est irrégulier : **oxen**.

•

benefit ≠ ***bénéfice***
1 *avantage, bienfait*
2 *allocation*
1 [gain] **profit**
2 [avantage] **advantage, benefit**

She's starting to feel the benefits of the treatment.
Elle commence à ressentir les bienfaits du traitement.

We get child benefit.
Nous touchons les allocations familiales.

! Dans certains cas, **benefit** peut se traduire par *bénéfice* : **I gave him the benefit of the doubt.** *Je lui ai accordé le bénéfice du doute.*

Ils ont fait de gros bénéfices cette année. **They've made a big profit this year.** (et non : big benefits) ; *Elle n'a tiré aucun bénéfice de cette expérience.* **She didn't gain anything from the experience.**

---

blouse ≠ ***blouse***

chemisier, corsage — [de travail] **overalls ;** [de médecin] **white coat ;** [de chimiste] **lab coat ;** [d'écolier] **smock**

bonnet ≠ ***bonnet***

1 *chapeau à brides* — **1** [chapeau] **hat**
2 *bonnet de bébé* — **2** [de soutien-gorge] **cup**
3 *capot [d'une voiture]*

! Le mot anglais a donc un sens plus restreint. On emploiera **hat** pour un simple bonnet d'hiver et **swimming cap/hat** pour un *bonnet de bain.*

---

brave ≠ ***brave***

courageux — **nice, decent**

! Pour traduire *de braves gens* on dira **good** ou **decent people** (et non : brave people) ; *un brave type* **a nice guy** (et non : a brave guy) ; *Il est bien brave mais il ne comprend rien.* **He means well but he doesn't understand a thing** (et non : He's very brave ...).

---

cabin ≠ ***cabine***

1 *cabane*
2 *cabine [aviation, marine]*

1 [aviation, marine] **cabin**
2 [de téléphérique] **cable car**
3 [dans une piscine, un hôpital] **cubicle**
4 [dans un laboratoire de langues] **booth**
5 [sur la plage] **hut**

●

cabinet ≠ ***cabinet***

1 *meuble de rangement*
2 *[d'un ministre] cabinet*

1 [d'un médecin, d'un dentiste] **surgery**
2 [d'avocats, d'architectes] **firm**

cabinets
toilet, loo

●

camera ≠ ***caméra***

1 *appareil photo*
2 *caméra*

video camera, camera

! *Un appareil photo numérique* se dit **a digital camera**.

●

candid ≠ ***candide***

franc, sincère

ingenuous, naive

candour ≠ ***candeur***

franchise, sincérité

naivety

I'd like your candid opinion.
J'aimerais que vous me disiez franchement ce que vous en pensez.

●

casserole ≠ ***casserole***

1 *ragoût [cuit dans une cocotte]*
2 *cocotte [ustensile]*

saucepan

caution ≠ ***caution***

1 *prudence*	**1** [pour une location] **deposit**
2 *avertissement*	**2** [personne] **guarantor**

! *Le propriétaire a demandé une caution.* **The landlord asked for a deposit** (et non : for a caution).

●

cave ≠ ***cave***

caverne, grotte	**cellar**

! *Une cave à vins* se dit **a wine cellar** (et non : a wine cave). Pour ne pas vous tromper, souvenez-vous qu'*un homme des cavernes* se dit **a caveman**.

●

certainly ≠ ***certainement***

1 *bien sûr, assurément*	**1** [probablement] **probably**
2 *vraiment, sans aucun doute*	**2** [bien sûr] **certainly**

Can you help me? – Certainly!
Pouvez-vous m'aider ? – Bien sûr !

He certainly has some nerve!
Il a vraiment du culot !

! *Vous êtes d'accord ? – Certainement pas !* **Do you agree? – Certainly not!** ; *Je les verrai certainement dimanche.* **I'll probably see them on Sunday** (et non : I'll certainly see them).

●

chance ≠ ***chance***

1 *hasard, risque*	**1** [sort favorable] **luck**
2 *chance [possibilité]*	**2** [possibilité] **chance**
3 *occasion*	

It was pure chance that I found it.
Je l'ai trouvé tout à fait par hasard.

She has a good chance of being accepted.
Elle a de fortes chances d'être reçue.

I haven't had a chance to write to her.
Je n'ai pas trouvé l'occasion de lui écrire.

! *Bonne chance !* **Good luck!** (et non : Good chance!) ; *avoir de la chance* **to be lucky** (et non : to have chance).

•

chandelier ≠ ***chandelier***

lustre — **1** [à une branche] **candlestick**

2 [à plusieurs branches] **candelabra**

•

change ≠ ***change***

1 *monnaie* — **1** [taux] **exchange rate**

2 *changement* — **2** [couche] **nappy**

Can you give me change for five pounds?
Pouvez-vous me faire la monnaie de cinq livres ?

That makes a change!
Ça change un peu !

I have to make two changes to get to work.
J'ai deux changements pour aller au travail.

! **A change of clothes** se traduit par *des vêtements de rechange.*
Quel est le change ? **What's the exchange rate?** (et non : What's the change?), mais *bureau de change* se dit **bureau de change** en anglais.

•

to chant ≠ ***chanter***

scander, psalmodier — **to sing**

! **To chant** est donc à réserver aux psalmodies et aux slogans.

•

character ≠ ***caractère***

1 *caractère [nature, aspect, originalité]* — **1** [humeur] **temper**

2 *personnage* — **2** [nature, aspect, originalité] **character**

3 *individu*

He plays the main character.
Il joue le personnage principal.

He's quite a character!
C'est un sacré numéro !

! *Quel caractère !* **What a temper!** (et non : What a character!, qui voudrait dire *C'est un sacré numéro !*) ; *Elle a bon / mauvais caractère.* **She's good-natured / bad-tempered** (et non : She has a good / bad character) ; *caractères d'imprimerie* **block letters** ; *en gros / petits caractères* **in large / small print**.

●

to charge ≠ ***charger***

to charge
1 *faire payer*
2 *accuser*
3 *charger [attaquer]*

charger
1 [véhicule] **to load**
2 [arme, appareil photo] **to load (up)**
3 [attaquer] **to charge**

se charger de
to take care of

He charged us 50 pounds to take us to the airport.
Il nous a fait payer 50 livres pour nous emmener à l'aéroport.

He's been charged with murder.
Il est accusé de meurtre.

! L'expression *être chargé de quelque chose* se traduit par **to be in charge of** ou **to be responsible for something** (et non : to be charged with something).

●

to chase ≠ ***chasser***

to chase
poursuivre, courir après

chasser
1 [animal] **to hunt**
2 [personne, soucis, nuages] **to drive away**
3 [mauvaises odeurs] **to get rid of**

The dog chased the children down the street.
Le chien a poursuivi les enfants jusqu'en bas de la rue.

! Notez que *la chasse* en tant que sport se traduit par **hunting**.

chauffeur ≠ ***chauffeur***

chauffeur privé

1 [de bus, camion, etc.] **driver**

2 [chauffeur privé] **chauffeur**

! *Il est chauffeur de taxi.* **He's a taxi driver** (et non : a taxi chauffeur).

•

chemist ≠ ***chimiste***

1 *pharmacien*

2 *pharmacie*

3 *chimiste*

chemist

•

chimney ≠ ***cheminée***

cheminée [conduit]

1 [âtre] **fireplace**

2 [chambranle] **mantelpiece**

3 [conduit] **chimney**

! **Chimney** et *cheminée* ne sont synonymes que lorsque l'on parle de la partie supérieure du conduit : *De sa fenêtre, on avait vue sur les toits et les cheminées.* **His window looked out on the roofs and chimneys.**

•

china ≠ ***Chine***

porcelaine

China

! Attention ! Le nom **china** est indénombrable : *une porcelaine* se dira donc **a piece of china**. Comme en français, le pays s'écrit avec une majuscule : **China**.

•

chips ≠ ***chips***

frites

crisps

circulation ≠ ***circulation***

circulation [du sang, de l'air, etc.]

1 [routière] **traffic**
2 [du sang, de l'air, etc.] **circulation**

•

college ≠ ***collège***

établissement d'enseignement supérieur

secondary school

! Le **college** anglais se rapporte à l'enseignement supérieur et ne correspond donc jamais au *collège* français, qui se dit **secondary school**. Le mot **college** est parfois employé pour parler de l'université (**he's studying law at college**), mais en général les **colleges** proposent une formation plus spécialisée, technique et professionnelle que les universités.

•

comedian ≠ ***comédien***

(acteur) comique

actor

comedy ≠ ***comédie***

1 *comédie [pièce, film, genre]*
2 *comique [d'une situation]*

1 [art dramatique] **theatre**
2 [pièce, film, genre] **comedy**

! Un **comedian** peut être soit un acteur comique, soit un **stand-up comedian** qui se produit seul sur scène. Attention également au mot anglais **comic** : en tant qu'adjectif il signifie *comique*, mais en tant que nom il s'agit soit d'un *acteur comique*, soit d'une *bande dessinée*.

•

command ≠ ***commande***

1 *ordre, commandement*
2 *maîtrise, connaissance*

1 [d'un repas, produit] **order**
2 [mécanisme, dispositif] **control**

to command ≠ ***commander***

1 *commander [armée]*
2 *ordonner à, commander à*
3 *imposer [respect]*

1 [repas, produit] **to order**
2 [armée] **to command**
3 [ordonner] **to order**
4 [mécanisme] **to control**

She has a good command of Japanese.
Elle maîtrise bien le japonais.

She commands respect.
Elle inspire le respect.

This painting will command a high price.
Ce tableau se vendra à un prix élevé.

●

compass ≠ ***compas***
boussole — **(pair of) compasses**

! Pour traduire *compas*, on emploie donc le terme **compass** au pluriel : *J'ai tracé le cercle au compas.* **I drew the circle with (a pair of) compasses** (et non : with a compass).

●

competition ≠ ***compétition***

1 *concurrence, compétition [rivalité]*
2 *concours*

1 [épreuve sportive] **race, match, tournament, event**
2 [rivalité] **competition**

Competition for the position is fierce.
Il y a beaucoup de concurrence pour le poste.

She entered her first piano competition when she was twelve.
Elle s'est présentée à son premier concours de piano à l'âge de douze ans.

! Pour parler des *sports de compétition*, on emploie l'expression **competitive sports** (et non : competition sports).

●

complete ≠ ***complet***

1 *total, entier*
2 *achevé, terminé*

1 [plein] **full ;** [entier] **complete**
2 [pain, farine] **wholemeal**

to complete ≠ ***compléter***

1 *achever, finir*
2 *remplir*
3 *compléter*

[collection] **to complete**

The builders completed the work yesterday.
Les ouvriers ont terminé les travaux hier.

Please complete this form.
Veuillez remplir ce questionnaire.

•

comprehensive ≠ ***compréhensif***
complet, détaillé — **understanding**

! **A comprehensive school** est une école secondaire d'enseignement général. Pour traduire *Son professeur a été très compréhensif,* on dira : **His teacher was very understanding** (et non : very comprehensive).

•

conductor ≠ ***conducteur***
1 *chef d'orchestre* — **driver**
2 *contrôleur, receveur*

•

confectionery ≠ ***confection***
1 *confiserie* — [couture] **clothing industry**
2 *pâtisserie*

! Aucun rapport donc avec la confection, car tout ce qui fait partie de la **confectionery** se mange : bonbons, gâteaux, etc. **A confectioner**, c'est *un confiseur* ou *un pâtissier.*

•

conference ≠ ***conférence***
1 *congrès, séminaire* — **1** [cours] **lecture**
2 *conference* — **2** [réunion] **conference**

! *J'ai assisté à une série de conférences sur l'art médiéval.* **I attended a series of lectures on medieval art** (et non : a series of conferences). **Lecture** est un autre faux ami anglais (voir p. 147). *Un conférencier* se dit **a speaker** ou **a lecturer** (et non : a conferencer).

confidence ≠ ***confidence***

1 *confiance*	**secret, confidence**
2 *confiance en soi, assurance*	
3 *confidence*	

I have complete confidence in her.
Elle a mon entière confiance.

She expressed herself with confidence.
Elle s'est exprimée avec assurance.

We exchanged confidences.
Nous avons échangé des confidences.

! *Je vais vous faire une confidence.* **I'm going to confide in you** (et non : to make you a confidence).

•

confused ≠ ***confus***

1 *dérouté, embrouillé, désorienté*	**1** [gêné] **embarrassed**
2 *perplexe*	**2** [style, explication, histoire] **muddled**
3 *confus [souvenirs, pensées, bruit]*	**3** [voix, bruit] **confused**

My grandfather gets easily confused.
Mon grand-père est vite désorienté.

I always get the twins confused.
Je confonds toujours les jumeaux.

I'm a bit confused about fractions.
Je ne comprends pas très bien les fractions.

! *Je suis vraiment confus : j'ai complètement oublié de les inviter.* **I'm so embarrassed, I totally forgot to invite them** (et non : I'm so confused).

•

conservatory ≠ ***conservatoire***

jardin d'hiver, véranda	**school, academy**

! On emploiera **conservatoire** ou **music academy** pour un conservatoire de musique et **drama school** pour un conservatoire d'art dramatique.

consistent ≠ ***consistant***

1 *cohérent, logique* — **1** [sauce] **thick**

2 *constant, régulier* — **2** [repas] **substantial**

3 [argument] **solid**

! *La sauce n'est pas assez consistante.* **The sauce is not thick enough** (et non : not consistent enough).

•

costume ≠ ***costume***

1 *costume [habit folklorique, déguisement]* — **1** [complet] **suit**

2 maillot de bain — **2** [habit folklorique, déguisement] **costume**

•

course ≠ ***course***

1 *cours [d'une rivière, des événements]* — **1** [épreuve sportive] **race**

2 *plat* — **2** [action de courir] **running**

3 *cours [mpl], stage* — **3** [commission] **errand**

4 [d'un taxi] **journey**

What are you having as a main course?
Qu'est-ce que tu as choisi comme plat principal ?

! Dans l'enseignement, **course** ne s'applique qu'à une série de leçons. *Cours* (une heure de cours) se dit **class**, **lesson** (à l'école), **lecture** (cours magistral à l'université) ou **seminar** ou **tutorial** (cours de travaux dirigés à l'université).

•

crayon ≠ ***crayon***

pastel, crayon de couleur — **pencil**

! Le mot **crayon** fait le plus souvent référence aux *pastels* pour les enfants. Les *crayons de couleur* s'appellent **coloured pencils**, ou parfois **crayons**.

a critic ≠ ***une critique***

un critique [de cinéma, théâtre, etc.]

1 [de film] **review**

2 [d'une action] **criticism**

! Dans un journal, **the critics** sont donc les journalistes et non les articles. *Il ne supporte pas qu'on lui fasse des critiques.* **He can't stand criticism** (et non : He can't stand critics). L'adjectif *critique* se dit **critical** : *une situation critique* **a critical situation**.

•

to cry ≠ ***crier***

pleurer

[d'une voix forte] **to shout ;** [d'une voix perçante] **to scream**

! *Ne crie pas, je ne suis pas sourd !* **There's no need to shout, I'm not deaf!** (et non : There's no need to cry). **"Welcome!" she cried.** *« Bienvenue ! » s'écria-t-elle.*

•

cuisine ≠ ***cuisine***

cuisine [gastronomie]

1 [lieu] **kitchen**

2 [activité] **cooking**

! Le terme **cuisine** s'emploie uniquement lorsqu'il est question de gastronomie (**French cuisine**, **vegetarian cuisine**, etc.) ou à propos de la nourriture raffinée d'un restaurant. En langue parlée, il est souvent remplacé par le mot **cooking** (**French cooking**, etc.).

C'est lui qui fait la cuisine. **He does the cooking** (et non : the cuisine) ; *Sais-tu faire la cuisine ?* **Can you cook?**

•

current ≠ ***courant***

actuel, en cours

common

He gave me an overview of the current projects.
Il m'a donné un aperçu des projets en cours.

! *C'est un mot courant.* **It's a common word** (et non : a current word).

curriculum ≠ ***curriculum***
programme d'enseignement — **curriculum vitae, CV**

! On traduira par exemple **on the curriculum** par *au programme.* Le mot français *curriculum* se dit tout simplement **curriculum vitae** (ou **CV**, mais jamais **curriculum** tout seul).

to deceive ≠ ***décevoir***
tromper — **to disappoint**

deception ≠ ***déception***
tromperie, duperie — **disappointment**

deceptive ≠ ***décevant***
trompeur — **disappointing**

He tried to deceive us.
Il a essayé de nous tromper.

I think you're deceiving yourself.
Je crois que tu te fais des illusions.

! *J'espère que tu n'es pas trop déçu.* **I hope you're not too disappointed** (et non : not too deceived) ; *Il me déçoit.* **I'm disappointed in him** (et non : He deceives me, qui voudrait dire *Il me trompe*).

to defend ≠ ***défendre***
défendre [protéger] — **1** [interdire] **to forbid**
2 [protéger] **to defend**

! *Son père lui a défendu de sortir.* **His father has forbidden him to go out** (et non : defended him to go out).

definitely ≠ ***définitivement***
sans aucun doute, certainement — **permanently, for good**

She's definitely not shy.
Elle n'est certainement pas timide.

Are you going to the show? Definitely!
Est-ce que tu vas au spectacle ? Oh oui, alors !

! *Ils se sont installés définitivement au Canada.* **They've settled in Canada for good** (et non : They've definitely settled in Canada).

•

delay ≠ ***délai***

retard

1 [temps fixé] **time limit, deadline**
2 [temps supplémentaire] **extension**

Your flight has a two-hour delay.
Votre vol a deux heures de retard.

! *Ils n'ont pas respecté les délais prévus.* **They didn't keep to the agreed deadline** (et non : to the agreed delay).

•

to deliver ≠ ***délivrer***

1 *livrer, remettre*
2 *distribuer [courrier]*
3 *faire [discours, sermon]*

1 [prisonnier, animal] **to release, to free**
2 [visa, autorisation] **to issue**
3 [soulager] **to relieve**

! *Nous avons réussi à délivrer les prisonniers.* **We managed to release the prisoners** (et non : to deliver the prisoners) ; *Tu me délivres d'un grand poids.* **You've taken a weight off my shoulders** (et non : You've delivered me).

•

to demand ≠ ***demander***

exiger

1 [conseil, rendez-vous, addition, etc.] **to ask for**
2 [nécessiter] **to need, to require**

She demanded an apology.
Elle exigea des excuses.

! *Demander quelque chose à quelqu'un* se dit **to ask someone for something** ; *demander à quelqu'un de faire quelque chose* **to ask someone to do something**.

demonstration ≠ ***démonstration***

1 *manifestation* [d'un produit, d'une technique]

2 *démonstration* **demonstration**

•

deputy ≠ ***député***

1 *adjoint* **member of parliament, MP**

2 *remplaçant*

Please speak to the deputy head.
Veuillez vous adresser au directeur adjoint.

I'm acting as the deputy manager.
Je remplace le directeur.

! *Il est député européen.* **He's a European MP** (et non : a European deputy).

•

disgraceful ≠ ***disgracieux***

honteux **unattractive**

•

to dispose of ≠ ***disposer***

se débarrasser de

1 [meubles] **to arrange, to place**

2 [partir] **to leave, to go**

disposer de

1 [avoir] **to have**

2 [utiliser] **to use**

They had to dispose of most of the furniture.
Ils ont dû se débarrasser de la plupart des meubles.

! *Être disposé à faire quelque chose* se dit **to be willing to do something** : *Je suis sûr qu'il sera disposé à t'aider.* **I'm sure he'll be willing to help you** (et non : disposed to help you).

---

dispute *n* ≠ ***dispute*** *nf*
1 *conflit* — **argument, quarrel**
2 *discussion, débat*

dispute *vt* ≠ ***disputer*** *vt*
1 *contester [théorie, affirmation]* — **1** [match] **to play ;** [combat] **to fight**
2 *débattre [sujet]* — **2** [territoire, prix] **to fight over**
3 *disputer [territoire, titre]* — **3** [gronder] **to tell off**

! *Elles ont eu une dispute.* **They had an argument** (et non : a dispute). *Elles se sont disputées.* **They had an argument** (et non : They disputed). **Argument** est un autre faux ami anglais ; voir p. 119.

●

dramatic ≠ ***dramatique***
1 *théâtral* — **1** [œuvre] **dramatic**
2 *spectaculaire, grandiose* — **2** [grave] **terrible, tragic**
3 *dramatique [œuvre]*

There's no need to be so dramatic about it.
Ce n'est pas la peine d'en faire un drame.

! Pour *Ce n'est pas dramatique !* on pourrait dire **It's not the end of the world!** ou **It's not a tragedy!** (et non : It's not dramatic!).

●

editor ≠ ***éditeur***
1 *[presse] rédacteur, rédacteur en chef* — **publisher**
2 *[édition] responsable d'édition, rédacteur, correcteur*
3 *[cinéma] monteur*

●

education ≠ ***éducation***
enseignement, formation, éducation
1 [par les parents] **upbringing**
2 [instruction] **education**
3 [bonnes manières] **good manners**

! Le terme **education** ne se rapporte qu'à l'instruction en anglais : *Il a eu une éducation très stricte.* **He had a strict upbringing** (et non : a strict education) ; *Il manque d'éducation.* **He's ill-mannered** (et non : He lacks education).

●

effectively ≠ ***effectivement***

1 *en fait, en réalité*
2 *efficacement*
3 *avec succès*

actually, indeed

! *C'est effectivement le cas.* **This is actually the case** (et non : This is effectively the case) ; *J'ai dit cela, effectivement.* **I did indeed say so** (et non : I did say so effectively).

●

to embrace ≠ ***embrasser***

1 *étreindre*
2 *donner l'accolade à*

to kiss

! *Ils se sont embrassés.* **They kissed** (et non : They embraced).

●

engaged ≠ ***engagé***

1 *occupé [personne, téléphone, toilettes]*
2 *fiancé*

[artiste, littérature] **political, politically committed**

engagement ≠ ***engagement***

fiançailles

commitment

I'm otherwise engaged.
Je suis déjà pris.

She's engaged to Mark.
Elle est fiancée à Mark.

●

engine ≠ ***engin***

1 *moteur*
2 *locomotive*

1 [appareil] **machine, device**
2 *(familier)* [chose] **contraption**

eventual ≠ ***éventuel***
final — **possible, potential**

eventually ≠ ***éventuellement***
finalement, en fin de compte — **possibly, maybe**

He'll get tired of it eventually.
Il finira par s'en lasser.

! *Nous pourrions éventuellement leur demander de nous aider.* **We could possibly ask them to help us** (et non : We could eventually ask them) ; *Faites cet exercice en vous servant éventuellement d'un dictionnaire.* **Do this exercise using a dictionary if necessary** (et non : Do this exercise eventually using a dictionary).

●

evidence ≠ ***évidence***
1 *preuves, témoignage* — **obvious fact**
2 *signes, marque*

! Attention ! **Evidence** est un nom **indénombrable**. *Une preuve se dit donc* **a piece of evidence**.

●

exciting ≠ ***excitant***
passionnant, formidable

1 [boisson] **stimulating**
2 [sexy] **arousing, sexy**
3 [aventure, projet] **exciting**

●

experience ≠ ***expérience***
[dans la vie] expérience

1 [scientifique] **experiment**
2 [dans la vie] **experience**

●

extravagant ≠ ***extravagant***
1 *dépensier*
2 *extravagant, excessif*

1 [personne, tenue] **eccentric**
2 [idée] **wild, crazy**

It was a bit extravagant of me to buy these £150 shoes.
J'ai fait une folie en achetant ces chaussures à 150 livres.

•

fabric ≠ ***fabrique***
tissu — [usine] **factory**

! **Tissue** est un autre faux ami anglais (voir p. 166).

•

fastidious ≠ ***fastidieux***
1 *minutieux, méticuleux* — **boring, tedious**
2 *pointilleux, maniaque*

He's fastidious about protocol.
Il est pointilleux sur le protocole.

•

fatal ≠ ***fatal***
1 *mortel, fatal* — **1** [inévitable] **inevitable**
2 *désastreux, catastrophique, fatal* — **2** [mortel] **fatal**
3 [désastreux] **disastrous, terrible, fatal**

fatality ≠ ***fatalité***
1 *accident mortel* — [sort] **destiny, fate**
2 *victime, mort*

fatally ≠ ***fatalement***
mortellement — **inevitably**

There's been a fatal accident.
Il y a eu un accident mortel.

There were three fatalities.
Il y a eu trois morts.

! *Il est parti à la dernière minute et il a raté son train, c'était fatal.* **He left at the last minute and missed his train, it was inevitable** (et non : it was fatal).

fault	≠	***faute***
1 *défaut [imperfection, anomalie]*		**1** [erreur] **mistake**
2 *faute [responsabilité]*		**2** [responsabilité] **fault**

I like him in spite of all his faults.
Je l'aime bien malgré tous ses défauts.

It's not my fault.
Ce n'est pas ma faute.

●

figure	≠	***figure***
1 *chiffre*		**1** [visage] **face**
2 *ligne, silhouette*		**2** [illustration, personnage] **figure**
3 *figure [illustration, personnage]*		

! Le terme anglais **figure** ne se rapporte jamais au visage, qui se dit **face** : **She has a good figure.** *Elle a une jolie silhouette* ou *Elle est bien faite.* **Figure** s'emploie également dans le domaine mathématique : **I'm not very good with figures.** *Je ne suis pas très bon en calcul.*

●

finally	≠	***finalement***
finalement, enfin		**1** [tout compte fait] **after all**
		2 [à la fin] **finally, eventually**

! L'adverbe **finally** se traduit, selon les contextes, par *finalement* ou *enfin,* mais il ne s'emploie jamais pour traduire *finalement* lorsque celui-ci a le sens de *tout compte fait.*

●

formal	≠	***formel***
1 *solennel, officiel*		**1** [ordre, démenti] **categorical, definite**
2 *soutenu, soigné [style, langage]*		**2** [interdiction] **strict**
formally	≠	***formellement***
solennellement, officiellement		**categorically, positively, strictly**

! *Il a été tout à fait formel sur ce point.* **He was quite definite on this point** (et non : He was quite formal).

---

to fume ≠ ***fumer***

1 *rager [personne]* — to smoke

2 *émettre des vapeurs [gaz]*

The boss is fuming.
Le patron est furieux.

---

to furnish ≠ ***fournir***

meubler — **to supply, to provide**

furniture ≠ ***fournitures***

meubles — **supplies**

We moved the furniture around in the living room.
Nous avons déplacé les meubles du salon.

! Attention ! **Furniture** est un nom **indénombrable**. *Un meuble* se dit donc **a piece of furniture**.

---

gateau ≠ ***gâteau***

gros gâteau décoré et fourré à la crème, aux fruits, au chocolat, etc. — **cake**

! *Les gâteaux secs* se disent **biscuits**.

---

genial ≠ ***génial***

aimable, chaleureux, jovial

1 [idée, inventeur] **brilliant**

2 *(familier)* [extraordinaire] **brilliant, great, fantastic**

gentle ≠ ***gentil***

1 *doux [personne, pente]*
2 *léger [mouvement, brise]*

1 [serviable, aimable] **kind, nice**
2 [sage] **good**

•

glass ≠ ***glace***

1 *verre [matière, objet]*
2 *vitrine*

1 [eau gelée] **ice**
2 [crème glacée] **ice cream**
3 [miroir] **mirror**
4 [vitre] **window**

•

grade ≠ ***grade***

1 *niveau, échelon*
2 *catégorie, qualité*
3 *note*

[rang] **rank**

! Le mot **grade** ne s'emploie pas pour le grade militaire, qui se dit **military rank**. Quand il s'agit des notes, les Britanniques emploient davantage le mot **mark**.

•

grape ≠ ***grappe***

grain de raisin

bunch

! Le raisin se dit **grapes** : *Il mangeait du raisin.* **He was eating grapes** (et non : He was eating raisins, autre faux ami ; voir p. 157). *Une grappe de raisin* se dira donc **a bunch of grapes**.

•

grief ≠ ***grief***

chagrin

grievance

•

habit ≠ ***habit***

1 *habitude*
2 *habit [de moine, de religieuse]*

1 [déguisement] **costume, outfit**
2 [de soirée] **tails**
3 [de moine, de religieuse] **habit**

hazard ≠ ***hasard***

risque, danger

1 [providence] **chance, fate**
2 [coïncidence] **coincidence**

! *Je l'ai appris par hasard.* **I heard it by chance** ; *par un curieux hasard....* **by a strange coincidence...**

herb ≠ ***herbe***

herbe [aromatique, médicinale]

1 [plante, gazon] **grass**
2 [aromatique, médicinale] **herb**

hospice ≠ ***hospice***

1 *[pour malades] hôpital pour les grands malades en phase terminale*
2 *[pour voyageurs] hospice*

1 **old people's home**
2 **poorhouse**
3 **hospice** [pour voyageurs]

! Le mot **hospice** s'emploie presque toujours dans le premier sens : un hôpital pour les malades en phase terminale. Il ne s'agit pas d'un foyer pour les personnes âgées, ni pour les pauvres.

hostel ≠ ***hôtel***

1 *foyer [résidence]*
2 *auberge de jeunesse*

hotel

! Le mot **hostel** tout seul fait souvent référence à un foyer pour les sans-abri. Dans le contexte des voyages, c'est l'abréviation de **youth hostel** (*auberge de jeunesse*).

to ignore ≠ ***ignorer***

1 *ne pas prêter attention à, ignorer [personne, remarque, conseil]*
2 *ne pas tenir compte de*

1 [ne pas savoir] **to be unaware of, not to know**
2 [personne, remarque] **to ignore**

! *Ils ignoraient tout de son passé.* **They knew nothing about his past** (et non : They ignored his past).

important ≠ ***important***

important [personne, date, découverte, etc.]

1 [personne, date, découverte, etc.] **important**
2 [ville, collection, proportion, somme] **large ;** [retard, dégâts] **considerable**

! Notez que le mot anglais **important** s'utilise uniquement pour décrire la valeur qualitative de quelque chose (**an important man** *un homme important*). Pour traduire le sens quantitatif du mot français *important*, on emploiera l'adjectif **large** ou **considerable** : *C'est une somme importante.* **It's a large sum of money** (et non : an important sum of money).

impotent ≠ ***impotent***

impuissant [homme]

infirm, crippled

inconsistent ≠ ***inconsistant***

1 *incohérent [logique, arguments]*
2 *irrégulier [travail]*

1 [sauce] **thin, watery**
2 [argument] **shallow**

inhabited ≠ ***inhabité***

habité

uninhabited

! *L'île est maintenant inhabitée.* **The island is now uninhabited** (et non : The island is now inhabited, qui signifie exactement le contraire).

intoxicated ≠ ***intoxiqué***

ivre

poisoned

to injure ≠ ***injurier***
blesser — **to insult**

●

interesting ≠ ***intéressant***
intéressant [conversation, personne, etc.] — **1** [conversation, personne, etc.] **interesting**
2 [prix, offre] **attractive, good**

! Notez que le mot **interesting** ne s'utilise pratiquement que pour parler de l'intérêt de quelque chose (**an interesting article** *un article intéressant*). *Intéressant* se traduit souvent par **attractive**, **good** ou **profitable** lorsqu'il signifie *avantageux* ou *lucratif* : *C'est une affaire très intéressante.* **It's a very good deal** (et non : a very interesting deal).

●

issue ≠ ***issue***
1 *question, problème*
2 *numéro [d'un magazine]*
3 *distribution [de vivres] ; émission [d'une monnaie] ; délivrance [d'un document]*
— **1** [sortie] **exit**
2 [solution] **solution**
3 [fin] **outcome, ending**

! *Issue de secours* **emergency exit** (et non : emergency issue) ; *Il n'y a pas d'autre issue que de se rendre.* **There's no other solution but surrender** (et non : There's no other issue…).

●

jolly ≠ ***joli***
1 *joyeux, jovial*
2 *agréable*
— **nice, pretty**

●

journey ≠ ***journée***
1 *voyage*
2 *trajet*
— **day**

Have a good journey!
Bonne route ! ou Bon voyage !

! *Bonne journée !* se dit **Have a good** ou **nice day!**

lard ≠ ***lard***
saindoux — **bacon**

! *Lard fumé* se dit **smoked bacon** (et non : smoked lard).

large ≠ ***large***

1 *grand*	**1** [avenue, fleuve] **wide**
2 *gros*	**2** [épaules, nez, sourire] **broad**
3 *important [somme, quantité, etc.]*	**3** [vêtement] **big**

largely ≠ ***largement***

1 *en grande partie, principalement*	**1** [amplement] **widely, amply**
2 *en général*	**2** [de beaucoup] **greatly**
	3 [facilement] **easily**

! *Ce pantalon est trop large pour toi.* **Those trousers are too big for you** (et non : too large) ; *Nous avons largement le temps.* **We have more than enough time** (et non : largely the time).

lecture ≠ ***lecture***

1 *conférence*	**reading**
2 *cours magistral*	
3 *sermon, remontrances*	

! **To give a lecture** signifiera donc, selon le contexte, *faire un cours* ou *faire des remontrances.*

library ≠ ***librairie***
bibliothèque — **bookshop**

librarian ≠ ***libraire***
bibliothécaire — **bookseller**

●

licence ≠ ***licence***
1 *permis (de conduire)*
2 *redevance [pour la télévision]*

1 [diplôme] **degree**
2 [permis de chasse, pêche, etc.] **licence**

●

location ≠ ***location***
emplacement, site, endroit

1 [d'un appartement] **renting**
2 [de matériel] **hiring, hire, rental**
3 [logement] **rented accommodation**
4 [de billets, de places] **booking**

●

lunatic *adj* ≠ ***lunatique***
fou, dément — **moody**

lunatic *n* ≠ ***lunatique***
fou, dément — **moody person**

! **Lunatic asylum** signifie *asile d'aliénés.*

---

luxury ≠ ***luxure***
luxe — **lust**

He leads a life of luxury.
Il vit dans le luxe.

●

malice ≠ ***malice***
méchanceté, malveillance — **mischief**

malicious ≠ ***malicieux***
méchant, malveillant — **mischievous**

! *C'est une enfant très malicieuse.* **She's a very mischievous child** (et non : a very malicious child, qui voudrait dire *une enfant très méchante*).

maniac *adj* ≠ ***maniaque***
fou — **fussy, fastidious**

maniac *n* ≠ ***maniaque***
fou — [personne difficile] **fussy person ;** [personne obsessionnelle] **fanatic**

You drive like a maniac!
Tu conduis comme un fou !

! *Son mari est maniaque, il aime que tout soit bien rangé.* **Her husband is fastidious, he likes things to be tidy** (et non : Her husband is maniac) ; *C'est une maniaque de la propreté.* **She's fanatical about cleanliness** (et non : She's a maniac about cleanliness).

material ≠ ***matériel***

material	matériel
1 *matière, substance*	**1** [équipement] **equipment**
2 *tissu*	**2** [informatique] **hardware**
3 *documentation*	
4 *matériau*	

! Notez que **materials**, au pluriel, désigne généralement des fournitures ou du matériel.

mechanic ≠ ***mécanique***

mechanic	mécanique
1 *mécanicien*	**1** [discipline] **mechanics**
2 *garagiste*	**2** [mécanisme] **mechanism**
	3 [automobile] **car mechanics**

! Attention ! **Mechanics** est un nom indénombrable suivi du singulier ; *Sa passion, c'est la mécanique.* **Mechanics is his passion** (et non : Mechanic is his passion).

miserable ≠ ***misérable***

1 *triste, malheureux* — [pauvre] **poor**

2 *sale, pénible [temps]*

misery ≠ ***misère***

1 *malheur* — **1** [pauvreté] **poverty**

2 *souffrances* — **2** [somme dérisoire] **pittance**

I feel miserable today.
Je n'ai pas le moral aujourd'hui.

! *Ils vivent dans la misère* se traduit donc par **They live in poverty** (et non : in misery, qui voudrait dire qu'ils sont malheureux).

●

money ≠ ***monnaie***

argent — **1** [pièces] **change**

2 [devise] **currency**

●

moral ≠ ***moral***

morale [d'une histoire] — [état d'esprit] **morale, spirits**

! *Il n'a pas le moral en ce moment.* **He's feeling a bit depressed at the moment** ; *J'ai le moral à zéro.* **I'm really down** ; *Ça va te remonter le moral.* **It'll cheer you up**.

●

morale ≠ ***morale***

moral [état d'esprit] — **1** [de la société] **moral standards ;** [d'une personne] **morals**

2 [philosophie] **ethics**

3 [d'une histoire] **moral**

Morale is high among the troops.
Les troupes ont bon moral.

! Le mot **morale** s'emploie pour l'état d'esprit d'une équipe ou d'une armée, plutôt que pour celui d'un individu.

Faire la morale à quelqu'un se dit **to preach at someone** ou **to lecture someone** (et non : To make morale to someone). Notez les mots pluriels **morals** et **ethics** : *Il a une morale plutôt élastique* se dirait donc **His morals are quite relaxed** (et non : His moral is...).

●

mutton ≠ ***mouton***

mouton [viande] — [animal] **sheep**

! Attention à ne pas confondre les deux termes : vous ne verrez pas de **mutton** dans les prés ni de **sheep** dans votre assiette. Voir également les autres « doublets » (le premier mot désignant la viande et le second, l'animal) : *bœuf* **beef** / **ox** ; *porc* **pork** / **pig** ; *veau* **veal** / **calf**.

●

notice ≠ ***notice***

1 *annonce*
2 *avis*
3 *préavis*
4 *attention*

1 [mode d'emploi] **instructions**
2 [résumé, préface] **note**

They gave me a month's notice.
Ils m'ont donné un préavis d'un mois.

Take no notice of him.
Ne faites pas attention à lui.

●

novel ≠ ***nouvelle***

roman

1 [récit] **short story**
2 [information] **news, piece of news**

! Attention ! **News** est un nom **indénombrable** ; *J'ai une bonne nouvelle.* **I have some good news.**

●

palace ≠ ***palace***

palais — **luxury hotel**

pants ≠ ***pantalon***
slip, culotte, caleçon — **trousers**

! Attention ! **Pants** et **trousers** sont des noms pluriels : *Ce pantalon est beaucoup trop large.* **These trousers are far too big** ; *Ce caleçon à fleurs est ridicule.* **These flowery pants look ridiculous**.

•

partition ≠ ***partition***
1 *cloison* — **1** [musicale] **score**
2 *partition [d'un pays]* — **2** [d'un pays] **partition**

! *Elle a joué sans partition.* **She played without a score** ou **without music** (et non : without a partition).

•

to pass an exam ≠ ***passer un examen***
réussir à un examen — **to take an exam, to sit an exam**

! *Elle passe ses examens demain* se dit **She's sitting her exams tomorrow** (et non : She's passing her exams tomorrow, qui voudrait dire qu'elle réussira à ses examens demain).

•

patron ≠ ***patron***
1 *mécène* — **1** [d'une entreprise] **manager, boss**
2 *client, usager* — **2** [modèle de vêtement] **pattern**

! L'écriteau **Patrons only** signifie donc « *Réservé aux clients* », et non aux patrons.

pension ≠ ***pension***

1 *retraite*
2 *pension [de guerre, d'invalidité]*

1 [hôtel] **guest house, bed-and-breakfast**
2 [logement et nourriture] **board and lodging**
3 [pensionnat] **boarding school**
4 [allocation] **pension**

> ! *Nous avons logé dans une pension de famille.* **We stayed in a guest house** (et non : in a pension) ; *Leur fils est en pension.* **Their son is at boarding school** (et non : Their son goes to pension).

●

performance ≠ ***performance***

1 *représentation, spectacle*
2 *interprétation [d'un rôle]*
3 *performance [résultat]*
4 *exécution [d'une tâche]*
5 *(familier) histoire, cirque*

1 [résultat] **result, performance**
2 [réussite] **achievement**

> ! *Quelle performance !* se dit **What an achievement!** (et non : What a performance!, qui voudrait dire *Quelle cirque !*).

●

perverse ≠ ***pervers***

têtu, contrariant

1 [dépravé] **perverted**
2 [malveillant] **wicked**

You're just being perverse!
Tu fais ça juste pour embêter le monde !

She takes a perverse delight in doing this.
Elle y prend un malin plaisir.

●

petrol ≠ ***pétrole***

essence

oil

! **To fill up with petrol** signifie donc *faire le plein d'essence* (et non : le plein de pétrole). *Une nappe de pétrole* se dit **an oil spill** (et non : a petrol spill).

●

photograph *photographie*	≠	***photographe*** **photographer**
photography *photographie [activité]*	≠	***photographie*** 1 [activité] **photography** 2 [cliché] **photo(graph)**

●

phrase *expression, locution*	≠	***phrase*** **sentence**

●

pipe 1 *pipe* 2 *tuyau, conduit* 3 *pipeau*	≠	***pipe*** [à fumer] **pipe**

! Le mot **pipe** a plusieurs sens en anglais. Il s'utilise notamment en musique où il signifie *pipeau*, ou *cornemuse* lorsqu'il est au pluriel (**pipes** étant l'abréviation de **bagpipes**).

●

place 1 *endroit* 2 *appartement, maison* 3 *place [position, siège, rang]*	≠	***place*** 1 [d'une ville] **square** 2 [espace] **room, space** 3 [endroit précis] **place** 4 [siège] **seat** 5 [emploi] **job**

We met up at Susan's place.
Nous nous sommes retrouvés chez Susan.

! *Place* dans le sens d'espace disponible se traduit par **room** : *Il n'y a pas assez de place.* **There's not enough room** (et non : not enough place). *Une place de parking* se dit **a parking space** (et non : a parking place). *La place du village* se dit **the village square** (et non : the village place).

pork ≠ ***porc***
porc [viande] — [animal] **pig**

! Attention à ne pas confondre les deux termes : vous ne verrez pas de **pork** dans les prés ni de **pig** dans votre assiette. Voir également les autres « doublets » (le premier mot désignant la viande et le second, l'animal) : *bœuf* **beef** / **ox** ; *mouton* **mutton** / **sheep** ; *veau* **veal** / **calf**.

positive ≠ ***positif***

1 *sûr, certain*
2 *positif, constructif*
3 *véritable, absolu*

1 [test, nombre, pôle, suggestion, réponse] **positive**
2 [réaction, critique] **good, favourable**

I'm positive that he wasn't there.
Je suis absolument sûr qu'il n'y était pas.

It's a positive nightmare!
C'est un véritable cauchemar !

! Pour traduire *Il m'a donné une réponse positive,* il est plus naturel de dire **He said yes** que **He gave me a positive answer**.

prejudice ≠ ***préjudice***
préjugé — **damage, harm, loss**

preservative ≠ ***préservatif***
conservateur, agent de conservation — **condom**

to pretend ≠ ***prétendre***
faire semblant, feindre — **to claim**

They pretended not to see us.
Ils ont fait semblant de ne pas nous voir.

! *Elle prétend qu'elle nous l'avait dit.* **She claims that she told us** (et non : She pretends that she told us).

professor ≠ ***professeur***
professeur d'université
1 [des écoles, de collège ou de lycée] **teacher**
2 [d'université] **professor**

proper ≠ ***propre***
1 *bon, correct, juste*
2 *convenable, comme il faut*
3 *vrai, véritable*

1 [nettoyé] **clean**
2 [soigné] **neat, tidy**
3 [à soi] **own**
4 [sens, mot] **proper**

properly ≠ ***proprement***
1 *bien, juste, correctement*
2 *convenablement, comme il faut*

1 [sans salir] **cleanly, tidily**
2 [écrire] **neatly**

That wasn't the proper thing to say.
Ce n'était pas ce qu'il fallait dire.

I haven't had a proper meal in ages.
Il y a une éternité que je n'ai pas fait un vrai repas.

! *Je l'ai vu de mes propres yeux* se dit **I saw it with my own eyes** (et non : with my proper eyes).

prune ≠ ***prune***
pruneau — **plum**

public school ≠ ***école publique***
école privée — **state school**

! En Angleterre et au pays de Galles, le terme **public school** désigne une école privée de type traditionnel. Certaines de ces écoles sont très prestigieuses et élitistes (**Eton, Harrow**, etc.). En Écosse, ce terme désigne parfois à l'inverse une école publique.

•

to purchase ≠ ***pourchasser***
acheter — **to chase**

•

to question ≠ ***questionner quelqu'un***
1 *mettre en doute, mettre en question*
2 *interroger*
to ask someone questions, to question someone

He was questioned by police.
Il s'est fait interroger par la police.

! *Je l'ai questionné sur son emploi du temps.* **I asked him questions about his timetable.** Le verbe **to question** s'emploie plutôt dans les contextes officiels.

•

to quit ≠ ***quitter***
1 *démissionner*
2 *abandonner*
to leave

se quitter
to part

I quit!
J'abandonne !

She's trying to quit smoking.
Elle essaye d'arrêter de fumer.

! *Elle ne quitte jamais son atelier.* **She never leaves her workshop** (et non : She never quits her workshop) ; *Ils se sont quittés bons amis.* **They parted on good terms** (et non : They quit on good terms) ; *Ne quittez pas* se dit **Hold the line** (et non : don't quit).

•

raisin ≠ ***raisin***
raisin sec — **grapes**

! Voir également **grape**, autre faux ami anglais.

to realize ≠ ***réaliser***

1 *se rendre compte de*
2 *réaliser [comprendre]*

1 [projet] **to carry out**
2 [exploit] **to achieve**
3 [rêve] **to fulfil**
4 [bénéfice, économies] **to make**
5 [film] **to direct**
6 [comprendre] **to realize**

se réaliser

1 [rêve, prédiction] **to come true**
2 [personne] **to fulfil oneself**

! *Elle a réussi à réaliser son projet.* **She managed to carry out her project** (et non : realize her project) ; *Il a réalisé plusieurs courts métrages.* **He directed several short films** (et non : realized several short films) ; *Nous n'avons pas réalisé de bénéfice.* **We didn't make a profit** (et non : realize a profit) ; *Tous ses rêves se sont réalisés.* **All his dreams have come true** (et non : have realized themselves).

recipient ≠ ***récipient***

destinataire [d'une lettre, d'un e-mail]

container

to reclaim ≠ ***réclamer***

1 *récupérer*
2 *défricher [terrain]*

1 [demander] **to ask for**
2 [revendiquer] **to claim**

! *Le bébé réclame son biberon.* **The baby is asking for its bottle** (et non : reclaiming its bottle) ; *Elle a réclamé des dommages et intérêts.* **She has claimed compensation** (et non : She has reclaimed compensation).

record ≠ ***record***

1 *disque*	[exploit] **record**
2 *rapport, dossier*	
3 *record [exploit]*	

Do you have any record of the transaction?
Avez-vous gardé une trace de la transaction ?

●

regard ≠ ***regard***

1 *estime, considération*	**look**
2 *souci, respect*	

to regard ≠ ***regarder***

considérer	**1** [voir] **to look at ;** [télévision] **to watch**
	2 [concerner] **to concern**

I have great regard for her.
J'ai beaucoup d'estime pour elle.

They showed no regard for our wishes.
Ils n'ont tenu aucun compte de nos souhaits.

Give them my regards.
Transmettez-leur mon bon souvenir.

I regard him as a brother.
Je le considère comme un frère.

! *Il m'a lancé un regard furieux.* **He looked at me angrily** (et non : He gave me an angry regard) ; *Ça ne vous regarde pas !* **It's none of your business!** (et non : It doesn't regard you).

●

relief ≠ ***relief***

1 *soulagement*	[d'un pays] **topography**
2 *aide, secours*	**en relief raised**
3 *détente, distraction*	

What a relief!
Quel soulagement !

A famine relief fund has been set up.
On a ouvert une caisse de secours pour les victimes de la famine.

! Pour traduire *mettre quelque chose en relief*, il est plus naturel de dire **to highlight something** ou **to make something stand out** que « to bring something into relief ». *C'est un pays au relief très varié.* **This country's topography is very varied** (et non : This country's relief) ; *La région a un relief accidenté / a peu de relief.* **The region is hilly / is fairly flat** ; *Elle a choisi un papier peint avec un motif en relief.* **She chose a wallpaper with a raised pattern.**

•

to remark ≠ ***remarquer***
mentionner, faire remarquer

remarquer
[constater, distinguer] **to notice**

se remarquer
[être visible] **to show**

! *Je n'ai même pas remarqué qu'il était parti.* **I didn't even notice he had left** (et non : didn't even remark) ; *Le défaut du tissu se remarque à peine.* **The flaw in the fabric hardly shows** (et non : hardly remarks itself) ; *Remarque, elle n'est pas la seule.* **Mind you, she's not the only one** (et non : Remark...).

•

to resent ≠ ***ressentir***
1 *en vouloir à [personne]*
2 *ne pas apprécier [remarque]*

ressentir
to feel

They resent her enjoying herself.
Ils lui en veulent de s'amuser.

! *Que ressens-tu pour lui ?* **What do you feel for him?** (et non : What do you resent…) ; *Elle est stressée et son travail s'en ressent.* **She's stressed and it shows in her work**.

•

to resign ≠ ***se résigner***
démissionner, donner sa démission

se résigner
to resign oneself

resignation ≠ ***résignation***
1 *démission*
2 *résignation*

résignation
[acceptation] **resignation**

to respond ≠ ***répondre***
réagir
1 [répliquer] **to answer, to reply**
2 [freins, voiture] **to respond**
3 [être insolent] **to answer back**

He doesn't respond well to criticism.
Il réagit mal à la critique.

! *Il m'a répondu que ce n'était pas possible.* **He answered that it wasn't possible** ou **He told me that it wasn't possible** (et non : He responded that it wasn't possible).

---

to rest ≠ ***rester***
se reposer
1 [dans un lieu, une situation] **to stay, to remain**
2 [subsister] **to be left**

rest ≠ ***reste***
1 *repos, pause*
2 *reste*
1 [fin] **rest**
2 [de repas] **leftover food/drink ;** [de tissu, de papier] **scrap**

restes
1 [de repas] **leftovers**
2 [vestiges, ossements] **remains**

I could do with a little rest.
J'ai besoin de me reposer un peu.

! *Elle est restée debout toute la nuit.* **She stayed up all night** (et non : She rested up all night) ; *Il nous reste un peu de pain et de fromage.* **We have a bit of bread and cheese left** (et non : There rests a bit of bread and cheese) ; *Il y a un reste de lait.* **There's a bit of milk left over** (et non : There's a rest of milk).

---

to resume ≠ ***résumer***
reprendre, continuer, poursuivre
to sum up, to summarize

! *Je lui ai résumé la situation.* **I summed up the situation for him** (et non : I resumed the situation).

to resuscitate ≠ ***ressusciter***
réanimer — [religion] **to raise from the dead**

to retire ≠ ***retirer***

1 *prendre sa retraite*
2 *se retirer [des affaires, de la politique]*
3 *se replier [armée]*

1 [faire sortir] **to remove, to take out**
2 [argent] **to withdraw**
3 [vêtement] **to take off**
4 [colis, billet] **to collect**

reunion ≠ ***réunion***

1 *retrouvailles*
2 *réunion [de famille, d'anciens élèves]*

1 [de travail] **meeting**
2 [de famille, d'anciens élèves] **gathering, reunion**

We organized a reunion dinner.
Nous avons organisé un dîner de retrouvailles.

! *Il est en réunion.* **He's in a meeting** (et non : in a reunion).

---

roman ≠ ***roman***
romain

1 [livre] **novel**
2 [langue] **Romance**

! *Les langues romanes* se disent donc **Romance languages**.

---

route ≠ ***route***

1 *itinéraire*
2 *trajet, parcours*

1 [voie] **road**
2 [chemin] **way**
3 [trajet] **journey**

rude ≠ ***rude***

impoli, grossier, insolent

1 [hiver, voix] **harsh**
2 [vie, travail] **tough**
3 [manières, surface] **rough**

! Les **rude words** sont des *gros mots.*

●

savage *adj* ≠ ***sauvage*** *adj*

féroce

1 [animal, lieu] **wild**
2 [peu sociable] **unsociable**
3 [camping] **illegal, unauthorized**

●

scallop ≠ ***escalope***

coquille Saint-Jacques

escalope

! Des *escalopes de poulet* se disent donc **chicken escalopes** (et non : chicken scallops).

●

sensible ≠ ***sensible***

1 *sensé, raisonnable*
2 *pratique [vêtements, chaussures]*

sensitive

! *C'est une nature sensible.* **He's the sensitive sort** (et non : the sensible sort, qui voudrait dire que c'est quelqu'un de raisonnable).

●

slip ≠ ***slip***

1 *jupon, combinaison*
2 *bout de papier*
3 *chute, glissade*
4 *erreur*

1 [de femme] **knickers, pants**
2 [d'homme] **underpants, pants**

society ≠ ***société***

société [communauté, association]

1 [entreprise] **company, firm**
2 [communauté, association] **society**

! *Elle travaille pour une société allemande.* **She works for a German company** (et non : a German society).

•

square ≠ ***square***

1 *carré*
2 *case [d'un jeu, d'une grille de mots croisés]*
3 *place*

1 [jardin] **small public garden**
2 [place] **square**

•

stage ≠ ***stage***

1 *scène [d'un théâtre]*
2 *stade, phase*

1 [experience] **work placement**
2 [cours] **training course**

•

station ≠ ***station***

1 *gare*
2 *station [de métro, radio]*

1 [de métro, radio] **station**
2 [lieu de tourisme] **resort**

! Une *station de ski* se dit donc **ski resort** (et non : ski station).

•

to supply ≠ ***supplier***

fournir

to beg

! *Il m'a supplié de l'aider.* **He begged me to help him** (et non : He supplied me to help him).

support *n*	≠	***support***
soutien		**base, stand**
to support	≠	***supporter***
1 *soutenir, appuyer*		**1** [tolérer, accepter] **to stand, to bear, to put up with**
2 *être pour, soutenir*		**2** [résister à] **to withstand**
3 *subvenir aux besoins de*		**3** [poids, voûte, plafond] **to support**
4 *être un supporter de [équipe sportive]*		
5 *supporter [poids, voûte, plafond]*		

He supported himself on a crutch.
Il s'appuyait sur une béquille.

She has three children to support.
Elle a trois enfants à charge.

We support her in her decision.
Nous approuvons sa décision.

! *Je ne le supporte pas.* **I can't stand him** (et non : I can't support him) ; *Je ne supporte pas la chaleur.* **I can't stand** ou **bear the heat** (et non : I can't support the heat) ; *Cette plante supporte très bien le froid.* **This plant can withstand the cold very well** (et non : This plant can support the cold).

•

to suppress	≠	***supprimer***
1 *réprimer [bâillement, colère]*		**1** [mot, clause, obstacle] **to remove**
2 *retenir [larmes]*		**2** [douleur] **to get rid of ;** [habitude] **to stop**
3 *étouffer [sentiment, scandale]*		**3** [allocation, prime] **to withdraw**
4 *interdire [journal, rapport]*		**4** [train] **to cancel**
5 *dissimuler [vérité, preuves]*		**5** [tuer] **to do away with**

! *Le texte est trop long, il faut supprimer des passages.* **The text is too long, we need to remove** ou **delete some sections** (et non : to suppress some sections) ; *On lui a supprimé son permis de conduire.* **He had his driving licence taken away** (et non : he had his driving licence suppressed).

•

surname	≠	***surnom***
nom de famille		**nickname**

•

sympathetic ≠ ***sympathique***
compatissant, compréhensif — **nice, friendly**

to sympathise with ≠ ***sympathiser avec***
compatir, comprendre — **to get on with**

sympathy ≠ ***sympathie***
compassion — **friendship, liking**

They weren't very sympathetic.
Ils n'ont pas été très compréhensifs.

Poor Emma, I really sympathize with her!
Pauvre Emma, je la plains vraiment !

! *Ses parents sont très sympathiques.* **Her parents are very friendly** (et non : very sympathetic) ; *Nous avons tout de suite sympathisé.* **We took to each other** ou **liked each other straightaway** (et non : We sympathised) ; *Il n'a pas sympathisé avec les autres enfants.* **He didn't get on with the other children** (et non : sympathise with the other children).

•

syndicate ≠ ***syndicat***
consortium, association — [de travailleurs] **(trade) union**

! Un syndicat de travailleurs se traduit toujours par **union**. **Syndicate** s'emploie également pour désigner un groupe de personnes qui s'associent dans un but commun. *Syndicat d'initiative* se dit **tourist (information) office**.

•

tissue ≠ ***tissu***
mouchoir en papier — **material, fabric, cloth**

! **Tissue paper** est du papier de soie et **toilet tissue**, du papier hygiénique. On traduit *tissu* par **material**, **cloth** (à ne pas confondre avec **clothes** *vêtements*) ou **fabric**.

toboggan ≠ ***toboggan***
luge **slide**

! *Luge* se dit aussi plus couramment **sledge**.

•

to transpire ≠ ***transpirer***
1 *apparaître [vérité]* **to sweat**
2 *se passer, arriver*

It transpired that he had been embezzling funds.
On s'est aperçu qu'il avait détourné des fonds.

•

to trespass ≠ ***trépasser***
pénétrer dans une propriété privée **to pass away**

"No trespassing"
« Défense d'entrer, propriété privée »

•

truant ≠ ***truand***
élève absentéiste **gangster ;** [escroc] **crook**

! **To play truant** signifie *faire l'école buissonnière.*

•

uniquely ≠ ***uniquement***
particulièrement, exceptionnellement **only, solely**

He is uniquely placed to get this information.
Il est exceptionnellement bien placé pour obtenir ce renseignement.

She is uniquely talented.
Elle a un talent unique.

! *Il l'ont invité uniquement parce qu'il a une voiture.* **They only invited him because he has a car** (et non : they invited him uniquely because...).

vacancy ≠ ***vacances***

1 *poste vacant* — **holidays**

2 *chambre libre [dans un hôtel]*

"No vacancies"
« Complet »

! *Partir en vacances* se dit **to go on holiday** (et non : to go on vacancy) ; *les grandes vacances* **the summer holidays** (et non : the big vacancies).

valid ≠ ***valide***

valable [explication, passeport, etc.]

1 [bien portant] **strong ;**
[non blessé] **able-bodied ;**
[membre] **functioning**
2 [permis, titre de transport] **valid**

! *Il n'est plus très valide.* **He's not as strong as he used to be** (et non : not as valid).

valuable ≠ ***valable***

précieux, de valeur — **valid**

It's a very valuable painting.
C'est un tableau d'une grande valeur.

! *Votre billet n'est plus valable.* **Your ticket is no longer valid** (et non : no longer valuable).

venue ≠ ***venue***

lieu [d'un rendez-vous, d'une réunion, d'une compétition sportive, d'un concert, d'une fête, d'un procès, etc.] — **arrival**

They've played at all the biggest London venues.
Ils ont joué dans toutes les grandes salles de concert de Londres.

! *Nous attendons la venue de mon frère.* **We're waiting for my brother to arrive** (et non : for my brother's venue).

---

veranda(h) ≠ ***véranda***
portique, porche — **conservatory**

versatile ≠ ***versatile***
1 *aux talents variés [personne]*
2 *polyvalent, à usage multiple [objet, outil]*
— **fickle, volatile, changeable**

He's very versatile as an actor.
C'est un acteur aux talents très variés.

! *Il est versatile.* **He's always changing his mind** (et non : He's versatile).

---

vest ≠ ***veste***
maillot de corps ; débardeur — **jacket**

vicious ≠ ***vicieux***
1 *brutal, violent, dangereux*
2 *méchant*
— **1** [personne] **lecherous, depraved**
— **2** [coup, balle] **nasty**

He dealt me a vicious blow.
Il m'a donné un coup violent.

That dog looks vicious.
Ce chien-là a l'air méchant.

! *Il a l'air vicieux.* **He looks lecherous** (et non : He looks vicious). *Vicieux* se traduit par **vicious** dans l'expression *un cercle vicieux* **a vicious circle**.

Les faux anglicismes

Méfiez-vous du franglais ! Les mots français d'origine anglaise sont souvent des faux amis, et certains n'existent même pas en anglais. Voici les plus courants de ces « **faux anglicismes** », avec leur traduction exacte en anglais :

baby-foot	[jeu] **table football** ; [table] **football table**
le ball-trap	**clay-pigeon shooting**
des baskets	**trainers** (**basket** en anglais signifie *panier* ; le sport s'appelle toujours **basketball**)
un battle-dress	[pantalon] **(a pair of) combat trousers**
un bowling	**a bowling alley**
un boys band	**a boy band**
un break	**an estate car**
un brushing	**a blow-dry**
un building	**a tower block, a high rise** (**building** signifie *bâtiment* en anglais)
un caddie	**a (shopping) trolley** (le mot anglais **caddie** s'emploie uniquement dans le contexte du golf)
le cake	**fruit cake** (**cake** en anglais s'applique à toutes sortes de gâteaux, pas seulement ceux aux fruits secs)
un camping	**a campsite**
le catch	**wrestling**
un clip	**a (music) video**
un dancing	**a dance hall**
fair-play : il est fair-play	[joueur] **he plays fair** ; [sens figuré] **he has a sense of fair play**
au feeling	**by intuition, by instinct**
un ferry-boat	**a car-ferry**
un flipper	**a pinball machine** (le jeu s'appelle **pinball**)

un flirt	[copain/copine] **boyfriend/girlfriend** ; [relation] **fling**
le foot	**football, soccer** (le terme **football** désigne aussi bien le jeu que le ballon en anglais)
le footing	**jogging** (*faire du footing* **to go jogging**)
le forcing	**pressure** (*faire le forcing* **to put the pressure on**)
une girl	**a show girl**
un goal	**a goalkeeper** (**goal** signifie *but* en anglais)
un groom	**a bellboy** (**groom** signifie *palefrenier, valet d'écurie* ou *marié* ou encore *gentilhomme, valet*)
un happy end	**a happy ending**
le hit-parade	**the charts**
un jogging	[survêtement] **a tracksuit** (mais *faire du jogging* **to go jogging**)
un K-way®	**a cagoule**
lifter	[balle] **to put a spin on**
un lifting	**a facelift**
un living	**a living room, a lounge**
un mail	**an e-mail** (ce mot n'est pas abrégé en anglais : *je t'envoie un mail* **I'll e-mail you, I'll send you an e-mail**)
un meeting	[sens politique] **a rally** ; *un meeting aérien* **an air show**
le off	**the fringe festival**
un parking	**a car park** (**parking** signifie *stationnement* : **"no parking"** « *stationnement interdit* »)
les people	**celebrities, celebs** (*la presse people* se dit **celebrity** ou **gossip magazines**)
un pin's	**a badge**
un planning	**a schedule** (*un planning très chargé* **a very busy schedule**)
le play-back	**miming** (*chanter en play-back* **to mime**)
une pom-pom girl	**a cheerleader**
un pressing	**a dry cleaner's**
un pull	**a jumper, a sweater**

un recordman	**a record holder**
relax	[personne, ambiance] **easy-going, laid-back** ; [vacances] **relaxing**
un relooking	**a makeover** (*relooker quelqu'un* **to give someone a makeover**)
le roller	**rollerblading** (*faire du roller* **to go rollerblading** ; *les rollers* **rollerblades**)
un rugbyman	**a rugby player**
un self	**a self-service restaurant**
le shampooing	**shampoo**
un smoking	**a dinner jacket** (**smoking** fait toujours référence au tabac en anglais)
un snack	[restaurant] **a snack bar** (le mot anglais **snack** ne s'applique qu'à la collation)
un speaker, une speakerine	**an announcer**
speed	[adjectif] **hyper** (**speed** en anglais s'emploie uniquement comme nom. Le verbe *speeder* se traduit par **to be hyper**, ou **to be on speed** s'il s'agit d'amphétamines)
un spot publicitaire	**an advert**
standing : un appartement de standing	**a luxury flat** (**standing** en anglais fait référence à la position sociale, jamais au confort)
un string	**a G-string, a thong**
un talkie-walkie	**a walkie-talkie**
des tennis	**tennis shoes, trainers**
un tennisman, une tenniswoman	**a tennis player**
des toasts	**canapés** (**toast** signifie *pain grillé* en anglais. Ce mot est indénombrable ; voir p. 189)

Les fautes d'orthographe

Certains mots français ressemblent fortement à leur traduction anglaise. Nombreux sont les termes qui ont la même étymologie et qui présentent, par conséquent, une graphie similaire. Il faut donc se méfier de l'orthographe lorsqu'on navigue entre les deux langues car de tels mots sont souvent source d'erreurs ! Voici une liste non exhaustive de termes auxquels il faut faire particulièrement attention. Nous insistons uniquement sur les lettres susceptibles de poser problème, et non sur toutes les différences orthographiques.

ANGLAIS	FRANÇAIS
abbreviation	*abréviation*
address	*adresse*
aggressive	*agressif*
alcohol	*alcool*
apartment	*appartement*
apricot	*abricot*
baggage	*bagage*
career	*carrière*
circumstances	*circonstances*
comfortable	*confortable*
committee	*comité*
comparison	*comparaison*
correspondence	*correspondance*
cotton	*coton*
dependence	*dépendance*
dependent	*dépendant*
developed	*développé*
development	*développement*
dictionary	*dictionnaire*
dinner	*dîner*
enemy	*ennemi*
engineer	*ingénieur*
envelope	*enveloppe*
example	*exemple*
exercise	*exercice*
future	*futur*
giraffe	*girafe*
handicapped	*handicapé*
honest	*honnête*
honour	*honneur*
independence	*indépendance*
independent	*indépendant*
language	*langage*
literally	*littéralement*
literature	*littérature*
marriage	*mariage*
medicine	*médecine*
mirror	*miroir*
money	*monnaie*
negotiate	*négocier*
personal	*personnel*
pretension	*pretention*

ANGLAIS	FRANÇAIS	ANGLAIS	FRANÇAIS
professional	*professionnel*	**responsible**	*responsable*
pronounce	*prononcer*	**rhythm**	*rythme*
pronunciation	*prononciation*	**sheriff**	*shérif*
ransom	*rançon*	**tendency**	*tendance*
rapid	*rapide*	**terrace**	*terrasse*
recommend	*recommander*	**traffic**	*trafic*
responsibility	*responsabilité*		

La bonne préposition

L'une des fautes les plus courantes commises par les francophones s'exprimant en anglais consiste à calquer les structures prépositionnelles du français sur l'anglais, que ce soit avec les verbes, les adjectifs ou les noms. Il faut pourtant se garder de traduire systématiquement « de » par « of », « à » par « to », etc.

Cette section vous donnera un petit aperçu – non exhaustif – du genre d'écueils à éviter.

DE/IN

accroissement/augmentation ***de*** = **increase/rise in**

Une augmentation ***du*** *taux de chômage.*

An increase in the unemployment rate.

baisse/chute/réduction ***de*** = **drop/fall/reduction in**

Une chute ***des*** *exportations.*

A drop in exports.

couvert ***de*** = **covered in**

Ses chaussures étaient couvertes ***de*** *boue.*

His shoes were covered in mud.

habillé ***de*** = **dressed in**

Il était habillé ***d'****un smoking.*

He was dressed in a tuxedo.

DE/WITH

affligé ***de*** = **afflicted with**

Affligé ***d'****un handicap.*

Afflicted with a disability.

armé ***de*** = **armed with**

Armé ***de*** *pieux.*

Armed with spikes.

équipé ***de*** = **equipped with**

*Équipé **d'**une boussole.*
Equipped with a compass.

remplir ***de*** = **to fill with**

*Il a rempli la bouteille **d'**essence.*
He filled the bottle with petrol.

! Ne pas confondre avec:
*La bouteille est **pleine d'**essence.*

The bottle is full of petrol.

---

content/heureux/ravi ***de*** = **happy/glad/delighted with**

*Il est ravi **du** résultat.*
He's delighted with the result.

mécontent/déçu ***de*** = **unhappy/disappointed with**

*Elle est mécontente **de** la situation.*
She's unhappy with the situation.

amoureux ***de*** = **in love with**

*Il est amoureux **de** sa voisine.*
He's in love with his neighbour.

Pour parler de l'origine d'un état, on emploie généralement la préposition **with** :

*rouge **de** colère*
red with anger

*malade **de** jalousie*
green with envy

*débordant **d'**enthousiasme*
brimming with enthusiasm

*fou **de** joie*
wild with joy

*brûlant **de** fièvre*
burning with fever

DE/FROM

différent ***de*** = **different from**

*Le film est différent **du** livre.*
The film is different from the book.

souffrir ***de*** = **to suffer from**

Ils souffrent ***de*** *la faim.*

They suffer from hunger.

empêcher ***de*** = **to prevent from**

Ils m'ont empêché ***de*** *sortir.*

They prevented me from leaving the room.

DE/FOR

s'excuser ***de*** = **to apologize for**

Elle s'est excusée ***d'****être arrivée en retard.*

She apologized for arriving late.

remercier ***de*** = **to thank for**

Je l'ai remerciée ***de*** *m'avoir aidé.*

I thanked her for helping me.

responsable ***de*** = **responsible for**

Les parents sont responsables ***de*** *leurs enfants.*

Parents are responsible for their children.

la raison ***de*** = **the reason for**

Quelle est la raison ***de*** *son absence ?*

What's the reason for his absence?

la recherche ***de*** = **the search for**

La recherche ***des*** *origines de l'homme.*

The search for the origins of mankind.

DE/ON

dépendre ***de*** = **to depend on**

Ça dépend ***du*** *temps qu'il fera.*

It depends on the weather.

vivre ***de*** = **to live on**

Elle vit ***de*** *ses rentes.*

She lives on her private income.

féliciter quelqu'un ***de*** = **to congratulate someone on**

*Je l'ai félicitée **d'**avoir réussi son examen.*
I congratulated her on having passed her exam.

DE/AT

*se moquer **de*** = **to laugh at**

*Arrête de te moquer **de** ton frère !*
Stop laughing at your brother!

DE/TO

*la clé **de*** = **the key to**

*La clé **de** la cave.*
The key to the cellar.

*La clé **du** mystère.*
The key to the mystery.

À/IN

*s'intéresser **à*** = **to be interested in**

*Elle s'intéresse **à** l'astrologie.*
She's interested in astrology.

*se confier **à*** = **to confide in**

*Il ne se confie qu'**à** sa femme.*
He only confides in his wife.

*réussir **à*** = **to succeed in**

*Il a réussi **à** convaincre tout le monde.*
He succeeded in convincing everyone.

À/FROM

*emprunter **à*** = **to borrow from**

*Elle **leur** a emprunté de l'argent.*
She borrowed money from them.

Un mot emprunté ***au*** *russe.*
A word borrowed from Russian.

acheter ***à*** = **to buy from**

Je ***te*** *l'achète.*
I'll buy it from you.

! Ne pas confondre avec :
Acheter quelque chose ***à*** *quelqu'un (= pour quelqu'un)*
To buy something for someone.

DANS/FROM

boire/manger ***dans*** = **to drink/eat from**

Boire ***dans*** *un verre.*
To drink from a glass.

Manger ***dans*** *une assiette.*
To eat from a plate.

Il arrive que des structures avec préposition en français correspondent à des structures sans préposition en anglais :

s'adresser ***à*** *quelqu'un*	=	**to address someone**
demander quelque chose ***à*** *quelqu'un*	=	**to ask someone something**
obéir ***à*** *quelqu'un*	=	**to obey someone**
dire quelque chose ***à*** *quelqu'un*	=	**to tell someone something**
répondre ***à*** *quelqu'un*	=	**to answer someone**
téléphoner ***à*** *quelqu'un*	=	**to phone someone**
enseigner quelque chose ***à*** *quelqu'un*	=	**to teach someone something**
entrer ***dans*** *un lieu*	=	**to enter a place**
manquer ***de*** *quelque chose*	=	**to lack something**
résister ***à*** *quelqu'un/quelque chose*	=	**to resist someone/something**

Inversement, certains verbes qui ne nécessitent pas de préposition en français en prennent une en anglais :

approuver quelque chose (dans le sens de « être d'accord »).	=	**to approve of something**
attendre quelqu'un/quelque chose	=	**to wait for someone/something**
chercher quelqu'un/quelque chose	=	**to look for someone/something**
écouter quelqu'un/quelque chose	=	**to listen to someone/something**
regarder quelqu'un/quelque chose	=	**to look at someone/something**
payer quelque chose	=	**to pay for something**

LE MOT JUSTE

Certains mots français peuvent se traduire différemment en fonction du contexte. Il faut veiller à ne pas employer un mot pour un autre. La section suivante vous aidera à éviter certaines confusions fréquentes pour les francophones. (Voir aussi le chapitre « Mots voisins » à la page 97.)

•

anniversaire

anniversary ≠ birthday

Birthday s'emploie pour parler de l'anniversaire d'une **personne** et **anniversary** pour celui d'un **événement**.

He celebrated his 30th birthday yesterday.
Il a fêté son 30ème anniversaire hier.

The 60th anniversary of India's independence.
Le 60ème anniversaire de l'indépendance de l'Inde.

•

apprendre

to teach ≠ to learn

To teach signifie « **enseigner** » alors que **to learn** signifie « **assimiler un savoir** ».

My brother is an excellent guitarist, he's the one who taught me how to play.
Mon frère est un excellent guitariste, c'est lui qui m'a appris à jouer.

You need to learn French if you want to go and live in Quebec City.
Il faut que tu apprennes le français si tu veux aller habiter à Québec.

•

calme

calm ≠ quiet

Calm se rapporte généralement à la **maîtrise de soi** alors que **quiet** désigne un comportement ou une situation **paisible** :

He always keeps his calm.
Il garde toujours son calme.

A quiet place.
Un endroit calme.

client

customer ≠ client

Le terme **customer** s'emploie le plus souvent pour parler d'un client dans une boutique, alors que **client** s'utilise davantage dans le contexte des professions libérales (avocat, notaire, comptable etc.), du commerce de gros et de la prestation de services.

The shop has fewer and fewer customers.
Le magasin a de moins en moins de clients.

His law firm has some very prestigious clients.
Son cabinet juridique a des clients très prestigieux.

●

compréhensible

comprehensible ≠ understandable

Comprehensible signifie « **intelligible** » alors que **understandable** signifie « **concevable, qui se comprend** ».

His English is hardly comprehensible.
Son anglais est à peine compréhensible.

Their reaction is understandable.
Leur réaction est compréhensible.

●

crier

to shout ≠ to scream

To shout signifie « **parler fort** » alors que **to scream** s'emploie dans le contexte de la **douleur** ou de la **peur**.

There's no need to shout, I'm not deaf.
Inutile de crier, je ne suis pas sourd.

He screamed with pain.
Il a crié de douleur.

●

dire

to say ≠ to tell

Contrairement au verbe **to tell**, le verbe **to say** n'est jamais suivi d'un complément d'objet désignant la personne à qui l'on s'adresse.

He was too shy to say anything.
Il était trop timide pour dire quoi que ce soit.

Tell him to come back in an hour.
Dis-lui de revenir dans une heure.

●

endormi
sleeping ≠ asleep

Le mot **asleep** s'emploie **uniquement comme attribut** et jamais comme épithète.

The child is asleep.
L'enfant est endormi.

He didn't want to disturb the sleeping children.
Il ne voulait pas déranger les enfants endormis.

●

étranger
foreigner ≠ stranger

Le mot **foreigner** s'applique uniquement à une **personne venant d'un autre pays**, alors que **stranger** désigne un **inconnu**, quelqu'un d'extérieur à un groupe donné.

They've got a lot of foreigners on their team
Ils ont beaucoup d'étrangers dans leur équipe.

You mustn't talk to strangers.
Il ne faut pas parler aux étrangers.

●

féminin
feminine ≠ female

Le mot **feminine** s'emploie à propos des qualités associées aux femmes, alors que **female** s'utilise pour parler de ce qui est propre au sexe féminin.

The female workforce.
La main-d'œuvre féminine.

I don't think she's very feminine.
Je ne la trouve pas très féminine.

●

frontière
border ≠ frontier

Le mot **border** s'emploie pour parler de la **limite entre différents États**, alors que **frontier** s'emploie le plus souvent dans des **contextes figurés**.

He lives in a town near the German border.
Il vit dans une ville près de la frontière allemande.

The frontiers of knowledge.
Les frontières du savoir.

gagner

to win ≠ to earn

Le verbe **to win** s'emploie dans un contexte de **compétition** (ou de conflit), alors que **to earn** s'emploie à propos d'**argent** (ou encore de la confiance et du respect).

They won the war.
Ils ont gagné la guerre.

She earns a lot of money.
Elle gagne beaucoup d'argent.

●

maison

house ≠ home

On emploie **house** pour parler d'un **édifice**, alors que **home** s'emploie pour parler du **foyer**.

They're building new houses.
Ils construisent de nouvelles maisons.

He likes staying at home on weekends.
Il aime rester à la maison le week-end.

●

mariage

marriage ≠ wedding

Marriage s'emploie pour parler du mariage en tant qu'**institution** ou **état**, alors que le terme **wedding** s'emploie uniquement à propos de la **cérémonie**.

She is against marriage.
Elle est contre le mariage.

They invited me to their wedding.
Ils m'ont invité à leur mariage.

●

particulier

particular ≠ peculiar

Particular signifie **spécifique** alors que **peculiar** signifie **bizarre**.

Do you want to eat anything in particular?
Est-ce que tu veux manger quelque chose en particulier ?

They have peculiar tastes.
Ils ont des goûts particuliers.

●

rappeler

to remember ≠ to remind

To remember something signifie **se rappeler quelque chose**, alors que **to remind somebody of something** signifie **rappeler quelque chose à quelqu'un**.

Do you remember my brother?
Tu te rappelles mon frère ?

This reminds me of a story I heard.
Ça me rappelle une histoire que j'ai entendue.

●

remarquer
to remark ≠ to notice

To remark signifie **faire remarquer** alors que **to notice** signifie **s'apercevoir** de quelque chose.

"The days are getting longer," she remarked.
« Les jours rallongent », fit-elle remarquer.

He noticed that there was a book missing.
Il remarqua qu'il manquait un livre.

●

sol
floor ≠ ground

Floor désigne toujours le sol à l'**intérieur** d'un bâtiment alors que **ground** s'utilise le plus souvent pour l'**extérieur**.

A product for cleaning floors.
Un produit pour nettoyer les sols.

There were dead leaves on the ground.
Il y avait des feuilles mortes sur le sol.

●

souvenir
souvenir ≠ memory

Le mot **souvenir** désigne uniquement un **objet**, alors que le terme **memory** désigne un épisode de son passé **dont on se souvient**.

His parents run a souvenir shop.
Ses parents tiennent une boutique de souvenirs.

I have very nice memories of that time.
Je garde de très bons souvenirs de cette époque.

vivant

alive ≠ living

Alive signifie **en vie** et s'emploie uniquement comme attribut, alors que **living** signifie **doué de vie** et s'utilise comme épithète.

I'm sure he's still alive.
Je suis sûr qu'il est toujours vivant.

They found traces of living organisms.
Ils ont trouvé des traces d'organismes vivants.

●

voler

to steal ≠ to rob

To steal signifie **dérober** (quelque chose) alors que **to rob** signifie **dévaliser** (quelqu'un, un lieu).

Somebody stole my wallet.
On m'a volé mon portefeuille.

Gangs of pickpockets rob tourists in the underground.
Des groupes de pickpockets volent les touristes dans le métro.

Un problème de nombre

On ne peut pas parler des problèmes auxquels se trouvent confrontés les francophones désireux de s'exprimer en anglais sans aborder la question des noms qui posent un problème particulier de nombre, qu'il s'agisse des « indénombrables » (ces mots qui ne s'emploient jamais au pluriel) ou des noms qui, au contraire, ne s'emploient qu'au pluriel, sans oublier les noms qui ressemblent à des pluriels mais qui n'en sont pas.

Commençons par quelques exemples d'indénombrables parmi les plus courants.

furniture = ***des meubles***
a piece of furniture ***un*** *meuble*

Have they left any furniture in the flat?
*Est-ce qu'ils ont laissé **des meubles** dans l'appartement ?*

There's some furniture left in the office.
*Il reste **quelques meubles** dans le bureau.*

This armchair is a magnificent piece of furniture.
*Ce fauteuil est **un meuble** magnifique.*

•

advice = ***des conseils***
a piece of advice ***un*** *conseil*

He gave my daughter some very useful advice.
*Il a donné **des conseils** très utiles à ma fille.*

I'm going to give you a good piece of advice.
*Je vais te donner **un** bon **conseil**.*

•

luggage = ***des bagages***
a piece of luggage ***un*** *bagage*

She had a lot of luggage.
*Elle avait **beaucoup de bagages**.*

You're only allowed one piece of hand luggage on board.
*Tu n'as le droit d'emporter qu'**un** seul **bagage à main** à bord.*

hair = ***des cheveux***
a hair ***un*** *cheveu*

She's got beautiful red hair.
*Elle a **des cheveux** roux magnifiques.*

His hair is curly.
*Il a **les cheveux** bouclés.*

There was a hair in his soup.
*Il y avait **un cheveu** dans sa soupe.*

There were hairs in the shower.
*Il y avait **des cheveux** dans la douche.*

Comme vous pouvez le constater d'après les exemples ci-dessus, le mot **hair** signifie à la fois « chevelure » et « cheveu. » On ne l'emploie jamais au pluriel pour parler de la chevelure : **I need to wash my hair** (et non « my hairs »).

●

information = ***des informations, des renseignements***
a piece of information ***une*** *information,* ***un*** *renseignement*

We'll send you all the information you need.
*Nous vous enverrons toutes **les informations** dont vous avez besoin.*

This is a piece of information that nobody bothered passing on to me.
*C'est **une information** que personne n'a pris la peine de me communiquer.*

●

news = ***des nouvelles***
a piece of news ***une*** *information,* ***une*** *nouvelle*

She had a baby? That's great news!
*Elle a eu un enfant ? C'est **une** excellente **nouvelle** !*

He's the one who presents the news on TV.
*C'est lui qui présente **les informations** à la télévision.*

This is a piece of news that was widely reported in the media.
*C'est **une nouvelle** qui a été largement diffusée par les médias.*

●

À l'inverse, il existe des noms qui, contrairement au français, ne s'emploient qu'au pluriel.

C'est le cas notamment des mots **trousers**, **shorts**, **pyjamas**, **knickers** (ainsi que de tous les autres termes désignant un bas de vêtement).

*Où **est** mon pantalon ?*	**Where are my trousers?**
*Je me suis acheté **trois** pantalons.*	**I bought three pairs of trousers.**
*Il portait **un short**/**un pyjama**.*	**He was wearing shorts/pyjamas.**
*Son short/son pyjama **est** rouge.*	**His shorts/his pyjamas are red.**
*J'ai emporté **deux pyjamas**.*	**I packed two pairs of pyjamas.**

! Les mots **people** et **police** n'en ont pas l'air, mais ce sont des pluriels :

*La police **arrive**.*
The police are on their way.

*Il y avait combien de **personnes** ?*
How many people were there?

Attention également aux mots qui se terminent en -**ics** qui ont l'air de pluriels mais qui n'en sont pas : **economics**, **politics**, **physics**, **mathematics**, etc.

L'économie n'est pas véritablement une science.
Economics isn't really a science.

La physique est mon sujet préféré.
Physics is my favourite subject.

LES PIÈGES GRAMMATICAUX

Cette section de notre ouvrage n'est pas une « grammaire » au sens classique du terme. Il s'agit plutôt d'une série d'explications et d'éclaircissements sur des difficultés ponctuelles que rencontrent les francophones qui apprennent l'anglais.

Chaque texte aborde un thème de façon concise et méthodique en présentant des exemples d'usage et en signalant les principaux pièges à l'utilisateur. Chaque texte se termine sur une section « activités » qui permet au lecteur de tester ses connaissances.

Tableau des thèmes abordés

Traduction de l'article défini

L'emploi de l'article indéfini est sensiblement différent en français et en anglais, autrement dit le fait que l'on utilise *le*, *la* ou *les* en français ne signifie pas forcément que l'on emploiera **the** en anglais.

- D'une manière générale l'article défini français **ne se traduit pas** en anglais lorsqu'on parle d'un **concept**, d'une **notion abstraite**, d'un **ensemble**, d'une **catégorie**... tout ce qui est du **domaine du général** et non du particulier :

__Le thé__ est une boisson saine. — **Tea is a healthy drink.**

Et non pas « the tea is a healthy drink ».

__Les enfants__ ont besoin de beaucoup de sommeil. — **Children need lots of sleep.**

Et non pas « the children need lots of sleep ».

Elle a trouvé __le bonheur__. — **She found happiness.**

Et non pas « she found the happiness ».

__La vie__ est trop courte. — **Life is too short.**

Et non pas « the life is too short ».

__Le rouge__ est ma couleur préférée. — **Red is my favourite colour.**

Et non pas « the red is my favourite colour ».

La formation __des étoiles__. — **The formation of stars.**

Et non pas « the formation of the stars ».

Dans tous les exemples ci-dessus, **the** n'apparaît nulle part car on parle de catégories très générales ou de concepts : les enfants, le bonheur, la vie etc.

- Par contre, si l'on veut parler d'un **cas particulier**, il faudra employer l'article défini **the** ; comparez avec les exemples ci-dessus :

__Le thé__ que je viens de boire était excellent. — **The tea I've just had was excellent.**

On emploie **the** car on ne parle pas du thé en général mais de celui que l'on vient de boire.

__Les enfants__ sont déjà au lit. — **The children are already in bed.**

On emploie **the** car on ne parle pas des enfants en général mais d'enfants en particulier.

*Je n'oublierai jamais **le bonheur** qu'elle m'a donné.*	**I'll never forget the happiness she brought me.**

On emploie **the** car il ne s'agit pas du concept de bonheur en général.

***La vie** des mineurs était dure.*	**The life of a miner was hard.**

On emploie **the** car il s'agit de la vie de personnes en particulier.

***Le rouge** de sa cravate ne va pas avec sa veste.*	**The red of his tie clashes with his jacket.**

On emploie **the** car il ne s'agit pas de la couleur rouge en général.

*Est-ce que tu vois **les étoiles** ?*	**Can you see the stars?**

On emploie **the** car il s'agit spécifiquement des étoiles visibles au moment où l'on parle.

- Autres cas où l'on ne traduit pas l'article défini :
  Devant les noms de **continents**, de **pays**, d'**États** (sauf s'ils sont au pluriel), de **lacs**, de **montagnes**, de **rues** :

Africa	*l'Afrique*	**Mount Everest**	*l'Everest*
Lake Michigan	*le lac Michigan*	**Texas**	*le Texas*
		Fifth Avenue	*la cinquième avenue*
France	*la France*		

Cependant on peut utiliser l'article défini si l'on veut parler d'un aspect en particulier :

The France of his childhood was very different ; she's going back to the Texas she loves.

Autres exceptions : les noms de pays au pluriel comme **the United States**, **the United Arab Emirates**, la structure **the Republic of...** et les régions et entités géographiques du type **the Arctic**, **the Atlantic**, **the Canary Islands**, **the Pyrenees**, **the Great Barrier Reef**, etc.

Devant le nom des **jours de la semaine** :

***Le samedi** je fais des courses.*	**On Saturdays I go shopping.**

Et non pas « the Saturday I go shopping ».
On notera que le jour de la semaine se met au pluriel en anglais lorque l'on parle d'une habitude.

Devant les **titres suivis d'un nom propre** :

***le docteur** Andrews*	**Doctor Andrews**

Et non pas « the Doctor Andrews ».

***le roi** Arthur* — **King Arthur**

Et non pas « the King Arthur ».

Devant les noms de **repas** :

*Qu'est-ce que tu veux pour **le petit déjeuner/le déjeuner/le dîner** ?* — **What do you want for breakfast/ lunch/dinner?**

Et non pas « for the breakfast/the lunch/the dinner? ».

Devant les noms de **langue** et de **disciplines** :

***Le chinois** est une langue difficile.* — **Chinese is a difficult language.**

Et non pas « the Chinese is a difficult language ».

*Il étudie **la médecine**.* — **He studies medicine.**

Et non pas « he studies the medicine ».

Devant les noms **church**, **mass**, **hospital**, **school** et **university** :

*Il va **à l'église** tous les dimanches.* — **He goes to church every Sunday.**

Et non pas « to the church ».

*Elle est **à l'hôpital**.* — **She's in hospital.**

Et non pas « in the hospital ».

Voici quelques constructions figées qui ne prennent jamais l'article **the** : **at/ to/from school** ; **in/to/out of hospital** ; **at/to/from work** ; **in/to/out of bed** ; **in/to/out of prison** ; **at/to university** ; **in/to/out of town**.

Cependant on emploiera **the** devant le nom lorsqu'on fait référence à un lieu précis, par exemple : **he works at the university where he studied/the hospital near the lake/the prison they've just built.**

! Des mots comme : **cinema**, **theatre**, **beach**, **park**, **library**, **swimming pool** etc. et les noms de commerces (**hairdresser's**, **butcher's**, **pub**...) admettent l'article **the** même lorsqu'ils ne sont pas définis :

I'm going to the beach.
*Je vais **à la plage**.*

See you in the pub!
*On se voit **au pub** !*

Rappel : **the** se prononce avec le son /**i**/ lorsqu'on veut insister sur le caractère unique ou particulier de ce qui suit : **it's THE best restaurant in the city**.

Activités 1 (réponses p. 243)

A. Complétez les phrases suivantes avec the ou Ø (absence d'article) :

a I hate ______ Mondays. **b** I'm going to ______ Poland. **c** Can you open ______ door for me? **d** ______ Browns came round for dinner last night. **e** He's going to ______ university next year.

B. Traduisez les phrases suivantes en anglais :

a Le sport que j'aime le mieux est le basket. **b** Tu aimes les champignons ? **c** Le rouge et le vert ne vont pas ensemble. **d** Le Docteur Saville est ici.

a ou an ?

A et sa variante **an** sont les articles indéfinis anglais équivalents à *un* et *une*. On les utilise quand on parle d'une chose indéterminée. L'emploi de **a** ou **an** n'est pas régi par l'orthographe des mots mais par la façon dont on les prononce.

- on utilise **a** devant un mot qui débute par un son de consonne. Cela concerne aussi le cas du *h* aspiré de nombreux mots commençant par **h-**, et les sons /**w**/ et /**y**/ :

a car	*une voiture*	**a one-way street**	*une rue à sens unique*
a European	*un Européen*	**a wall**	*un mur*
a hotel	*un hôtel*	**a youth**	*un jeune*

- on utilise **an** devant un mot qui débute par un son de voyelle :

an armchair	*un fauteuil*	**an earring**	*une boucle d'oreille*
an heir	*un héritier*	**an MP**	*un député*

A se prononce en général comme le *e* de **butter**, mais si l'on souhaite insister on le prononce comme la diphtongue [eï], comme dans l'exemple suivant : **I said I'm meeting a girlfriend, not my girlfriend.** *J'ai dit que j'avais rendez-vous avec* **une** *amie, pas avec ma petite amie.*

Quelques emplois particuliers de a/an

- devant les noms de **métiers** :

He's an architect. *Il est architecte.*

Et non pas : « he is architect ».

She works as a designer. *Elle travaille comme styliste.*

Et non pas : « she works as designer ».

Jade wants to be an interpreter. *Jade veut être interprète.*

Et non pas : « Jade wants to be interpreter ».

- pour indiquer le **prix**, la **fréquence** ou la **vitesse** :

  It's £3 a kilo.
  C'est 3 livres le kilo.

  I was driving at 20 miles an hour.
  Je roulais à 20 miles à l'heure.

  Take one tablet three times a day.
  Prenez un comprimé trois fois par jour.

- en **apposition**, entre deux virgules :

  Jamie, a quiet boy, prefers reading to football. *Jamie, garçon tranquille, préfère la lecture au football.*

  Et non pas : « Jamie, quiet boy, prefers (...) ».

- dans les **négations** :

  I haven't got a pen. *Je n'ai pas de crayon.*

- dans les phrases exclamatives après **what** et **such** :

  What a lovely day! *Quelle belle journée !*

  Et non pas : « what lovely day! ».

  It's such a shame! *C'est bien dommage !*

! Attention à l'ordre de mots avec l'expression **and a half** *(et demie)* :

three and a half hours
trois heures et demie

Et non pas : « three hours and a half »

two and a half litres
deux litres et demi

Et non pas : « two litres and a half »

Activités 2 (réponses p. 243)

A. Dans les phrases suivantes, ajoutez l'article a ou an :

a I need ______ new mobile phone. **b** He's driving at 100 miles ______ hour! **c** I need to do ______ U-turn *(demi-tour)*. **d** Can you look for ______ hotel? **e** What ______ exciting story!

B. Traduisez les phrases suivantes en anglais :

a Est-ce que tu as un livre pour moi ? **b** Je veux être journaliste. **c** M. Jones, député (**MP**), a visité l'école hier. **d** Quel film ennuyeux (**boring**) ! **e** Une livre cinquante le kilo ?

Formation du pluriel des noms

Dans l'ensemble, la formation du pluriel des noms anglais ne pose pas de problèmes aux francophones puisque dans l'immense majorité des cas il sufit d'ajouter un *s* à la fin du mot pour former son pluriel.

Il existe cependant quelques exceptions que nous aborderons dans cette rubrique.

Règles générales et particulières

- En règle générale, on forme le pluriel des noms en leur ajoutant un **-s** final :

  a bath – some baths **a flower – some flowers** **an idea – some ideas**

Info prononciation

La prononciation du *s* du pluriel varie selon les lettres qui le précèdent : on pourra donc avoir /**z**/, /**s**/ ou /**iz**/.

- les noms se terminant en **consonne + y**
  Le **-y** se transforme en **-ies** :

  a country – some countries **a philosophy – some philosophies**
  twenty – the twenties **a fly – some flies**

! Pour les noms se terminant en **voyelle + y**, le **y** reste tel quel et le pluriel est seulement indiqué par la présence du **-s** final :

a boy – some boys **a guy – some guys** **a day – some days**

- le pluriel des noms se terminant en **-s**/**-x**/**-sh**/**-ch** et, le cas échéant, en **-z**, se forme en ajoutant **-es** :

  a bus – some buses **a fox – some foxes**
  a bush – some bushes **an arch – some arches**
  a fez – some fezes

Pour former le pluriel des mots d'origine latine ou grecque se terminant en **-ex** ou **-ix** on peut soit ajouter **-es** à la fin ou bien remplacer **-ex/-ix** par **-ices** : comme suit :

an appendix – some appendixes/appendices
an index – some indexes/indices

- Les noms suivants se terminant en **-f/-fe** ont un pluriel en **-ves** :

  a calf – some calves **an elf – some elves**

a half – some halves
a leaf – some leaves
a loaf – some loaves
a thief – some thieves
a wolf – some wolves
a knife – some knives
a life – some lives
a shelf – some shelves
a wife – some wives

Certains mots admettent un pluriel en **-s** ou en **-ves**, c'est le cas de :

a dwarf – some dwarfs/dwarves
a roof – some roofs/rooves
a hoof – some hoofs/hooves
a scarf – some scarfs/scarves

- Les mots se terminant en **-o** suivent la règle générale (ajout d'un **-s** final) si une voyelle précède le **-o** :

  a studio – some studios
  a zoo – some zoos
  a video – some videos

  si ce sont des abréviations :

  a kilo – some kilos
  a photo – some photos
  a demo – some demos

  si ce sont des mots d'origine étrangère :

  a concerto – some concertos
  a soprano – some sopranos

- Dans tous les autres cas il faudra leur ajouter **-es** au pluriel :

  an echo – some echoes
  a potato – some potatoes
  a hero – some heroes
  a tomato – some tomatoes

Certains mots se terminant en **-o** admettent indifféremment un pluriel en **-s** ou en **-es** :

a buffalo – some buffalos/buffaloes
a cargo – some cargos/cargoes
a flamingo – some flamingos/flamingoes
a mosquito – some mosquitos/mosquitoes
a motto – some mottos/mottoes *(une devise)*
a tornado – some tornados/tornadoes
a volcano – some volcanos/volcanoes
a zero – some zeros/zeroes

Pluriel des noms propres

Les noms propres prennent généralement la marque du pluriel, notamment si l'on se réfère à une famille :

The Browns are coming for dinner today.
Les Brown viennent dîner à la maison aujourd'hui.

The Joneses have bought a new car.
Les Jones ont acheté une nouvelle voiture.

- Pluriels irréguliers

Cependant, le pluriel de certains mots n'a rien à voir avec les pluriels évoqués jusqu'ici. Par exemple :

child au pluriel devient **children** *(enfants)*

penny devient **pence** (monnaie du Royaume-Uni)

Le tableau ci-dessous récapitule les pluriels irréguliers les plus courants :

Singulier	Pluriel avec changement de voyelle
a foot	**some feet**
a goose	**some geese**
a louse *(un pou)*	**some lice**
a man	**some men**
a mouse	**some mice**
a tooth	**some teeth**
a woman	**some women**

Mots d'origine grecque et latine

Singulier en -um ou -on	Pluriel en -a
a bacterium	**some bacteria**
a criterion	**some criteria**
a phenomenon	**some phenomena**
Singulier en -is	**Pluriel en -es**
a basis	**some bases**
a crisis	**some crises**
a hypothesis	**some hypotheses**
a parenthesis	**some parentheses**

Info prononciation

Il y a une différence de prononciation entre le singulier **-is** et le pluriel **-es**. Par exemple, **analysis** se termine sur le son /**ès**/ alors qu'**analyses** se termine sur le son /**iz**/.

▪ Les noms invariables

Un certain nombre de mots ont toujours la même orthographe qu'ils soient au singulier ou au pluriel.

Forme sans -**s** :

an/some aircraft *(avion(s))*

a/some spacecraft *(engin(s) spatial(aux))*

a/some hovercraft *(aéroglisseur(s))*

Exemple :

We saw a few aircraft.
Nous avons vu quelques avions.

Mots invariables se terminant en -**s** :

a/some barracks *(caserne(s))*

a/some crossroads

a/some headquarters *(quartier(s) général(aux))*

a/some series

a/some species *(espèce(s))*

a/some means *(moyen(s))*

Exemples :

Art is a means of communication.
L'art est un moyen de communication.

Our new headquarters is based in Greenwich.
Notre nouveau quartier général est basé à Greenwich.

Noms d'animaux :

a/some cod *(morue(s))*

a/some deer *(cerf(s))*

a/some fish

a/some hake *(colin(s))*

a/some herring *(hareng(s))*

a/some mackerel *(maquereau(x))*

a/some pike *(brochet(s))*

a/some salmon

a/some sheep

a/some trout

Exemples :

He caught several mackerel.
Il a attrapé plusieurs maquereaux.

We saw two young deer.
Nous avons vu deux jeunes cerfs.

Activités 3 (réponses p. 243)

A. Complétez les phrases suivantes en mettant le nom entre parenthèses au pluriel :

a Put the date in ______ . (**parenthesis**) **b** It took us two ______ to cross France. (**day**) **c** Two jazz ______ are playing on the South Bank tonight. (**trio**) **d** The footballers' ______ spent all their time shopping. (**wife**) **e** Three of their ______ were eaten by ______. (**sheep** ; **wolf**)

B. Traduisez les phrases suivantes en anglais :

a Ils sont cachés dans les buissons. **b** Les elfes et les fées vivent dans les forêts. **c** Les truites sont beaucoup plus grandes que les maquereaux. **d** Les frites sont faites avec des pommes de terre. **e** Mes pieds me font mal.

Ordre des adjectifs

Comme chacun sait, contrairement au français, en anglais les adjectifs qualificatifs épithètes se placent toujours devant le nom qu'ils qualifient :

*une voiture **bleue*** a **blue** car

Mais, dès que l'on emploie plus d'un adjectif pour qualifier un nom, la question de l'ordre de ces adjectifs se pose, car le fait est qu'il n'est pas aléatoire. Si l'on veut parler d'une grosse voiture bleue, dira-t-on **a blue big car** ou **a big blue car** ?

Et les choses se compliquent encore davantage si on veut parler *d'une grosse voiture bleue moderne et de marque japonaise.*

Comment dira-t-on ?

Il faut savoir qu'en général, l'ordre des adjectifs qualificatifs est le suivant (en allant du plus éloigné au plus proche du nom) :

1. Adjectifs exprimant **une opinion subjective**

   Exemples : **great**, **sad**, **exciting**, **wonderful**, **interesting**, etc.

2. Adjectifs exprimant **la taille**

   Exemples : **big**, **small**, **large**, **huge**, **short**, **long**, etc.

3. Adjectifs exprimant **l'âge**

   Exemples : **old**, **young**, **new**, **modern**, **ancient**, etc.

4. Adjectifs exprimant **la forme**

   Exemples : **round**, **square**, **crooked**, etc.

5. Adjectifs exprimant **la couleur**

   Exemples : **black**, **silver**, **dark**, **light**, **bright**, etc.

6. Adjectifs exprimant **l'origine**

   Exemples : **English**, **French**, etc.

7. Adjectifs exprimant **la matière**

Exemples : **wooden**, **woollen**, **stone**, **plastic**, **glass**, etc.

Réponse :

Une grosse voiture bleue moderne et de marque japonaise.

A big modern blue Japanese car.

Il arrive que l'adjectif qualificatif se place après le nom lorsqu'il y a ellipse.

En effet, si l'on veut traduire une phrase comme *j'aime boire mon café chaud*, on dira **I like to drink my coffee hot**. Ici, l'adjectif se place après le nom car la phrase signifie en fait *j'aime boire mon café (quand il est) chaud* et la même ellipse existe en anglais : **I like to drink my coffee (when it's) hot**, d'où la position de l'adjectif dans ce genre de cas.

À ne pas confondre avec *j'aime le café chaud*, qui se traduira tout simplement par **I like hot coffee**.

On remarquera qu'en ce qui concerne les chiffres, contrairement au français l'adjectif ordinal (**first**, **second**, etc.) se place devant l'adjectif cardinal (**one**, **two**, **three**...). C'est également le cas de **last**, **next** et **other**.

It rained for the first two days.
*Il a plu les **deux premiers** jours.*

On ne dira donc jamais « it rained for the two first days ».

I've travelled a lot in the last two months.
*J'ai beaucoup voyagé ces **deux derniers** mois*

On ne dira donc jamais « I travelled a lot in the two last months ».

Activités 4 (réponses p. 243)

A. Complétez les phrases en plaçant les adjectifs entre parenthèses au bon endroit :

a I fell asleep watching this film last night. (Italian, black and white, boring) **b** He gave her a beautiful ring for their wedding anniversary. (gold) **c** His two books have been made into films. (last)

B. Traduisez les phrases suivantes en anglais :

a J'aime les beaux tapis en laine. (**woollen**) **b** Nous avons un vieux canapé marron en cuir. **c** C'est un grand jardin carré. **d** J'aime mon steak saignant. (**rare**)

Adjectifs substantivés

Tout comme en français, il est possible en anglais de transformer certains adjectifs pour en faire des noms; ces adjectifs qui font office de noms s'appellent des **adjectifs substantivés**.

- Mais, contrairement au français, l'anglais ne peut créer d'adjectifs substantivés qu'au pluriel, pour parler de catégories générales. En outre, ces adjectifs substantivés conservent l'une des caractéristiques des adjectifs, à savoir leur caractère invariable :

  *Le gouvernement devrait imposer **les riches** et aider **les pauvres**.*
  The government should tax the rich and help the poor.

  *Ils ont enterré **les morts** immédiatement.*
  They buried the dead immediately.

  ***Les jeunes** sont désavantagés sur le marché du travail.*
  The young are at a disadvantage on the job market.

- Lorsque l'adjectif substantivé pluriel français est précédé d'un adjectif numéral, ou bien quand il désigne quelque chose de bien spécifique, il faut traduire en employant le nom ou pronom correspondant en anglais :

  *Il y avait 300 **morts** sur le champ de bataille.*
  There were 300 dead men on the battlefield.

  *Je voudrais des pommes ; donnez-m'en quatre **vertes** et trois **rouges**, s'il vous plaît.*
  I'd like some apples; could I have four green ones and three red ones please?

  *Il me faut des huîtres. Vous me recommandez **les petites** ou **les grosses** ?*
  I need some oysters. Would you recommend the small ones or the big ones?

- En anglais on ne peut jamais employer d'adjectif substantivé au singulier ou pour parler de notions abstraites:

  *J'aime bien ces deux voitures mais je préfère **la petite**.*
  I like both cars but I prefer the small one.

  *L'**important** c'est de participer.*
  The important thing is to participate.

  ***Le principal** c'est d'arriver à l'heure.*
  The main thing is to be there on time.

  ***L'ennuyeux** c'est qu'il ne sera pas là pour raconter sa version des événements.*
  The annoying thing is that he won't be there to tell his side of the story.

Activités 5 (réponses p. 244)

A. Traduisez les phrases suivantes en français :

a The young have a lot to learn from the old. **b** He goes to a special school for the deaf. **c** She devoted her life to helping the sick. **d** The injured have been airlifted to hospital by helicopter.

B. Traduisez les phrases suivantes en anglais :

a Prends le sac rouge et donne-moi le noir. **b** C'est une association qui collecte des fonds pour les aveugles. **c** Quelles assiettes préfères-tu, les grandes ou les petites ? **d** Quatre jeunes habitent dans la maison d'à côté. **e** Il a fait de son mieux, c'est l'essentiel.

Adjectifs en -ed et en -ing

La confusion entre les adjectifs se terminant en **-ed** et en **-ing** est une faute assez courante parmi les francophones qui apprennent l'anglais.

Il s'agit pourtant d'une faute facile à éviter si l'on pense à l'équivalent français.

Consultez le tableau suivant et examinez les différences d'usage entre les deux formes :

The film was very interesting.
*Le film était très **intéressant**.*

He didn't seem interested by my offer.
*Il n'avait pas l'air **intéressé** par ma proposition.*

Her boyfriend is nice but he's very boring.
*Son petit ami est gentil mais il est très **ennuyeux**.*

I'm yawning because I'm bored.
Je bâille parce que je m'ennuie.

Nothing exciting ever happens around here.
*Il ne se passe jamais rien de bien **excitant** ici.*

The children were excited at the prospect of going to the seaside.
*Les enfants étaient tout **excités** à l'idée d'aller au bord de la mer.*

Comme vous pouvez le constater dans les exemples ci-dessus, les adjectifs en **-ing** ont un sens actif et correspondent souvent à des adjectifs français en *-ant* : **interesting** *intéressant*, **exciting** *excitant*.

En revanche, les adjectifs en **-ed** on un sens passif et correspondent souvent à des adjectifs français en *-é* : **interested** *intéressé*, **excited** *excité*.

Activités 6 (réponses p. 244)

A. Complétez les mots suivants avec le suffixe -ed ou -ing :

a We went on a very interest___trip to Egypt. **b** The film was really bor___. **c** I was pretty annoy___ after our conversation. **d** My sister's husband is the most annoy___ person I've ever met. **e** The letter she wrote left him very inspir___.

B. Traduisez les phrases suivantes en anglais :

a Regarder la télé n'est pas très stimulant. **b** Cette pizza a l'air dégoûtante ! **c** J'étais émue. (**to move**) **d** Les résultats sont choquants. **e** Tout le monde s'intéressait à la nouvelle.

Pronoms personnels et tournures à éviter

Les pronoms personnels regroupent les pronoms personnels sujets (**I**, **you**, **he**, etc.) et les pronoms personnels compléments (**me**, **you**, **him**, etc.).

Il existe des différences entre l'emploi des pronoms personnels en français et en anglais.

Les tournures à éviter en anglais

- *C'est lui qui..., c'est toi qui...* ne sont pas des formules répandues en anglais. Utilisez simplement le pronom sujet en insistant dessus à l'oral, et le cas échéant, en le soulignant à l'écrit :

***C'est lui qui a** tout gâché, pas moi.*	**HE spoilt it, not me.** ou **He's the one who spoilt it, not me.**
***C'est moi qui** l'ai fait !*	**I made it!** ou **I'm the one who made it!**
*Je ne sais pas, **c'est toi qui** décides.*	**I don't know, YOU decide.**

Pour dire *c'est à moi/toi/lui de + verbe*, on peut employer la tournure **it's up to me/you/him to + verbe**.

***C'est à elle** de décider.*
It's up to her to decide.

- *Moi, je...* n'existe pas en anglais : on ne répète jamais le sujet. L'utilisation du pronom sujet est encore une fois suffisante, et pour marquer l'insistance il suffit d'appuyer dessus à l'oral.

***Moi, je** trouve que c'est une perte de temps.*	**I think it's a waste of time.**
***Ils** partent au ski tous les ans, **eux**.*	**THEY go skiing every year.**

Et non pas « they go skiing every year, them ».

***Elle** est vraiment douée, **elle**.* — **SHE is really talented.**

Et non pas « she is really talented, her ».

- Lorsqu'on veut énumérer les sujets, on doit le faire avec des pronoms personnels sujets et non compléments comme on le ferait en français :

  ***Son père et lui** sont tous les deux chauves.* — **He and his father are both bald.**

  ***Fatima et moi** sommes allées au théâtre hier soir.* — **Fatima and I went to the theatre last night.**

  Et non pas « Fatima and me went to the theatre last night ».

! Toutefois, dans le langage familier on entend souvent la tournure **me and...** (ou **him/her/**etc. **and...**) : **me and Fatima** went to the theatre last night ; **him and his friends** all play football.

La traduction serait la même pour la phrase « avec Fatima on est allés au théâtre hier soir » car on ne dirait jamais « with Fatima we went to the theatre last night ».

- Dans une énumération avec le pronom **I**, l'ordre sera toujours : nom – pronom. Dans le cas des autres pronoms, l'ordre sera : pronom – nom :

  *Ma mère et **moi** partons en vacances ensemble.* — **My mother and I are going on holiday.**

! Les structures « my mother and me are going on holiday » et « I and my mother are going on holiday » sont toutes les deux incorrectes.

***Lui** et son amie Claire vont acheter une maison ensemble.* — **He and his girlfriend Claire are buying a house together.**

! Les structures « him and his girlfriend Claire are buying a house together » et « his girlfriend Claire and he are buying a house together » sont toutes les deux incorrectes.

Activités 7 (réponses p. 244)

A. Complétez les phrases avec un pronom sujet ou complément :

a Jane and ______ are getting married. **b** ______ and his friend drove her to the airport. **c** It's up to ______ to decide if they want to sell.

B. Traduisez les phrases suivantes en anglais :

a Avec mon frère on a peint la maison. **b** C'est elle qui lui a dit la vérité. **c** Moi, je trouve que c'est une bonne idée. **d** Anthony et moi partons en vacances. **e** Nous sommes plus riches qu'eux.

Quelques précisions sur les phrases interrogatives

En anglais il faut faire l'inversion entre le verbe (ou l'auxiliaire) et le sujet dans les questions, et ce même à l'oral.

En effet, contrairement au français, il est très rare de poser une question en gardant la structure affirmative et en adoptant une intonation interrogative. Il est donc préférable de ne pas traduire littéralement du français car on pourrait vous croire agressif ou grossier.

Tu prends *ta voiture ce soir ?*	**Are you taking your car tonight?**

Et non pas « you're taking your car tonight? ».

Tu seras *à la maison quand je reviendrai ?*	**Will you be home when I come back?**

Et non pas « you'll be home when I come back? ».

Cependant il est tout de même possible de transformer une affirmation en question en employant un question tag, même si ce genre de question appelle davantage une confirmation de la part de la personne à qui l'on s'adresse qu'une réponse par oui ou non :

You spent a lovely day in the park, didn't you?	*Tu as passé une bonne journée au parc, n'est-ce pas ?*

Et non pas « you spent a lovely day in the park? ».

This film hasn't come out yet, has it?	*Le film n'est pas encore sorti, n'est-ce pas ?*

Et non pas « the film hasn't come out yet? ».

L'anglais ne fait pas d'inversion verbe/sujet dans les propositions subordonnées à la forme affirmative :

Je me demande ***où sont les garçons****.*	**I wonder where the boys are.**

Et non pas « I wonder where are the boys ».

La maison ***où est née ma mère*** *a été démolie.*	**The house where my mother was born has been demolished**.

Et non pas « the house where was born my mother has been demolished ».

Activités 8 (réponses p. 244)

Traduisez les phrases suivantes en anglais :

a Tu viens avec nous ce soir ? **b** Il n'est toujours pas revenu ? **c** Sa mère est italienne, c'est bien ça ? **d** Je ne sais pas où sont mes lunettes. **e** C'est le lycée où a étudié mon père.

« Question tags »

Les question tags sont généralement l'équivalent de nos *hein ?*, *n'est-ce pas ?*, *c'est bien ça ?*, *non ?* utilisés en fin de phrase pour obtenir une confirmation, ou encore de façon rhétorique. Si la phrase principale est à la forme affirmative, le question tag est à la forme négative et vice versa.

*Il arrive demain, **c'est bien ça** ?*	**He's arriving tomorrow, isn't he?**
*Tu viendras avec nous, **hein** ?*	**You will come with us, won't you?**
*Tu aimes bien les fraises, **non** ?*	**You like strawberries, don't you?**
*Tu ne vas pas changer d'avis maintenant, **non** ?*	**You're not going to change your mind now, are you?**
*Tu plaisantes **ou quoi** ?*	**You're joking, aren't you?**
*Je ne vais quand même pas m'excuser à sa place, **non** ?*	**I'm not going to apologize on his behalf, am I?**

La traduction des question tags dépend généralement du contexte. Il faut éviter de traduire systématiquement par n'est-ce pas ?.

You've already seen that film, haven't you?
*Il me semble que tu as déjà vu ce film, **non** ?*

You haven't seen my keys, have you?
*Tu n'as pas vu mes clés, **par hasard** ?*

I was right, wasn't I?
*J'avais raison, **pas vrai** ?*

Il existe normalement des règles précises sur l'intonation des questions mais les question tags ont leurs propres règles :

1. Si le question tag est purement rhétorique, l'intonation est descendante :

He's a nice guy, isn't he?
C'est vraiment un type sympa.

2. Si le question tag sert à poser une vraie question dont on ignore la réponse, l'intonation est montante :

She doesn't know the results yet, does she?
Est-ce qu'elle connaît déjà les résultats ?

Activités 9 (réponses p. 244)

A. Complétez les phrases avec les question tags qui conviennent :

a That was a lovely meal, _______ ? **b** My mother loved her present, _______? **c** The meeting didn't go very well, _______? **d** James and Becky haven't bought a new house, _______? **e** We won't finish this work today, _______?

B. Traduisez les phrases suivantes en anglais en utilisant des question tags :

a Tout le monde a aimé le dessert, hein ? **b** Ta mère apprend l'italien, c'est bien ça ? **c** Je n'ai jamais rencontré son mari, il me semble ? **d** Tu n'as pas vu mes lunettes, par hasard ? **e** Personne n'est content du (**happy with**) résultat, on dirait ?

Infinitif ou verbe en -ing ?

Les francophones ont parfois du mal à savoir quand employer un infinitif ou une forme en **-ing** lorsqu'ils doivent traduire un infinitif qui fait office de COD.

Les quelques conseils qui suivent devraient vous permettre d'y voir plus clair.

- Si l'infinitif français exprime une action occasionnelle ou ponctuelle, alors il se traduit également par un infinitif en anglais :

*J'aimerais **aller** au cinéma cet après-midi .*	**I'd like to go to the cinema this afternoon.**

On ne dira donc jamais « I'd like going to the cinema this afternoon ».

- Si l'infinitif français fait référence à une activité régulière, alors il se traduit par une forme en **-ing**.

*Ils vont **skier** tous les ans.*	**They go skiing every year.**

On ne dira donc jamais « they go to ski every year ».

La forme en **-ing** s'emploie également après les verbes exprimant une opinion, un jugement, un sentiment :

J'adore ***aller*** *au cinéma.* — **I love going to the cinema.**

J'aime ***me lever*** *de bonne heure.* — **I enjoy getting up early.**

Il n'aime pas ***faire*** *des discours.* — **He doesn't like making speeches.**

Forme en **-ing**, toujours, après les verbes exprimant le déroulement d'une action ou la possibilité d'une action future :

Il a arrêté ***de fumer****.* — **He stopped smoking.**

Et non pas « he stopped to smoke ».

Il a continué ***de parler****.* — **He kept on talking.**

Et non pas « he kept on to talk ».

Nous ne pouvons pas faire autrement que ***de*** *les* ***inviter****.* — **We can't avoid inviting them.**

Et non pas « we can't avoid to invite them ».

Certains verbes admettent à la fois la forme en **-ing** et l'infinitif avec **to**, mais la signification de la phrase changera en fonction de l'option choisie.

He stopped to read the sign.
Il s'est arrêté ***pour lire*** *le panneau. (intention)*

He stopped reading the sign.
Il s'est arrêté ***de lire*** *le panneau. (l'action qui se déroulait est interrompue)*

She went on to talk about pollution.
Elle a ensuite parlé de la pollution.

She went on talking about pollution.
Elle a continué ***de parler*** *de la pollution.*

I tried to learn Finnish but I couldn't find a course.
J'ai essayé ***d'apprendre*** *le finnois mais je n'ai pas trouvé de cours.*

I tried learning Finnish but it was too difficult.
J'ai essayé ***d'apprendre*** *le finnois mais c'était trop difficile.*

Attention à l'expression suivante, qui prend le gérondif et non l'infinitif :

I'm looking forward to seeing you!
J'ai hâte ***de*** *te* ***voir*** *!*

Activités 10 (réponses p. 245)

A. Complétez les phrases suivantes avec l'infinitif ou la forme en –ing du verbe entre parenthèses :

a He stopped ______ (to work) after 50 years with the company. **b** Peter guessed without us ______ (to say) anything. **c** I'd like ______ (to spend) the day in bed. **d** I'm not very good at ______ (to choose) lottery numbers. **e** I want you ______ (to quit) your job and work with me.

B. Traduisez les phrases suivantes en anglais :

a Je ne sais pas quoi faire ce week-end. **b** Tu devrais leur envoyer une carte pour les remercier. **c** Mon patron a continué de travailler jusqu'à 70 ans.

Traduction de l'habitude

En français, on emploie l'imparfait pour parler d'actions habituelles au passé.

En anglais on emploie la structure **used to** + **infinitif** :

*Avant, j'**allais** à la piscine tous les dimanches.*
I used to go to the swimming pool every Sunday.

Et non pas « before, I went to the swimming pool every Sunday ».

Dans les phrases interrogatives et les phrases négatives, on emploie la structure **used to** + **infinitif** avec les modaux **did** et **didn't** comme pour tous les verbes ordinaires :

***Est-ce que tu jouais** au tennis quand tu étais jeune ?*
Did you use to play tennis when you were young?

***Non, je ne jouais pas** au tennis, je jouais au golf.*
No, I didn't use to play tennis, I used to play golf.

Notez également que dans un style écrit, on peut employer l'auxiliaire **would** + **infinitif** pour exprimer l'habitude au passé. Cet emploi n'a rien à voir avec le conditionnel bien que l'auxiliaire soit le même :

*Chaque matin il **se levait** et **allumait** le feu.*
Every morning he would get up and light the fire.

Pour traduire *être habitué à/avoir l'habitude de*, on emploie **to be used to**.

Ne pas confondre **used to** + **infinitif** avec **to be used to** + **nom/verbe en -ing**, qui signifie *être habitué à quelque chose/à faire quelque chose :*

I'm used to the cold. *Je suis habitué au froid.*
Et non pas « I used to the cold ».

I'm used to getting up early. *J'ai l'habitude de me lever tôt.*

Et non pas « I'm used to get up early ».

He was used to being on his own. *Il avait l'habitude d'être tout seul.*

Et non pas « he was used to be on his own ».

Sachez qu'il ne faut pas traduire littéralement l'expression française *avoir l'habitude de faire quelque chose.*

Pour traduire *s'habituer à*, on dit **to get used to** + **nom** ou + **verbe en –ing**.

Je ***m'habitue au*** *froid.* **I'm getting used to the cold.**

Je ***m'habitue à*** *me* ***lever*** *tôt.* **I'm getting used to getting up early.**

Et non pas « I'm getting used to get up early ».

Je ***m'y habitue****.* **I'm getting used to it.**

Il ***s'est habitué à travailler*** *de nuit.* **He got used to working nights.**

Et non pas « he got used to work nights ».

Dans l'expression **used to** (exemple : **I used to play tennis when I was young**), le *s* du mot **used** se prononce comme un *z*, alors que dans les expressions **to be used to** (ex : **I'm used to the cold**) et **to get used to** (ex : **I'm getting used to it**) il se prononce comme un *s*.

Activités 11 (réponses p. 245)

A. Complétez les phrases anglaises avec l'expression qui convient et le cas échéant, conjuguez le verbe entre parenthèses :

a *Je portais des lunettes mais maintenant j'ai des lentilles de contact.*

I ___________ (wear) glasses but now I've got contact lenses.

b *J'ai l'habitude de me coucher à 23 heures.*

I ___________ (go) to bed at 11 pm.

c *L'équipe doit s'habituer au nouvel entraîneur.*

The team have to ___________ the new coach.

d *Tu n'avais pas les cheveux longs avant ?*

Didn't you ________ (have) long hair?

e *Autrefois, on pensait que la Terre était plate .*

People _________ (think) the earth was flat.

B. Traduisez les phrases suivantes en anglais :

a Autrefois aller au cinéma n'était pas cher. **b** Je n'ai pas l'habitude de boire du vin pendant les repas. **c** Le soir j'allais regarder les étoiles avec mon grand-père. **d** On ne s'habitue pas au mauvais temps. **e** Le dimanche matin nous sommes habitués à nous lever tard.

Traduction du but et de la fonction : infinitif ou verbe en -ing?

Lorsqu'il s'agit d'exprimer les notions de but et de fonction, certains francophones ont parfois tendance à confondre les structures **to + infinitif** et **for + verbe en -ing**.

Ces structures ne sont pourtant pas interchangeables.

- le **but** s'exprime généralement avec **to + infinitif** ou bien avec sa variante **in order to + infinitif**.

  J'y suis allé ***pour faire des rencontres.*** **I went there (in order) to meet new people.**

  Et non pas « I went there for meeting new people ».

  Il est sorti ***pour couper*** *du bois.* **He went out (in order) to chop some wood.**

  Et non pas « he went out for chopping some wood ».

  Nous chuchotions ***pour ne pas réveiller*** *les enfants.* **We were whispering in order not to wake up the children.**

  Et non pas « we were whispering for not waking up the children ». Observez la place de **not** dans la phrase.

- la **fonction** s'exprime généralement avec **for + verbe en -ing**.

  C'est un club ***pour faire des rencontres.*** **It's a club for meeting new people.**

  Et non pas « it's a club to meet new people ».

  C'est une hache ***pour couper*** *du bois.* **This is an axe for chopping wood.**

  Et non pas « this is an axe to chop wood ».

Il faut noter que la structure **for + verbe en -ing** s'emploie également pour exprimer la cause :

He was arrested for speeding.
Il a été arrêté ***pour excès de vitesse.***

He was congratulated for saving the child's life.
On l'a félicité ***pour avoir sauvé*** *l'enfant.*

- On traduira « pour que » par : **so (that) + sujet + modal + verbe** :

  We took them to the woods so that they could learn about different types of trees.
  Nous les avons emmenés en forêt ***pour qu'****ils apprennent les différents types d'arbres.*

Dans le langage parlé il est possible d'enlever **that** :
I've texted him so he knows where we are.
Je lui ai envoyé un texto ***pour qu****'il sache où on est.*

Let's turn the music down so it doesn't wake the baby up.
Baissons la musique ***pour que*** *ça ne réveille pas le bébé.*

Activités 12 (réponses p. 245)

A. Complétez les phrases suivantes par for + verbe en -ing ou bien par (in order) to + infinitif :

a I'm going to the post office ______ (post) this letter. **b** This is a whisk ______ (beat) eggs. **c** He tiptoed upstairs ______not ______ (wake up) his parents. **d** Soldiers were sent there ______ (help) rebuild the city.

B. Traduisez les phrases suivantes en anglais :

a Je vais en Espagne pour apprendre l'espagnol. **b** Ce sont mes lunettes pour regarder la télé. **c** Nous avons loué une voiture pour découvrir la campagne (to explore). **d** Je vais m'occuper des enfants pour que tu puisses te reposer.

Traduction de « être allé » : have been, have gone ou went ?

Superficiellement, le passé composé et le present perfect se ressemblent beaucoup : ils sont tous les deux formés d'un auxiliaire – toujours **have** dans le cas du present perfect – et d'un participe passé. Cependant, selon le contexte, le passé composé se traduit soit par le present perfect (lorsque l'action – ou son effet – se poursuit dans le présent) soit par le prétérit (lorsque l'action est révolue et que l'on ne s'intéresse pas particulièrement à son effet).

Dans cette section, nous nous intéressons au verbe *aller* et à ses traductions selon le contexte temporel. Étudiez ces différents cas de figure :

Elle ***est allée*** *faire des courses.*	**She's gone shopping.** (Present perfect).

Cette phrase a le sens de « elle est partie faire des courses et elle n'est pas encore revenue ».

Notez qu'ici **'s** remplace **has** et non « is », ce qui est toujours le cas au present perfect.

À contraster avec :

	She went shopping. (Prétérit ; ici l'accent est mis sur le fait qu'elle est partie).

Et non pas : « she's been shopping », qui signifierait « elle a fait des courses ».

*Elle **est allée** faire des courses **hier**.*	**She went shopping yesterday.** (Prétérit, car on précise **yesterday**, l'action est révolue).
***Es**-tu déjà **allé** à ta réunion ?*	**Have you been to your meeting yet?** (Present perfect, à cause de **yet**).

Et non pas : « have you gone to your meeting yet? » (qui signifierait « es-tu déjà parti à ta réunion ? »).

À contraster avec :

***Es**-tu **allé** à ta réunion **ce matin** ?*	**Did you go to your meeting this morning?** (Prétérit, car le matin appartient au passé.)
*Je ne **suis** jamais **allé** au Canada.*	**I've never been to Canada.** (Present perfect : je n'y suis jamais allé jusqu'à présent, mais j'irai peut-être un jour.)

Dans un autre contexte la phrase « I never went to Canada » serait possible :

I lived in Vermont for two years but I never went to Canada.
*J'ai vécu dans le Vermont pendant deux ans **mais je ne suis jamais allé au Canada**. (Sous-entendu, pendant ces deux ans.)*

Dans cet exemple, on emploie le preterit **went** car la personne qui parle ne vit plus dans le Vermont. Ces deux ans appartiennent à un passé révolu.

À distinguer de :

I've lived/I've been living in Vermont for two years but I've never been to Canada.
*Ça fait deux ans que j'habite dans le Vermont **mais je ne suis jamais allé au Canada**.*

Dans ce cas on emploie le present perfect (**I've never been**) car la personne met l'accent sur le fait que depuis qu'elle vit dans le Vermont elle n'est jamais allée au Canada, mais la possibilité d'y aller existe toujours.

! Bien noter la différence entre :

He's been to Canada.
*Il **est** déjà **allé** au Canada.*

et

He's gone to Canada.
*Il **est parti** au Canada.*

Activités 13 (réponses p. 245)

A. Complétez les phrases suivantes par has/have gone, has/have been ou went :

a I ______ to the bakery, but it was closed. **b** They __________ to Kenya three times! **c** He ___________, I'm afraid, can I take a message? **d** I __________ to the beach this morning. **e** Judith and I ______ to an art gallery last week.

B. Traduisez les phrases suivantes en anglais :

a Je suis allé à Londres la semaine dernière. **b** Ils sont allés en Andalousie, ils reviennent dans deux jours. **c** Il est parti acheter le journal. **d** Ensuite nous sommes allés voir le coucher de soleil. **e** Êtes-vous déjà allé au festival d'Édimbourg ?

Traduction de « ne... plus... »

On emploie *ne...plus...* pour comparer dans le temps une situation passée avec une situation présente, mais aussi dans un contexte quantitatif.

Dans le premier cas il est possible d'utiliser **not... any longer/no longer** ainsi que **not... any more**, et dans le deuxième cas on emploiera **not... any more/no more**.

- Dans le premier cas (comparaison passé/présent) :

*Je **n'**habite **plus** là.*	**I don't live there any longer** ou **I don't live there any more** ou **I no longer live there.**

! **Any longer** et **any more** se placent en fin de phrase, on ne dira donc jamais « I don't live any longer/more there ».

*Je **ne** voyage **plus** en avion.*	**I don't travel by plane any longer** ou **I don't travel by plane any more** ou **I no longer travel by plane.**

! **No longer** n'est employé que dans les phrases affirmatives, on ne dira donc jamais « I don't no longer travel by plane ».

Ordre des mots

Avec la grande majorité des verbes, **no longer** se place juste après le sujet. Il se place après le verbe **to be** et après les modaux, mais devant le verbe **to have**.

*Elle **ne** joue **plus** au tennis.*	**She no longer plays tennis** ou **she doesn't play tennis any more** ou **she doesn't play tennis any longer**.
*Il **ne** fait **plus** partie de l'équipe.*	**He's no longer part of the team** ou **he isn't part of the team any more** ou **he isn't part of the team any longer**.
*Je **ne** peux **plus** travailler avec lui !*	**I can no longer work with him!** ou **I can't work with him any more!** ou **I can't work with him any longer!**
*Il **n'**a **plus** de travail.*	**He no longer has a job** ou **he hasn't got a job any more** ou **he hasn't got a job any longer**.

- Dans le deuxième cas (avoir épuisé ses réserves de quelque chose) :

*Je **n'**ai **plus** de bonbons.*	**I haven't got any more sweets**.
*Je **n'**ai **plus** d'argent.*	**I've got no more money.**

! **No more** ne s'emploie que dans les phrases affirmatives et interrogatives, on ne dira donc jamais « I haven't got no more money ».

*Il **n'**y a **plus** de champagne ?*	**Is there no more champagne?** ou **isn't there any more champagne?**

Activités 14 (réponses p. 245)

Complétez les phrases suivantes par n't, 't, any, no, longer ou more. Dans les situations temporelles vous emploierez seulement l'expression avec longer :

a Patricia is _______longer working in London. **b** My parents are no _______ travelling. **c** There is_______any _______ink in the printer. **d** I have _______got any _______ideas for the show. **e** He's not ill any _______ . **f** I can_______bear to watch this any _______.

This ou that ? These ou those ?

Ces mots sont souvent source de confusion pour les francophones. Il faut savoir qu'ils ne sont pas interchangeables.

This et these

Suivant le contexte, **this** peut signifier ce (ou *cette*), *ça, ceci, celui-ci* (ou *celle-ci*). Son pluriel est **these**. On emploie ce mot pour désigner une personne, un objet ou un événement **proches du locuteur**, pour parler de tout ce qui est *ici* (**here**), par opposition à *là-bas* (**there**).

This is my daughter.
***Voici** ma fille.*

This is an outrage!
***C'**est un scandale !*

These are my glasses.
***Ces** lunettes-**ci** sont à moi.*

This soup is delicious!
***Cette** soupe est délicieuse !*

Try these shoes on.
*Essaie **ces** chaussures.*

That et those

Suivant le contexte, **that** peut signifier *ce* (ou *cette*), *ça, cela, celui-là* (ou *celle-là*). Son pluriel est **those**. On emploie ce mot pour désigner une personne, un objet ou un événement **éloignés du locuteur**, pour parler de tout ce qui est *là-bas* (**there**), par opposition à *ici* (**here**).

That blue car is mine.
***La** voiture bleue, **là-bas**, est à moi.*

Do you prefer this one or that one?
*Tu préfères celui-ci ou **celui-là** ?*

I don't like these boots very much. Can I try on those over there?
*Je n'aime pas beaucoup ces bottes-ci. Est-ce que je pourrais essayer **celles-là**, là-bas ?*

- **This** et **these** employés dans un complément de temps correspondent généralement au présent ou au futur proche :

This time I know I'm right.
***Cette** fois-**ci,** je sais que j'ai raison.*

This weekend we're going to Bath.
*Nous allons à Bath **ce** week-end.*

I don't see much of them these days.
*Je ne les vois pas beaucoup **ces** temps-ci.*

- **That** et **those** employés dans un complément de temps correspondent généralement au passé :

We had so much fun that day.
*Nous nous sommes vraiment bien amusés **ce** jour-**là**.*

Do you remember that time you fell in the river?
Tu te souviens de ***la*** *fois où tu es tombé dans la rivière ?*

In those days few people had cars.
A ***cette*** *époque-****là*** *peu de gens avaient une voiture.*

Activités 15 (réponses p. 246)

A. Complétez les phrases ci-dessous par this, that, these ou those :

a What is ______ book on the top shelf about? **b** Will you be quiet, ______ is my favourite programme! **c** Who are ______ people there, in the corner? **d** ______ computer comes with a printer but ______ one over there doesn't.

B. Traduisez les phrases suivantes en anglais :

a Voici mes parents. – Enchanté. **b** Je prendrai une part de ce gâteau au chocolat, là-bas. **c** En ce temps-là Internet n'existait pas.

A few ou a little ? Few ou little ?

A few et **a little** servent tous les deux à exprimer la quantité, mais ils ne s'emploient pas de la même façon. **A few** signifie *quelques* et **a little** signifie *un peu de*.

- On emploie **a few** avec des noms **dénombrables** en anglais (qui désignent des choses que l'on peut compter) :

Ils ont ***quelques*** *amis.* — **They've got a few friends.**
Il me reste ***quelques*** *pommes de terre.* — **I've got a few potatoes left.**

- On emploie **a little** avec des noms **indénombrables** en anglais (qui désignent des choses que l'on ne peut pas compter) :

Ajoutez ***un peu de*** *sel.* — **Add a little salt.**
Il reste ***un peu de*** *temps.* — **There's a little time left.**

En français, on utilise la préposition *de* devant un nom indénombrable, mais pas en anglais. **A little** et **a few** ne sont pas suivis de **of**, sauf cas particuliers : en effet, s'ils sont suivis d'un déterminant (démonstratif comme **this**, **that**, etc., possessif comme **his**, **their**, etc., article comme **the...**, etc.) **a few** et **a little** seront accompagnés de **of** :

I'll try a few of her biscuits.
Je vais goûter ***quelques-uns de*** *ses biscuits.*

We had a little of that pasta salad.
Nous avons pris ***un peu de*** *cette salade de pâtes.*

- Attention: employés sans l'article **a**, les termes **few** et **little** prennent un sens différent. Ils signifient alors *peu de* :

  They've got few friends.
  *Ils ont **peu d'**amis.*

  There's little time left.
  *Il reste **peu de** temps.*

  I sent out lots of CVs but had very few responses.
  *J'ai envoyé beaucoup de CV mais je n'ai eu que **très peu de** réponses.*

  They've got little hope of finding him alive.
  *Ils ont **peu d'**espoir de le retrouver vivant.*

- On peut utiliser **a little** avec un adjectif :

  I must say I'm a little angry at him.
  *Je dois dire que je suis **un peu** fâché contre lui.*

  You look a little tired.
  *Tu as l'air **un peu** fatigué.*

A bit (of)

Dans le langage parlé il est plus courant de dire **a bit (of)** à la place de **a little**, qui relève d'un registre de langue plus soutenu. Devant un adjectif on n'emploie jamais **of**, mais il est nécessaire devant un nom ou un pronom.

I must say I'm a bit angry at him.
*Je dois dire que je suis **un peu** fâché contre lui.*

She made a cake but there's only a bit of it left.
*Elle a fait un gâteau mais il n'en reste qu'**un petit peu**.*

Activités 16 (réponses p. 246)

A. Complétez les phrases par few, a few, little ou a little :

a They would like to expand the business in Asia but they've got ______ contacts there. **b** White rice has ______ nutritional value. **c** They've just moved to Leeds and they already know ______ people there. **d** She's fine, she's just ______ nervous because of her exam.

B. Traduisez les phrases suivantes en anglais:

a Nous avons eu peu de succès. **b** J'ai quelques pommes dans la cuisine. **c** Nous avons peu d'étudiants cette année.

Both ou either ?

En français, on a tendance à utiliser *les deux* pour dire « l'un **ou** l'autre » aussi bien que « l'un **et** l'autre ». En anglais il faut le plus souvent faire la distinction.

Either signifie *l'un* **ou** *l'autre*, alors que **both** signifie *l'un* **et** *l'autre* :

Quel DVD est-ce que tu veux regarder ?
"Which DVD do you want to watch?"

Je n'ai pas de préférence, je veux bien regarder ***les deux*** *(= l'un ou l'autre).*
"I'd be happy to watch either of them."

Puisqu'on a toute la soirée devant nous, on n'a qu'à les regarder ***tous les deux*** *(= l'un et l'autre).*
"We've got all evening, let's watch both."

Tu peux commander ***l'un de ces deux*** *plats, ils sont* ***tous les deux*** *excellents.*
You can order either dish, they're both excellent.

Tu peux prendre ***un de ces deux*** *bus, ils s'arrêtent* ***tous les deux*** *à la gare.*
You can take either bus, they both stop at the station.

Il existe des cas où **either** et **both** sont tous les deux possibles :

Chacun des deux *bus va à la gare.*	**Either bus goes to the station.**
Les deux *bus vont à la gare.*	**Both buses go to the station.**
Des voitures étaient garées de ***chaque*** *côté de la route.*	**Cars were parked on either side of the road.**
Des voitures étaient garées ***des deux*** *côtés de la route.*	**Cars were parked on both sides of the road.**

Notez que **either** est accompagné du singulier et que **both** est accompagné du pluriel.

Neither signifie *aucun des deux, ni l'un ni l'autre* et il s'emploie avec le singulier.

Aucun des deux *bus ne va à la gare.*	**Neither bus goes to the station.**
Qui préfères-tu, John ou Paul ? – Je les aime bien ***tous les deux****.*	**Who do you like best, John or Paul? – I like them both** (ou **I like both of them**).
Et moi je n'aime ***ni l'un ni l'autre****.*	**And I like neither of them** (ou **I like neither**).

Activités 17 (réponses p. 246)

A. Complétez les phrases par either, both ou neither :

a He can borrow ______ book, I've already read ______ of them **b** You can take ______ train, but remember that ______ runs on Sundays. **c** ______ brothers are accomplished musicians.

B. Traduisez les phrases suivantes en anglais :

a Aucun des deux restaurants n'est ouvert. **b** Les deux jours (= l'un ou l'autre) me conviennent. **c** J'ai déjà vu les deux films.

Traduction de « jusqu'à »

Jusqu'à se traduit différemment suivant le contexte.

- Pour parler d'une période de temps, on emploie **until** ou sa variante un peu plus familière **till.** (Ce terme répond à la question *jusqu'à quand ?*)

*Ils ont parlé **jusqu'à** l'aube.*	**They talked until dawn.**
*Elle est absente **jusqu'au** 30 août.*	**She's off till the 30th of August.**
*Reste ici **jusqu'à** ce que je revienne, s'il te plaît.*	**Please stay here until I come back.**
*Elle est là **jusqu'à** quand ?*	**Until when is she here?**

On emploie parfois l'expression **up until** pour insister sur un moment particulier qui marque une rupture:

I'm working (right) up until Christmas Eve.
Je travaille jusqu'à la veille de Noël.

Up until last summer, we lived with my parents.
On a habité avec mes parents jusqu'à l'été dernier.

- Pour parler de distances, on emploiera **as far as**. (Ce terme répond à la question question *jusqu'où ?*)

*Nous avons été **jusqu'au** prochain village.*	**We went as far as the next village.**
*Peux-tu nager **jusqu'au** phare ?*	**Can you swim as far as the lighthouse?**
*Le train va **jusqu'à** Glasgow.*	**The train is going as far as Glasgow.**

- Pour parler de quantités, on emploie **up to**:

*Pourriez-vous remplir la tasse **jusqu'au** bord, s'il vous plaît ?*	**Could you fill the mug up to the top, please?**
*Le théâtre peut accueillir **jusqu'à** 500 spectateurs.*	**The theatre can seat up to 500 people.**
*L'entrée est gratuite pour les enfants **jusqu'à** l'âge de dix ans.*	**Admission is free for children up to the age of 10.**

Traduction de deux expressions idiomatiques contenant *jusqu'à* :

jusqu'à nouvel ordre : **until further notice**

She'll be in charge until further notice.
Jusqu'à nouvel ordre c'est elle qui sera responsable.

jusqu'à un certain point : **up to a (certain) point** ou **to a certain extent**

You're right up to a point.
Vous avez raison jusqu'à un certain point.

I sympathise to a certain extent.
Je comprends jusqu'à un certain point.

Activités 18 (réponses p. 246)

A. Complétez les phrases suivantes par until/till, up until, as far as ou up to :

a I bought all my clothes second-hand ______ I got this well-paid job. **b** ______ 1990, Germany was divided in two. **c** He's travelled ______ the North Pole. **d** This motorbike can do ______ 200 km per hour. **e** Turn the key ______ you hear a click.

B. Traduisez les phrases suivantes en anglais :

a Jusqu'à maintenant personne n'a trouvé la solution. **b** Remplissez le bocal jusqu'à la ligne rouge. **c** Nagez jusqu'à la bouée (**buoy**) puis revenez.

Traduction de « pendant »

Il existe deux mots pour traduire *pendant* : **during** et **for**. *Pendant que* se traduit par **while**.

- Si *pendant* est suivi d'un nom exprimant un **état**, un **événement** ou une **période**, on emploie **during** :

*Ils se sont rencontrés **pendant** la guerre.*	**They met during the war.**
*Il a plu **pendant** la nuit.*	**It rained during the night.**
*Jane a lu beaucoup de livres **pendant** sa grossesse.*	**Jane read lots of books during her pregnancy.**

! **During** n'est jamais suivi d'une durée, ni d'une structure verbale.

- Si *pendant* est suivi d'une **quantité**, alors on emploie **for** :

*J'ai marché **pendant** deux heures.*	**I walked for two hours.**
*Il a plu **pendant** la moitié de la nuit.*	**It rained for half the night.**
*Je l'ai attendu **pendant** longtemps.*	**I waited for him for a long time.**

- Si *pendant* est **suivi d'un verbe**, alors on emploie **while**.

*Je me suis promenée **pendant qu**'il travaillait.*	**I went for a walk while he was working.**
*Jane a lu beaucoup de livres **pendant qu**'elle était enceinte.*	**Jane read lots of books while she was pregnant.**

> *Pendant ce temps-là...*
>
> Cette expression a sa propre traduction : **meanwhile**.
>
> **They were waiting for the guests to arrive; meanwhile, Alice was playing with the dog.**
> *Ils attendaient l'arrivée des invités ; **pendant ce temps**, Alice jouait avec le chien.*

Activités 19 (réponses p. 246)

A. Complétez les phrases suivantes avec during, for ou while :

a I lived in Vancouver ______ five years. **b** I was cleaning ______ he was chatting on the phone. **c** Naomi was taking notes ______ listening to the lecture. **d** He was wounded ______ his military service. **e** I had to wait ______ hours.

B. Traduisez les phrases suivantes en anglais :

a. J'ai rencontré des gens super sympas pendant que je voyageais en Amérique du Sud. **b** Qu'est-ce que tu as fait pendant tes vacances ? **c** Pendant que je regardais le spectacle, mon sac a été volé. **d** Les vendeurs étaient occupés, j'ai attendu pendant quelques minutes puis je suis parti. **e** Pendant le repas tout le monde parlait en même temps.

Traduction de « depuis » et « il y a »

L'expression de la durée en anglais est parfois source de difficultés et de confusion pour les francophones, notamment en ce qui concerne les temps à employer. Cette section devrait vous aider à y voir plus clair.

Depuis

En français, *depuis* est soit suivi d'une durée (ex : *il vit en France depuis 20 ans*), soit du point de départ d'une période (ex : *il est malheureux depuis qu'elle l'a quitté/elle est malade depuis le début des vacances*).

- Dans le premier cas (avec une durée) le verbe se met au **present perfect** en anglais (car l'action – ou l'état – se poursuit) et on emploie la préposition **for** car il s'agit d'une durée :

*Il **vit** en France **depuis** 20 ans.*	**He has lived in France (ou he has been living in France) for 20 years.**

Et non pas « he lives in France for 20 years » (ne jamais utiliser le présent).

For s'emploie également avec des verbes au prétérit (action/état révolu) ; dans ce cas il correspond à *pendant* :

He lived in France for 20 years.
*Il **a vécu** en France **pendant** 20 ans.*

- Dans le second cas (avec le point de départ d'une durée), le premier verbe est au present perfect (car l'action – ou l'état – se poursuit), *depuis* se traduit par **since** et le verbe qui suit est au prétérit car il décrit une action ponctuelle révolue :

*Il **est** malheureux **depuis** qu'elle **l'a quitté**.*	**He has been unhappy since she left him.**

Et non pas « he is unhappy since she left him » (ne jamais utiliser le présent).

À noter que **since** peut être suivi d'un complément de temps sans verbe :

*Elle **est** malade **depuis** le début des vacances.*	**She has been ill since the beginning of the holidays.**

Une petite astuce pour éviter de confondre **for** et **since** : si *depuis* peut être remplacé par *ça fait* ou *il y a*, il faut employer **for**. (*Il vit en France **depuis** 20 ans = **ça fait** 20 ans qu'il vit en France = **il y a** 20 ans qu'il vit en France* = **he's been living in France for 20 years**)

Par contre, si *depuis* a le sens de « à partir de », alors il faut employer **since**. (*Il est en réunion **depuis** (= à partir de) 15 heures* = **he's been in a meeting since 3 o'clock**)

Il y a

- Lorsqu'on parle d'un état ou d'une action révolue, *il y a* se traduit toujours par **ago**, qui est toujours placé après l'indication temporelle ; le verbe qui précède est toujours au prétérit.

*Je l'**ai vu il y a** trois jours.*	**I saw him three days ago.**

- Par contre, si *il y a* introduit une durée (si on peut remplacer *il y a...* par *depuis* ou *ça fait...*), alors on emploie **for** et le present perfect, comme pour traduire *depuis* dans le sens « ça fait + durée » (voir plus haut).

***Il y a** trois jours que je ne l'**ai pas vu**.* (= ça fait trois jours que je ne l'ai pas vu)	**I haven't seen him for three days.**

! Ordre des mots

En français, on peut dire aussi bien : *J'ai habité **pendant un an** en Écosse.* que *J'ai habité en Écosse **pendant un an**.*
En anglais, le complément de lieu se place toujours en premier et le complément de temps en dernier :
I lived in Scotland for a year.
Et non pas « I lived a year in Scotland » .
De même pour les adverbes de lieu, qui se placent avant le complément de temps :
I studied here for four years.
J'ai étudié quatre ans ici.
Et non pas « I studied four years here ».

Activités 20 (réponses p. 247)

A. Complétez les phrases suivantes avec for, since ou ago :

a I haven't slept ______ 2 days. **b** The train left 5 minutes ______. **c** I've been watching TV ______ you left. **d** I've been living here ______ 7 months. **e** He came to visit me a year ______. **f** I studied in Cairo ______ a month.

B. Traduisez les phrases suivantes en anglais :

a Ils m'ont téléphoné il y a une semaine. **b** Je marche depuis 3 heures. **c** Nous habitons dans cette maison depuis 5 ans. **d** Nous habitons dans cette maison depuis que nous l'avons achetée, il y a 5 ans. **e** Je vais mieux depuis que je prends ce médicament.

Traduction de « encore » et « toujours » : still ? again ? always ?

Encore

Le terme *encore*, adverbe de temps, s'emploie dans différents contextes en français. Il peut exprimer soit une idée de continuité, auquel cas il se traduit par **still**, soit une notion de répétition, et il se traduit alors par **again**.

- Dans le premier cas (continuité), lorsque *encore* peut être remplacé par *toujours*, on traduit par **still**.

*Elle est **encore** au téléphone.* — **She's still on the phone.**

(= elle n'a toujours pas fini de téléphoner)

Et non pas « she's on the phone again » (signifierait qu'elle est de nouveau en train de téléphoner, après une interruption).

*J'ai **encore** faim.* — **I'm still hungry.**

(= je n'ai pas cessé d'avoir faim)

Et non pas: « I'm hungry again » (signiferait « j'ai à nouveau faim »).

*Tu es **encore** là ?* — **Are you still here?**

(= tu n'es pas parti ?)

*Ils se servent **encore** de machines à écrire.* — **They still use typewriters.**

*Tu as **encore** le temps de le faire.* — **You still have time to do it.**

Et non pas : « you have still time to do it ». (Attention à l'ordre des mots.)

- Dans le second cas (répétition), lorsque *encore* peut être remplacé par *de nouveau*, on traduit par **again**.

*Elle a **encore** téléphoné.* — **She phoned again.**

Et non pas : « she still phoned » (signifierait « elle a quand même téléphoné »).

*Il a **encore** raté son permis de conduire.* — **He failed his driving test again.**

Et non pas : « he failed again his driving test ». (Again se place toujours en fin de phrase.)

***Encore** toi !* — **You again!**

*J'ai **encore** faim.* — **I'm hungry again.**

(= j'ai de nouveau faim)

Pas encore se traduit par **not... yet** :

*Elle n'a **pas encore** téléphoné.*
She hasn't phoned yet.

Ordre des mots

Yet est toujours placé en fin de phrase. **Not** est placé directement après l'auxiliaire ou après le verbe **to be** s'il est à un temps simple. Dans des phrases interrogatives négatives, **not** se trouve après le sujet s'il n'y a pas de contraction :

He hasn't polished his shoes yet.
*Il n'a **pas encore** ciré ses chaussures.*

Claire is not back yet.
*Claire n'est **pas encore** rentrée.*

Have you not had an answer yet?
ou
Haven't you had an answer yet?
*Tu n'as **pas encore** reçu de réponse ?*

Toujours

Le terme *toujours* s'emploie dans divers contextes en français. Il peut soit indiquer une notion de continuité, auquel cas il se traduit par **still**, soit une notion de fréquence et de répétition, et il se traduit alors par **always**.

- Dans le premier cas, lorsqu'il y a continuité et que *toujours* peut être remplacé par *encore*, on emploie **still**.

*Elle est **toujours** au téléphone.* — **She's still on the phone.**
(= elle n'a toujours pas fini de téléphoner)

Et non pas : « she's always on the phone » (signifierait qu'elle est constamment en train de téléphoner).

*J'ai **toujours** faim.* — **I'm still hungry.**
(= je ne suis pas rassasié)

Et non pas : « I'm always hungry » (signifierait « j'ai faim en permanence »).

*Tu es **toujours** là ?* — **Are you still there?**
(= tu n'es pas parti ?)

Et non pas : « are you always there? » (signifierait « est-ce que tu es là en permanence ? »).

Ils se servent ***toujours*** *de machines à écrire.* **They still use typewriters.**

(= ils n'ont pas cessé de s'en servir)

Et non pas : « they always use typewriters » (signifierait qu'il se servent exclusivement de machines à écrire).

Toujours pas se traduit par **still ... not**.

Elle n'a ***toujours pas*** *téléphoné.*
She still hasn't phoned.

Ordre des mots

Dans les phrases positives **still** se place devant le verbe, ou derrière le verbe **to be** s'il est à la forme simple. Dans les temps composés, **still** se place après l'auxiliaire, et devant l'auxiliaire dans les phrases négatives :

The ministers still have to explain themselves.
Les ministres doivent ***encore*** *s'expliquer. (= ils ne l'ont toujours pas fait.)*

I am still hungry.
J'ai ***encore/toujours*** *faim.*

The children are still laughing.
Les enfants rient ***encore/toujours.***

He still doesn't want to play.
Il ne veut ***toujours*** *pas jouer.*

- Dans le second cas, lorsqu'il s'agit d'une notion de fréquence, de répétition ou d'habitude et que *toujours* signifie *constamment*, il faut traduire par **always**.

Elle est ***toujours*** *au téléphone.*	**She's always on the phone.**
(= elle passe sa vie au téléphone).	
Ils dînent ***toujours*** *à 7 heures.*	**They always have dinner at 7.**
Elle est ***toujours*** *en train de se plaindre.*	**She's always complaining.**
Je lui ai ***toujours*** *fait confiance.*	**I've always trusted him.**

Ordre des mots

Always se place devant le verbe ou entre l'auxiliaire et le verbe, le cas échéant, et après le sujet dans les phrases interrogatives :

She always interrupts me.
Elle m'interrompt ***toujours.***

I don't always talk that much.
Je ne parle pas ***toujours*** *autant.*

Do you always spend your weekends there?
Passes-tu ***toujours*** *tes week-ends là-bas ?*

Activités 21 (réponses p. 247)

A. Traduisez les phrases suivantes en anglais :

a Il est encore en retard ! **b** Je n'ai pas encore mangé. **c** Il est toujours à table. **d** Il est toujours en retard !

B. Complétez les phrases suivantes avec still, not ...yet, again ou always :

a Do you ________ play guitar ? **b** Her husband died ten years ago ; now she's getting married _______. **c** I ________ watch this programme. **d** I have _____ finished eating _____.

Traduction de « déjà »

Déjà est un mot qui peut être traduit de plusieurs façons différentes en anglais selon la nuance qu'on lui donne : si on est dans dans le domaine du passé (1er cas), de l'expectative (2ème cas) ou du rappel d'informations (3ème cas).

- Domaine du passé (**already**, **before**, **ever**)
  - S'il s'agit de dire qu'une action a déjà eu lieu et n'est donc plus à faire, on emploie **already** :

*J'ai **déjà** arrosé la plante.*	**I've already watered the plant.**

Le fait de placer l'adverbe à la fin de la phrase permet d'ajouter une nuance : **Oh, you've watered the plant already!** Sous-entendu : « merci bien, comme ça je n'aurai pas à le faire! »

S'il s'agit de savoir si quelque chose a déjà eu lieu à un moment quelconque du passé, on emploie **ever** (uniquement dans les questions) ou **before** (dans les questions et les phrases affirmatives) :

*As tu **déjà** sauté à l'élastique ?*	**Have you ever done bungee jumping?** (Sous-entendu : une fois dans ta vie)

! Et non pas « have you already done bungee jumping? » car ceci sous-entendrait que la personne devait sauter à l'élastique ce jour-là et qu'on lui demande « ça y est, tu as fait ton saut à l'élastique ? ».

Autre possibilité, avec une nuance différente :

Have you done bungee jumping before?
Cette phrase sous-entend que la personne s'apprête à sauter à l'élastique et qu'on lui demande si c'est la première fois de sa vie qu'elle saute.

*Je l'ai **déjà** vue quelque part.* **I've seen her somewhere before.** (sous-entendu : avant maintenant).

Et jamais « I've already seen her somewhere ».

La phrase suivante peut avoir trois traductions différentes suivant le contexte :

*Je suis **déjà** allé en Amérique du Sud.* **I've been to South America.**

En anglais, on n'a pas besoin d'ajouter d'adverbe si l'on veut simplement dire qu'à un moment indéterminé du passé on est allé en Amérique du Sud.

I've been to South America before.

Sous-entend que l'on va probablement y retourner dans un avenir plus ou moins proche ou qu'on y est au moment où on parle.

I've already been to South America.

Sous-entend que c'est fait et que ce n'est donc plus à faire. Exemple : **I've already been to South America, so I'd rather go to Australia next summer**.

Dans tous ces exemples il faut employer un temps **perfect** (auxiliaire **have** au présent ou prétérit selon le contexte + participe passé) et non le prétérit, car le passé n'est pas défini précisément.

! Attention à ne pas confondre **ever** et **never**, *jamais*. **Ever** est seulement employé dans les questions et **never** seulement dans les phrases négatives :

Have you ever read that book?
*As-tu **déjà** lu ce livre ?*

No, never.
*Non, **jamais**.*

- Domaine de l'expectative (**yet**)

*As-tu **déjà** fait tes devoirs ?* **Have you done your homework yet?**
*As-tu **déjà** reçu le colis ?* **Have you received the package yet?**

Dans ce sens **yet** se place en fin de phrase et s'utilise avec le **present perfect**, jamais avec le prétérit.

Il s'emploie uniquement aux formes interrogative et négative. À la forme affirmative il faut employer **already** : *j'ai **déjà** fait mes devoirs* = **I've already done my homework**.

Dans les phrases négatives **not yet** a le sens de « pas encore » :

Haven't you done your homework yet?
*Tu n'as **pas encore** fait tes devoirs ?*

- Domaine du rappel d'informations (**again**)

  *Comment s'appelle-t-elle **déjà** ?* — **What's her name again?**

  Sous-entendu : on nous a donné l'information précédemment mais on l'a oubliée.

Activités 22 (réponses p. 247)

A. Complétez les phrases avec already, yet, before, ever ou again :

"Have you ________ been to the States?"
"Yes, I went to New York last year. I'd never been to such a big city ________. How about you? You wanted to go in June, have you booked anything _____?"
"I've nearly planned my whole trip _______!"
"Well, if you need any details of places to visit, I can send you some information. What's your e-mail address _____?"

B. Traduisez les phrases suivantes en anglais:

a Oui, j'ai déjà menti. **b** Vous êtes déjà là ! **c** Comment ça marche, déjà ? **d** As-tu déjà visité le Japon ? **e** Est-ce qu'ils t'ont déjà rappelé ?

Traduction de « assez »

L'adverbe *assez* se traduit différemment en anglais suivant le sens qu'il a en français.

- Si *assez* a le sens de « suffisamment », on le traduit par **enough**.

  Lorsqu'on l'emploie avec un adjectif ou un adverbe, **enough** se place toujours après ce mot :

  *Ce n'est pas **assez** chaud.* — **It's not hot enough.**

  *Il ne l'a pas fait **assez** rapidement.* — **He didn't do it fast enough.**

  *La maison n'est pas **assez** grande.* — **The house is not big enough.**

  Enough peut aussi apparaître tout seul dans le sens de « suffisamment » après un verbe :

  I've heard enough.
  *J'en ai **assez** entendu.*

  You've drunk enough.
  *Tu as **assez** bu.*

  I haven't revised enough for this exam.
  *Je n'ai pas **assez** révisé pour cet examen.*

  Lorsqu'on l'emploie avec un nom, **enough** se place cette fois devant le nom, et il s'emploie sans préposition (*assez de* se traduit simplement par **enough**).

  *J'ai **assez d'**argent pour le reste du mois.*
  I've got enough money for the rest of the month.

  *Il dit qu'il n'a pas **assez de** travail en ce moment.*

He says he hasn't got enough work at the moment.

En revanche, si ce qui suit **enough** est un démonstratif, un possessif ou un pronom, il faudra ajouter **of** :

There aren't enough of us to make a team.
*Nous ne sommes pas **assez nombreux** pour former une équipe.*

Have you got enough of those cough sweets?
*Tu as **assez de** ces pastilles contre la toux ?*

I've had enough of your nonsense!
*J'en ai **assez de** tes bêtises !*

- Quand *assez* a le sens de « relativement », on le traduit par **quite**.
  Lorsqu'on l'emploie avec un adjectif ou un adverbe, **quite** se place toujours avant ce mot :

*Elle est **assez** sympathique.*	**She's quite friendly.**
*La conférence était **assez** intéressante.*	**The lecture was quite interesting.**

Quite peut aussi apparaître en conjonction avec un verbe, auquel cas il se place avant ce dernier :

We quite like playing board games.	*Nous aimons **assez** les jeux de société.*
I quite enjoyed the show.	*J'ai **assez** apprécié le spectacle.*

Lorsque *assez* se réfère à un nom accompagné d'un adjectif, l'article indéfini **a/an** est obligatoire devant ce dernier : **quite a** + **adjectif** + **nom**.

I'm earning quite a good salary now.
*J'ai un **assez** bon salaire maintenant.*

It was quite an unpleasant experience.
*C'était une expérience **assez** désagréable.*

! Quite

Quite possède deux sens : *assez* et *tout à fait, complètement*. **Quite** ne s'emploie comme adverbe de degré (*assez*) que lorsque l'adjectif auquel il se rapporte peut être nuancé. Lorsque **quite** est employé avec des adjectifs qui décrivent un état de fait, il signifie *tout à fait* :

The story is quite true.
*L'histoire est **tout à fait** vraie.*

This is quite unacceptable!
*C'est **tout à fait** inacceptable !*

It didn't happen quite like that.
*Ça ne s'est pas passé **tout à fait** comme ça.*

- Si on utilise *assez* comme euphémisme dans le sens de « plutôt », on traduit par **rather** :

This is rather annoying, don't you think?
*C'est **assez** ennuyeux, tu ne trouves pas ?*

Tout comme **quite**, on emploie **rather** devant un adjectif, un adverbe ou un verbe :

*Je trouve qu'elle est **assez** jolie.*	**I think she's rather pretty.**
*Il était **assez** impatient de partir.*	**He was rather impatient to leave.**
*J'aime **assez** ça, je dois dire.*	**I'm rather enjoying it, I must say.**

! Notez que **rather** se place entre l'auxiliaire et le verbe aux temps composés.

Lorsque *assez* se réfère à un nom accompagné d'un adjectif**, rather** est également accompagné de **a/an** qui soit le précède **(a rather** + adj. + nom), soit le suit (**rather a/an** + adj. + nom). Le choix de l'une ou l'autre option n'altère en rien la signification.

This is a rather interesting theory.
ou
This is rather an interesting theory.
*C'est une théorie **assez** intéressante.*

Dans l'échelle des degrés, en plus de **quite** et **rather** on peut ajouter l'adverbe **fairly**. Il correspond à l'idée de *assez* mais il véhicule une valeur plus négative que **quite**, lui-même plus négatif que **rather**.

Les règles d'emploi de **fairly** sont les mêmes que celles de **quite**, sauf avec un nom, auquel cas l'article **a** précède **fairly**.

It was a fairly good trip.
Le voyage ne s'est pas trop mal passé.

It was quite a good trip.
Le voyage s'est assez bien passé.

It was a rather good trip./It was rather a good trip.
Le voyage s'est plutôt bien passé.

Activités 23 (réponses p. 247)

A. En tenant compte du contexte et de la position dans la phrase, complétez les phrases suivantes par enough, enough of, quite, quite a, rather ou rather a(n)/a rather :

a I'm ______ cold but I can stay longer. **b** Have you had ______ these peanuts? **c** Michael was becoming ______ emotional about his divorce, and burst into tears. **d**

Your son is ______ lively boy. **e** You have studied ______ , have a break.

B. Traduisez les phrases suivantes en anglais :

a Avez-vous assez faim pour déjeuner maintenant ? **b** J'en ai assez vu, partons. **c** Il fait assez beau. **d** Noël peut être une période assez stressante. **e** Je n'ai pas assez de temps pour aller à la piscine.

Traduction de « faire » : to make ou to do ?

En anglais, il existe deux verbes principaux pour dire « faire », et ils ne sont pas interchangeables : ce sont **to make** et **to do**.

- **To make** s'emploie lorsqu'il s'agit de **fabriquer**, de **créer** ou de **préparer** quelque chose :

*J'adore **faire** des gâteaux.* **I love making cakes.**

Et non pas : « I love doing cakes ».

*Je vais **faire** du café, tu en veux ?* **I'm going to make some coffee, would you like some?**

Et non pas : « I'm going to do some coffee ».

*Il a **fait** la table lui-même.* **He made the table himself.**

Et non pas : « he did the table himself ».

To make apparaît dans certaines expressions figées comme :

to make one's bed *faire son lit*
to make a choice *faire un choix*
to make an effort *faire un effort*
to make somebody laugh/cry *faire rire/pleurer quelqu'un*
to make a mistake *faire une erreur*
to make a noise *faire du bruit*
to make an offer *faire une offre*
(et bien d'autres encore...)

- **To do** s'emploie pour parler d'actions ou d'activités en général :

*Qu'est-ce que tu veux **faire** aujourd'hui ?* **What do you want to do today?**

Et non pas : « what do you want to make today? »

*Que **faites**-vous dans la vie ?* **What do you do for a living?**

Et non pas : « what do you make for a living? » (qui aurait le sens de « vous fabriquez quoi pour gagner votre vie ? »).

*On ne peut rien y **faire**.* **There's nothing we can do about it.**

Pour parler de tâches particulières :

***Fais** tes devoirs avant de sortir !* **Do your homework before you go out!**

Et non pas : « make your homework ».

*Je n'aime pas **faire** la vaisselle.* **I don't like doing the washing up.**

Pour parler de loisirs :

*J'**ai fait** de l'escalade ce week-end.* **I did some climbing this weekend.**

*Est-ce que tu sais **faire** la roue ?* **Can you do a cartwheel?**

*Elle **fait** du yoga deux fois par semaine.* **She does yoga twice a week.**

Et non pas : « she makes yoga twice a week ».

Pour parler d'études :

*J'**ai fait** de la biologie à l'école.* **I did some biology at school.**

*On **fait** de l'algèbre ce trimestre.* **We're doing algebra this term.**

To do apparaît dans certaines expressions figées :

to do an exercise *faire un exercice*

to do one's best *faire de son mieux*

to do sport/exercise *faire du sport/de l'exercice*

to do 80 mph *faire du 130 km à l'heure*

(et bien d'autres encore...)

Activités 24 (réponses p. 247)

A. Complétez les phrases suivantes avec la forme des verbes to do ou to make qui convient :

a I fancy some popcorn, shall we _______ some? **b** Are you still _______ aerobics on Saturdays? **c** My sister _______ her own clothes. **d** Are you _______ anything special after work? **e** Come on, _______ an effort – you're nearly finished!

B. Traduisez les phrases suivantes en anglais :

a J'ai fait mon choix, j'irai en Égypte cette année. **b** Je viens de faire un sudoku, ça m'a pris trois jours ! **c** Je fais de l'origami (**origami**), je peux faire des oiseaux en papier. **d** Pour ce soir, je fais du saumon ? **e** Antoine conduit trop vite, il fait du 150 sur l'autoroute !

Traduction du devoir : must, have to, should et ought to

Il existe différentes façons d'exprimer la notion de devoir en anglais. Le choix du verbe à employer dépend de plusieurs facteurs :

- Employez **must** si c'est le locuteur qui impose le devoir :

  You must fasten your seatbelt.
  *Vous **devez** attacher votre ceinture.*

  I must pay more attention to these details.
  *Je **dois absolument** prêter plus d'attention à ces détails.*

  We must leave at 5am to beat the traffic.
  *Nous **devons absolument** partir à 5 heures afin d'éviter la circulation.*

  He must be there at 8 sharp or I'll be very cross.
  *Il **faut** qu'il y soit à 8 heures précises sinon je ne serai vraiment pas content.*

- Employez **have to** si c'est une obligation morale, ou une contrainte qui est due à des circonstances extérieures :

  I have to go, I've got an appointment.
  *Il **faut** que j'y aille, j'ai rendez-vous.*

  You have to have a visa to go to the United States.
  *Il **faut** un visa pour aller aux États-Unis.*

  He has to be there at 8 sharp because he has a job interview.
  *Il **faut** qu'il y soit à 8 heures précises car il a un entretien d'embauche.*

(Contrairement à l'exemple similaire avec **must**, ici ce n'est pas la personne qui parle qui impose la contrainte.)

- Employez **should** ou **ought to** s'il s'agit d'un conseil ou d'une obligation moins forte, souvent exprimée en français par le verbe **devoir** au conditionnel :

  You should accept/ought to accept her apologies.
  *Tu **devrais** accepter ses excuses.*

  I should be/ought to be working.
  *Je **devrais** être en train de travailler.*

He really should submit/ought to submit his poems to a publisher.
*Il **devrait** vraiment envoyer ses poèmes à une maison d'édition.*

- À la forme négative, **mustn't** exprime l'**interdiction** si cela concerne une généralité :

  You mustn't smoke on the plane.
  *Il **est interdit** de fumer dans l'avion.*

  We mustn't talk during the exam.
  *Il nous **est interdit** de parler pendant l'examen.*

  Children mustn't play with matches.
  *Les enfants **ne doivent pas** jouer avec des allumettes.*

! En revanche **not to have to** ne représente pas l'interdiction mais l'**absence d'obligation** :

You don't have to wear a tie to get in.
*Tu **n'as pas besoin** de porter une cravate pour entrer.*

We don't have to go if you don't want to.
*On **n'est pas obligés** d'y aller si tu n'en as pas envie.*

We don't have to take the motorway, there's a lovely route through the countryside.
*Nous **ne sommes pas obligés** de prendre l'autoroute, il y a une très jolie route qui traverse la campagne.*

Activités 25 (réponses p. 248)

A. Suivant le contexte, complétez les phrases par must, have to ou should :

a I ______ phone my parents, I promised I would. **b** You ______ do some exercise, it would be good for you. **c** You ______ come round for dinner sometime, I insist! **d** I ______ attend a conference in Jersey next week. **e** We ______ get up early to go to school.

B. Traduisez les phrases suivantes en anglais :

a Vous devriez avoir honte ! **b** Tu dois absolument changer de lunettes, tu ne vois rien ! **c** Nous devons remplacer notre ordinateur, il est cassé. **d** Je dois aller à la banque et faire des courses, après je suis libre. **e** Tu n'as pas besoin d'être inscrit (**to be registered**) pour venir avec nous.

Traduction de « où », pronom relatif

Le mot *où* est un pronom relatif qui peut faire référence à un moment ou à un lieu. En anglais il existe deux mots pour traduire ces deux valeurs de *où*. Quand faut-il utiliser l'un ou l'autre ?

- *Où* fait référence à un moment dans le temps : on emploie **when**

*Le matin **où** ils sont arrivés, il neigeait.*	**The morning when they arrived it was snowing.**

Et non pas : « The morning where they arrived, it was snowing ».

Dans la langue parlée, **when** est désormais presque toujours omis ; dans de nombreux contextes, il est en fait beaucoup plus naturel de ne rien dire :

*Le matin **où** ils sont arrivés, il neigeait.*
The morning Ø they arrived it was snowing.

*Le jour **où** je l'ai vue je ne l'ai pas reconnue.*
The day Ø I saw her I didn't recognise her.

On emploie **when** comme pronom relatif surtout lorsqu'il est question de périodes prolongées ou qui se répètent :
*C'est l'époque **où** les dinosaures dominaient le monde.*
This was the time when dinosaurs ruled the earth.

*Il y avait des moments **où** on ne se parlait pas du tout.*
There have been times when we weren't speaking at all.

*Il y a des jours **où** j'ai du mal à sortir du lit.*
I have days when I find it hard to get out of bed.

- *Où* fait référence à un lieu : on emploie **where**

*Je l'ai trouvé à l'école **où** j'apprends l'anglais.*	**I found it at the school where I'm learning English.**
*L'endroit **où** je travaille est à côté du rond-point.*	**The place where I work is next to the roundabout.**

! Contrairement à **when**, **where** ne peut jamais être omis.

Activités 26 (réponses p. 248)

A. Complétez les phrases suivantes avec where, Ø ou when :

a Can you tell me ______ you got your hair cut? **b** I'm staying with them the night ______ I arrive. **c** She rang me the minute ______ she got my text message. **d** I like websites _____ I can find out about celebrities. **e** Do you remember the time ______ _ we got lost in the forest?

B. Traduisez les phrases suivantes en anglais :

a Elle était malheureuse le jour où je l'ai rencontrée. **b** Nous avons passé de bonnes vacances, l'été où nous sommes allés en Turquie. **c** J'aime vraiment l'endroit où tu habites. **d** Je n'ai pas trouvé le sac où étaient les clés. **e** Je serai triste le jour où je partirai.

RÉPONSES

Activités 1

Réponses :

A. a Ø **b** Ø **c** the **d** the **e** Ø.

B. a The sport I like best is basketball. **b** Do you like mushrooms? **c** Red and green don't go together. **d** Doctor Saville is here.

Activités 2

Réponses :

A. a a **b** an **c** a **d** a **e** an.

B. a Have you got a book for me? **b** I want to be a journalist. **c** Mr. Jones, an MP, visited the school yesterday. **d** What a boring film! **e** One pound fifty a kilo?

Activités 3

Réponses :

A. a parentheses **b** days **c** trios **d** wives **e** sheep ; wolves.

B. a They are hiding in the bushes. **b** Elves and fairies live in the forests. **c** Trout are much bigger than mackerel. **d** Chips are made from potatoes. **e** My feet hurt.

Activités 4

Réponses :

A. a I fell asleep watching this boring black and white Italian film last night. **b** He gave her a beautiful gold ring for their wedding anniversary. **c** His last two books have been made into films.

B. a I like beautiful woollen rugs. **b** We've got an old brown leather sofa. **c** It's a big square garden. **d** I like my steak rare.

Activités 5

Réponses :

A. a Les jeunes ont beaucoup à apprendre des vieux. **b** Il va à une école spéciale pour les sourds. **c** Elle a consacré sa vie à aider les malades. **d** Les blessés ont été transportés jusqu'à l'hôpital en hélicoptère.

B. a Take the red bag and give me the black one. **b** It's a charity that raises money for the blind. **c** Which plates do you like best, the large ones or the small ones? **d** Four young people live in the house next door. **e** He did his best, that's the most important thing.

Activités 6

Réponses :

A. a interesting **b** boring **c** annoyed **d** annoying **e** inspired.

B. a Watching TV isn't very stimulating. **b** That pizza looks disgusting! **c** I was moved. **d** The results are shocking. **e** Everybody was interested in the news.

Activités 7

Réponses :

A a I **b** He **c** them.

B a My brother and I have painted the house. **b** SHE told him the truth. **c** I think it's a good idea. **d** Anthony and I are going on holiday. **e** We are richer than them. / We are richer than they are.

Activités 8

Réponses :

a Are you coming with us tonight? **b** Isn't he back yet? **c** His mother is Italian, isn't she? **d** I don't know where my glasses are. **e** This is the high school where my father studied.

Activités 9

Réponses :

A. a wasn't it **b** didn't she **c** did it **d** have they **e** will we.

B. a Everybody liked the dessert, didn't they? **b** Your mum is learning Italian, isn't she? **c** I've never met her husband, have I? **d** You haven't seen my glasses, have you? **e** Nobody's happy with the result, are they?

Activités 10

Réponses :

A. a working **b** saying **c** to spend **d** choosing **e** to quit.
B. a I don't know what to do this weekend. **b** You should send them a card to thank them. **c** My boss went on working up to the age of 70.

Activités 11

Réponses :

A. a I used to wear **b** I am used to going **c** get used to **d** use to have **e** used to think.
B. a Going to the cinema used to be cheap. **b** I am not used to drinking wine at meals. **c** At night I used to go and look at the stars with my grandfather. **d** You don't get used to the bad weather. **e** On Sunday mornings we're used to getting up late.

Activités 12

Réponses :

A. a to/in order to **b** for beating **c** in order ; to **d** to/in order to.
B. a I'm going to Spain to/in order to learn Spanish. **b** These are my glasses for watching TV. **c** We've hired a car to/in order to explore the countryside. **d** I'll look after the children so that you can relax.

Activités 13

Réponses :

A a went **b** have been **c** has gone **d** went **e** went.
B a I went to London last week. **b** They've gone to Andalusia, they'll be back in two days. **c** He's gone to buy the newspaper. **d** Then we went to see the sunset. **e** Have you ever been to the Edinburgh Festival?

Activités 14

Réponses :

a no **b** longer **c** n't ; more **d** n't ; more **e** more **f** 't ; longer.

Activités 15

Réponses :

A. a that **b** this **c** those **d** this ; that.

B. a These are my parents. – Pleased to meet you. **b** I'll have a piece of that chocolate cake over there. **c** In those days the Internet didn't exist.

Activités 16

Réponses :

A. a few **b** little **c** a few **d** a little.

B. a We had little success. **b** I've got a few apples in the kitchen. **c** We've got few students this year.

Activités 17

Réponses :

A. a either ; both **b** either ; neither **c** both.

B. a Neither restaurant is open. **b** Either day is fine with me. **c** I've already seen both films.

Activités 18

Réponses :

A. a until/till **b** up until **c** as far as **d** up to **e** until/till.

B. a Up to now nobody has found the solution. **b** Fill the jar up to the red line. **c** Swim as far as/up to the buoy then come back.

Activités 19

Réponses :

A. a for **b** while **c** while **d** during **e** for.

B. a I met some really nice people while I was travelling in South America. **b** What did you do during your holidays? **c** My bag was stolen while I was watching the show. **d** The sales assistants were busy, I waited for a few minutes then I left. **e** During the meal everyone was talking at the same time.

Activités 20

Réponses :

A. a for **b** ago **c** since **d** for **e** ago **f** for.

B. a They called me a week ago. **b** I've been walking/I've walked for 3 hours. **c** We've lived/we've been living in this house for 5 years. **d** We've lived/we've been living in this house since we bought it, 5 years ago. **e** I've been feeling better since I started taking this medicine.

Activités 21

Réponses :

A. a He's late again! **b** I haven't eaten yet. **c** He's still eating. **d** He's always late!

B. a still **b** again **c** always **d** not ; yet.

Activités 22

Réponses :

A. ever – before – yet – already – again.

B. a Yes, I've lied before. **b** You're already here!/You're here already! **c** How does it work again? **d** Have you ever visited Japan?/Have you visited Japan before? **e** Have they called you back yet?

Activités 23

Réponses :

A. a quite/rather **b** enough of **c** quite/rather **d** quite a/a rather/rather a **e** enough.

B. a Are you hungry enough to have lunch now? **b** I've seen enough, let's go. **c** The weather is quite good./It's quite a nice day. **d** Christmas can be quite a/rather a stressful time/a rather stressful time. **e** I don't have enough time to go to the swimming pool.

Activités 24

Réponses :

A. a make **b** doing **c** makes **d** doing **e** make.

B. a I 've made my choice, I'm going to Egypt this year. **b** I've just done a sudoku, it took me three days! **c** I do origami, I can make paper birds. **d** Shall I make some salmon for tonight? **e** Antoine drives too fast, he does 150 on the motorway!

Activités 25

Réponses :

A. a must **b** should **c** must **d** have to **e** have to.

B. a You should be ashamed! **b** You must change your glasses, you can't see anything! **c** We have to replace our computer, it's broken. **d** I have to go to the bank and do some shopping, then I'm free. **e** You don't have to be registered to come with us.

Activités 26

Réponses :

A. where **b** Ø (when) **c** Ø **d** where **e** Ø (when).

B. a She was sad the day (when) I met her. **b** We had a good holiday, the summer we went to Turkey. **c** I really like the place where you live. **d** I didn't find the bag where the keys were. **e** I'll be sad the day (when) I leave.

Expressions et locutions

L'un des principaux obstacles auquel doit faire face tout angliciste est l'abondance d'expressions idiomatiques que contient la langue anglaise. Ces expressions ont ceci de particulier qu'il ne suffit pas d'en connaître chacun des termes pour en connaître la signification. L'anglais regorge de ces expressions figées, susceptibles de rendre un texte ou une conversation inintelligibles pour qui les ignore ; la langue parlée les utilise en abondance, et la presse et la télévision en sont friandes (impossible de suivre un « soap opera », par exemple, sans une connaissance très solide de ces locutions).

Essayez de les mémoriser et placez-les dans vos conversations pour donner à ces dernières un ton plus naturel. Veillez à les employer à bon escient et à n'en changer aucun terme ; sans quoi vous risqueriez d'amuser vos interlocuteurs plutôt que de les épater avec vos prouesses linguistiques.

♦ act

to get one's act together *(familier) se ressaisir, se reprendre en main*
We're going to have **to get our act together** if we want to finish this job by the end of the month.

♦ arm

to cost an arm and a leg *(familier) coûter les yeux de la tête*
She had a beautiful handmade wedding dress, it must have **cost an arm and a leg**.

♦ ball

to be on the ball *(familier)*
1 *connaître son affaire, être à la hauteur*
The manager was really **on the ball** about the new employment legislation.
2 *être vif*
He wasn't quite **on the ball** at the meeting this morning.
3 *avoir toute sa tête*
He's well over eighty but he's still **on the ball**.

♦ bargepole

I wouldn't touch it with a bargepole *(familier) je n'en voudrais pour rien au monde*

That prawn cocktail's been sitting there for ages, I **wouldn't touch it with a bargepole**.

♦ beans

to spill the beans *(familier) révéler un secret*
Come on, **spill the beans**. Who were you out with last night?
As soon as he **spilled the beans** the other gang members went into hiding.

♦ bed

to get out of bed on the wrong side *se lever du pied gauche*
What's your problem, did you **get out of bed on the wrong side** this morning?

♦ bee

to have a bee in one's bonnet *avoir une idée fixe*
She's got **a bee in her bonnet** about going to India.

♦ beeline

to make a beeline for something/somebody *se diriger droit vers quelque chose/quelqu'un*
Victoria **made a beeline for** the champagne and canapés.

♦ bell

it rings a bell *(familier) ça me dit quelque chose*
His name **rings a bell** – where have I heard of him?
"You know, he's in that film about the Spanish Civil War." – "No, sorry, that doesn't **ring a bell**."

♦ bird

to kill two birds with one stone *faire d'une pierre deux coups*
I have to go to Glasgow on business, so I thought I'd **kill two birds with one stone** and visit my grandparents at the same time.

♦ bite

to bite off more than one can chew *avoir les yeux plus grands que le ventre*
We thought renovating the house would be easy, but we've **bitten off more than we can chew**.
his/her bark is worse than his/her bite *il/elle crie beaucoup mais il/elle n'est pas méchant(e)*
Don't be scared of the managing director – he can be a bit intimidating but **his bark is worse than his bite**.

♦ blue

to do something until one is blue in the face *(familier) se tuer à faire quelque chose*
She can deny it **until she's blue in the face**, but I know she did it.

♦ boat

to be in the same boat *être dans le même bateau*
We're all **in the same boat**, so we should try to help each other.

♦ bomb

to cost a bomb *(familier) coûter les yeux de la tête*
It **costs a bomb** to travel by train these days.

♦ boots

to be too big for one's boots *ne pas se prendre pour n'importe qui*
She's **too big for her boots**, that girl. She needs to be told who's boss.

♦ bucket

to kick the bucket *(familier) casser sa pipe*
Honestly, I was so ill, I thought I was going **to kick the bucket**.

♦ bull

to take the bull by the horns *prendre le taureau par les cornes*
There's no point sitting around waiting for a pay rise, you've got **to take the bull by the horns** and ask for one!

♦ bullet

to bite the bullet *(familier) prendre le taureau par les cornes*
It'll cost a fortune to repair the car, but it's got to be done – I'm just going to have **to bite the bullet**.

♦ burner

to put something on the back burner *remettre quelque chose à plus tard*
The project was **put on the back burner** due to lack of funds.

♦ bush

to beat about the bush *tourner autour du pot*
Come on, don't **beat about the bush**. What are you trying to say?

♦ butter

butter wouldn't melt (in his/her mouth) *on lui aurait donné le bon Dieu sans confession*

To look at the boy you'd think **butter wouldn't melt in his mouth**, but he's got a criminal record.
I knew one of the kids must have broken the vase, but they were both just sitting there like **butter wouldn't melt**.

♦ can

a can of worms *un sac de nœuds*
"But how will the government fund this?" – "Well, that opens up a whole new **can of worms**..."

♦ carpet

to sweep something under the carpet *étouffer quelque chose*
The government tried **to sweep the affair under the carpet**, but the press found out about it.

♦ cat

to let the cat out of the bag *révéler un secret par mégarde*
Mum and Dad found out about the party; someone **let the cat out of the bag**.

♦ Catch-22

A Catch-22 (situation) *une situation sans issue*
It's **a Catch-22 situation**: I can't get a job without experience, but I can't get experience without a job.

Cette expression est le titre d'un roman de Joseph Heller (1961), dans lequel des soldats voulant être exemptés de missions essaient d'être reconnus par les autorités militaires comme malades mentaux. Cependant, ne pas vouloir partir à la guerre devient la preuve de leur santé mentale...

♦ chin

to keep one's chin up *(familier) tenir le coup*
Come on, **(keep your) chin up**. The exams will be over soon.

♦ chip

to have a chip on one's shoulder *(familier) en vouloir à tout le monde*
He's got a real **chip on his shoulder** about his working-class background. He's convinced the other candidate only got the job because he went to private school.

♦ cleaners

to take someone to the cleaners *(familier) plumer quelqu'un*
His ex-wife really **took him to the cleaners** in the divorce settlement.

♦ colours

to do something with flying colours *faire quelque chose haut la main*
She passed her exams **with flying colours**.

♦ coming

not to know whether one is coming or going *(familier) ne pas savoir où on en est*
Juggling two small children and a full-time job is hard work – I **don't know whether I'm coming or going** half the time!
to know where someone is coming from *(familier) comprendre ce que quelqu'un veut dire*
I **know where you're coming from**, but I don't think raising our prices is the solution.

♦ cop

to be not much cop *(familier) ne pas valoir grand-chose*
The programme **wasn't much cop**, so we played cards instead.

♦ cows

to do something till the cows come home *faire quelque chose jusqu'à la Saint-Glinglin*
I could eat chocolate **till the cows come home**.

♦ cracked

not to be all it's cracked up to be *(familier) ne pas être pas aussi bien qu'on le dit*
Life as a rock star is **not all it's cracked up to be**.

♦ creek

to be up the creek (without a paddle) *(familier) être mal barré, être dans le pétrin*
If he won't lend us the money we'll really **be up the creek**.

♦ creeps

to give someone the creeps *(familier) donner la chair de poule à quelqu'un*
He **gives me the creeps**, the way he stands staring at people.
This place really **gives me the creeps**. I bet it's haunted.

♦ cry

to be a far cry from something *n'avoir rien à voir avec quelque chose*
Kids today get driven around everywhere, **it's a far cry from** what life was like in my day!

♦ cup

not to be someone's cup of tea *ne pas être la tasse de thé de quelqu'un*
Jazz isn't really **my cup of tea**.

♦ day

to call it a day *arrêter là pour aujourd hui*
At 11pm we finally decided **to call it a day** and went home.
In the end they realized they were just too different, so they decided **to call it a day**.
to make someone's day *faire très plaisir à quelqu'un*
I never get any exciting post, so your letter really **made my day**!
not to be someone's day *ne pas être mon/son/etc. jour*
Oh no, there's coffee everywhere! It's just **not my day** today.

♦ daylights

to beat the living daylights out of someone *(familier) tabasser quelqu'un*
If I ever catch the person who did this to you, I'll **beat the living daylights out of them**.
to scare the living daylights out of someone *(familier) flanquer une peur bleue à quelqu'un*
You **scared the living daylights out of me**, creeping up on me like that!

♦ death

to look/feel like death warmed up *(familier) avoir une mine de déterré*
I wish I hadn't drunk so much last night; I **feel like death warmed up**.
You definitely need a holiday – you **look like death warmed up**.

♦ dinners

to have had more of something than someone has had hot dinners *(familier) avoir eu des flopées de quelque chose*
He's **had more girlfriends than I've had hot dinners**.

♦ drawing

to be back to the drawing board *devoir tout recommencer à zéro*
The manager hated our proposal, so it's **back to the drawing board**, I'm afraid.

♦ drop

to do something at the drop of a hat *sans hésiter*
He'll start singing **at the drop of a hat**.

♦ ears

to have something coming out of one's ears *(familier) avoir une surabondance de quelque chose*

We've got information **coming out of our ears** – now we need to work out what to do with it.

♦ feet

to get cold feet *avoir les jetons*
I was going to do a bungee jump, but I **got cold feet** at the last minute.
You're supposed to be getting married next weekend, don't tell me you're **getting cold feet**!
to have itchy feet *avoir la bougeotte*
I've only just got back from India, but I've already **got itchy feet** – I'm planning a trip to Australia!
I've been in this job too long, I'm **getting itchy feet**.

♦ fence

to sit on the fence *ne pas prendre position*
The committee should stop **sitting on the fence** on the issue and make a decision.

♦ field

to have a field day *s'en donner à cœur joie*
The cat will **have a field day** with that ball of wool!
If the press find out about this they'll **have a field day**!

♦ fish

(there are) plenty more fish in the sea *un de perdu, dix de retrouvés*
Try and forget about Jason – after all, **there are plenty more fish in the sea**.

♦ foot

to put one's foot in it *mettre les pieds dans le plat*
I really **put my foot in it** today: I asked a colleague when her baby was due, and it turns out she's not even pregnant!

♦ French

pardon ou **excuse my French** *(humoristique) passez-moi l'expression*
If you'll **pardon my French**, I think he's a bit of a wanker.

♦ game

to give the game away *vendre la mèche*
If I tell you, will you promise not **to give the game away**?

♦ ghost

to give up the ghost *rendre l'âme*

She may be 102 but she refuses **to give up the ghost** just yet.
This old car's finally **given up the ghost**.

♦ gooseberry

to play gooseberry *(familier) tenir la chandelle*
You two go by yourselves, I don't want **to play gooseberry**.

♦ head

to get one's head (a)round something *(familier)*
1 *piger quelque chose*
I just can't seem **to get my head around** this post-modernism stuff.
2 *accepter quelque chose*
It took him some time **to get his head round** the idea that she had left him.
to do someone's head in *(familier) prendre la tête à quelqu'un*
Those kids are **doing my head in** with their whining!

♦ ice

to be skating on thin ice *avancer en terrain miné*
He knew he was **skating on thin ice**, but he couldn't help teasing her about her weight.

♦ image

to be the spitting image of someone *être le portrait craché de quelqu'un*
That little boy's **the spitting image of** his dad.

♦ Joneses

to keep up with the Joneses *(familier) vouloir faire aussi bien que le voisin*
They didn't need a new car at all, they just want **to keep up with the Joneses**.

Ici le nom **Joneses** (pluriel de **Jones**, un des noms les plus courants dans le monde anglo-saxon) représente l'archétype du voisin.

♦ kettle

to be a different kettle of fish *(familier) être une autre paire de manches*
I used to teach English to business people, but teaching a class of rowdy teenagers **is a different kettle of fish**.

♦ knickers

to get one's knickers in a twist *(familier) s'affoler, paniquer*
We'll get there in time, don't **get your knickers in a twist**!

♦ leaf

to take a leaf out of someone's book *prendre exemple sur quelqu'un*
You should **take a leaf out of your sister's book** and work harder.

♦ leg

to pull someone's leg *(familier) faire marcher quelqu'un*
You're **pulling my leg**! You haven't really won the lottery, have you?
to be on one's last legs *(familier) être au bout du rouleau*
My rich great-aunt's **on her last legs** – I should be coming into a nice little inheritance soon!
I think this car's **on its last legs**.

♦ line

to draw the line *fixer des limites*
I'd love to invite everyone, but we have **to draw the line** somewhere.
I do want to get my revenge on him, but I **draw the line** at violence.

♦ lorry

to fall off the back of a lorry *(familier) être de la marchandise volée*
"Where did you get all these DVDs?" – "Let's just say they **fell off the back of a lorry**!"

♦ loss

to be a dead loss *(familier) être complètement nul*
I was assured he'd be a good worker, but he turned out **to be a dead loss**.
That course **is a dead loss** – if I were you I wouldn't sign up.

♦ lurch

to leave someone in the lurch *(familier) laisser quelqu'un dans une position difficile*
The babysitter's cancelled and **left me in the lurch**.

♦ make

to make do with something *se débrouiller avec quelque chose*
If we can't get butter, we'll just have **to make do with** margarine.

♦ marbles

to lose one's marbles *(familier) perdre la boule*
If you carry on behaving like that in public, people will think you've **lost your marbles**.

♦ McCoy

to be the real McCoy *être du vrai de vrai*

This whisky **is the real McCoy** – not like some of the cheap brands I've tasted.

♦ memory

to take a trip down memory lane *se rappeler de vieux souvenirs*
We stopped for a chat and **took a trip down memory lane**.
This programme about the 1960s will take viewers **down memory lane**.

♦ merrier

the more the merrier *plus on est de fous plus on rit*
"Shall I invite them to the party?" – "Why not? **The more the merrier**."

♦ message

to get the message *(familier) comprendre, piger*
I think I **get the message**. You want me to resign, don't you?

♦ mickey

to take the mickey out of someone *(familier) se ficher de quelqu'un*
"I wish I had your figure!" – "Are you **taking the mickey**?"
The children took **the mickey out of** him, imitating his stammer.

♦ middle

in the middle of nowhere *en pleine cambrousse*
The car broke down **in the middle of nowhere**, and my phone battery was dead.

♦ mile

to run a mile *(familier) prendre ses jambes à son cou*
I think she likes me, but she'd **run a mile** if I suggested we got married.

♦ mind

to make up one's mind *se décider*
I'd like to come, but I may not have time. Can I phone you back when I've **made up my mind**?
I can't **make up my mind** about which book to buy her.
great minds think alike *les grands esprits se rencontrent*
Oh, you've brought a bottle of wine too! **Great minds think alike**!

♦ miss

to give something a miss *se passer de quelque chose*
"Are you coming to the party?" – "No, I'll have **to give it a miss** – I've got a busy day tomorrow."
I'll **give dessert a miss**, I think.

♦ money

money doesn't grow on trees *l'argent ne tombe pas du ciel*
Don't spend it all at once. **Money doesn't grow on trees**, you know.

♦ moon

once in a blue moon *(familier) tous les trente-six du mois*
We never go out for a meal, and it's only **once in a blue moon** that he takes me to the cinema.
to be over the moon *(familier) être aux anges*
She's **over the moon** to be pregnant at last.

♦ most

to make the most of something *profiter au maximum de quelque chose*
We don't normally get much sun here, so let's **make the most of it**!

♦ mountain

to make a mountain out of a molehill *se faire une montagne d'un rien*
Yes, it means a bit more work, but let's not **make a mountain out of a molehill** – it'll only take a couple of hours.

♦ move

to get a move on *(familier) se grouiller*
Get a move on or you'll be late for school.
to make a move
1 *faire le premier pas*
It's no use sitting about waiting for someone else to **make a move**.
James has fancied Kelly for ages. I think he's finally going to **make a move** on her tonight.
2 *partir*
Right, we'd better **make a move** now, or we'll be here all night.

♦ muchness

to be much of a muchness *(familier) être à peu près pareils*
All toothpastes are **much of a muchness**. You might as well buy the cheapest.

♦ murder

to get away with murder *(familier) s'en tirer impunément*
She lets her children **get away with murder**. They smash the neighbours' windows and she says nothing.

♦ music

to face the music *affronter l'orage*

We've been caught red-handed. We'll just have **to face the music**.

♦ mutton

to be ou **look like mutton dressed as lamb** *jouer les jeunesses*
Her grandmother looks like **mutton dressed as lamb** in that denim miniskirt.

♦ nail

to hit the nail on the head *mettre dans le mille, voir juste*
"It sounds to me like they need to hire more staff and train them better." – "You've **hit the nail on the head** there."

♦ neck

to breathe down someone's neck *être sur le dos de quelqu'un*
The good thing about being self-employed is that you don't have a boss **breathing down your neck**.
to be up to one's neck in something *être dans quelque chose jusqu'au cou*
I'm **up to my neck in** work at the moment – can we make it next week instead?
They are **up to their neck in** debt.

♦ nerves

to get on someone's nerves *(familier) taper sur les nerfs à quelqu'un*
That dripping tap is **getting on my nerves**.

♦ nines

to be dressed up to the nines *être sur son trente-et-un*
It was only an informal lunch, but she came **dressed up to the nines**.

♦ nose

to cut off one's nose to spite one's face *se desservir*
Her ex has offered to help her out by looking after the kids but she won't let him – she's **cutting off her nose to spite her face**.
to turn one's nose up at something *(familier) faire la fine bouche devant quelque chose*
No one would **turn up their nose at** a job like that.
She **turned up her nose at** the wine they offered her.
to be (right) under someone's nose *être sous le nez de quelqu'un*
"Now, where did I leave my keys?" – "They're **right under your nose**!"
They stole it from **under the nose of** the police.

♦ oar

to stick one's oar in *(familier) mettre son grain de sel*
We were doing quite nicely until you **stuck your oar in**.

♦ oats

to sow one's wild oats *(familier) jeter sa gourme*
You can't get married at 21, you need to get out there and **sow your wild oats** for a few years!

♦ odd

to be the the odd one out *être l'exception*
Look at these objects and tell me which **is the odd one out**.
I felt **the odd one out** among this self-righteous crowd.

♦ onto

to be onto something
1 *être au courant de quelque chose*
I'm **onto** your little game, and if you try it again I'll tell the boss.
2 *faire une découverte importante*
We're **onto** something big with this new product.
to be onto someone
1 *contacter quelqu'un*
Get **onto** your local councillor if you are unhappy about the new parking restrictions.
2 *être après quelqu'un*
She's **onto** me every morning about cleaning my shoes.

♦ order

to be out of order *(familier) faire/dire quelque chose de déplacé*
I'm sorry, I shouldn't have kissed your wife at the party. I was **out of order**.
to give someone his/her marching orders *flanquer quelqu'un à la porte*
He **gave her her marching orders** when she came in late yet again.

♦ out

to have it out with someone *s'expliquer avec quelqu'un une fois pour toutes*
I finally **had it out with** him about his smoking.

♦ over

to be all over someone *(familier) ne plus laisser quelqu'un tranquille*
She **was all over** him at the party.
He **was all over** us when he heard we were from the BBC.

♦ overboard

to go overboard *(familier) aller trop loin, dépasser la mesure*
I take some exercise, but I don't **go overboard**.
He's really **gone overboard** with his latest film. The violence is quite shocking.

♦ own

to get one's own back *se venger*
Don't think you can get away with this – I'll **get my own back** on you!

♦ pack

to pack it in *(familier) laisser tomber, arrêter*
I'm sick of working for that man. I'm going **to pack it in**.
Why don't you **pack it in** for the day and carry on tomorrow?
Oh, **pack it in**! You've done nothing but complain all day.

♦ pain

to be a pain in the neck ou *(familier)* **in the backside** *être embêtant*
That child **is a pain in the neck**, he never stops asking questions.
It's **a pain in the backside** having to get up so early every morning.

♦ pants

to scare the pants off someone *(familier) foutre une trouille pas possible à quelqu'un*
He **scared the pants off** me with his ghost stories.

♦ past

to be past it *(familier) être vieux*
Don't you think he's getting a bit **past it** to be going snowboarding?
I'm afraid I'm **past it** when it comes to pop music, I don't know what the kids listen to these days.

♦ patch

not to be a patch on something/somebody *(familier) être loin de valoir quelque chose/ne pas arriver à la cheville de quelqu'un*
He's **not a patch on** you when it comes to dancing.
Her last novel isn't **a patch on** her others.

♦ patter

to hear the patter of tiny feet *attendre un heureux événement*
Jane and Paul will soon be **hearing the patter of tiny feet**.

♦ penny

in for a penny, in for a pound *autant aller jusqu'au bout*
"Let's move in together," I said. **In for a penny, in for a pound**, I thought, and added, "Will you marry me?"
I was going to buy a car anyway, so – **in for a penny, in for a pound** – I bought a big flash one.

the penny dropped *ça a fait tilt*
When I saw them together, **the penny dropped** – they were having an affair!

♦ piece

to be a piece of cake *(familier) être du gâteau*
The exam was **a piece of cake**.
You just focus and then press this button – it's **a piece of cake**.
to go to pieces *(familier) s'effondrer*
He **went to pieces** after his wife left him.
to pick up the pieces *recoller les morceaux*
When the firm collapsed the boss fled the country, leaving the staff **to pick up the pieces**.

♦ pig

to make a pig's ear of something *(familier) cochonner quelque chose*
He **made a real pig's ear of** laying the carpet.

♦ pinch

to take something with a pinch of salt *ne pas prendre quelque chose pour argent comptant*
You should **take everything he says with a pinch of salt** – he tends to exaggerate.

♦ piss

to take the piss (out of something/someone) *(très familier) se foutre de quelque chose/quelqu'un*
He **takes the piss out of** my accent all the time.
Don't **take the piss out of** her – she's trying her best.
"Did you know Nick's getting married?" – "No! **You're taking the piss**."

♦ place

all over the place *(familier)*
1 *partout, en pagaille*
You always leave your things **all over the place**!
Has someone been going through the papers on my desk? They're **all over the place**.
2 *désorganisé, qui fait n'importe quoi*
The team were **all over the place**. They deserved to lose.

♦ plague

to avoid something/someone like the plague *fuir quelque chose/quelqu'un comme la peste*

I'd **avoid her like the plague** if I were you.
She **avoids work like the plague**.

♦ plate

to have a lot on one's plate *avoir du pain sur la planche*
I can't see you this week, I'm afraid. I've **got a lot on my plate**.

♦ play

to play hard to get *se faire désirer*
Don't give up, Jim. She's obviously **playing hard to get**.

♦ plot

to lose the plot *(familier)*
1 *ne plus maîtriser la situation, perdre les pédales*
The government is **losing the plot** as far as immigration is concerned.
2 *devenir fou*
When I suggested introducing dress-down Friday, they looked at me as if I'd **lost the plot**.

♦ point

to be beside the point *n'avoir rien à voir, ne pas être la question*
Whether he did it or not **is beside the point**. My question is, who's going to pay for the damage?
to come ou **to get to the point** *en venir au fait* ou *à l'essentiel*
Could you **get to the point**, please?
I'll **come straight to the point**: you're fired.
to make one's point *dire ce qu'on a à dire*
OK, you've **made your point**. There's no need to go on about it.
The campaigners **made their point** by dumping manure on the doorstep of the Minister for Agriculture.

♦ posted

to keep someone posted *tenir quelqu'un au courant*
I'd be interested to know how you get on. **Keep me posted**.

♦ pull

pull the other one! *(familier) mon œil !, à d'autres !*
"I've won the lottery." – "**Pull the other one**."
to pull oneself together *se reprendre, se ressaisir*
If you don't **pull yourself together** and stop drinking you'll end up an alcoholic.
"But I can't live without him..." – "Oh, **pull yourself together**! He was no good anyway."

♦ push

to push it *(familier)*
1 *insister*
There's no harm in asking, but if he says no, don't **push it**.
2 *exagérer*
It's **pushing it** a bit to say it's a masterpiece, but it's certainly a good play.
3 *être un peu juste*
"Do you think we can get there by 5 o'clock?" – "Yes, but it'll be **pushing it** a bit."
when push comes to shove *(familier)*
1 *au moment critique*
When push came to shove, he showed a lot of courage.
2 *en fin de compte*
But **when push comes to shove**, would you really marry her?

♦ pushed

to be pushed for something *être à court de quelque chose*
I'm a bit **pushed for** time, so I shall move quickly on to the last part of my talk.
Thanks for offering us the wardrobe, but we're quite **pushed for** space in our flat.

♦ pushing

to be pushing fifty/sixty/etc *friser la cinquantaine/la soixantaine/etc.*
She must **be pushing fifty**, but she's still very attractive.

♦ put

I wouldn't put it past him/her/etc *il/elle/etc. en serait bien capable*
"I wonder if he stole the money that I left on my desk?" – "**I wouldn't put it past him.**"
I wouldn't put anything past this government.

♦ question

to pop the question *(familier, humoristique) faire sa demande en mariage*
He **popped the question** over a candlelit dinner.

♦ quits

to call it quits *être quitte*
Never mind about the exact amount you owe me. Just give me £10 and we'll **call it quits**.

♦ rage

to be all the rage *(familier) faire fureur*
Blogs are **all the rage** at the moment.

♦ rails

to go off the rails *perdre la tête*
He **went off the rails** after his parents died.
I **went off the rails** a bit as a teenager, sleeping around and experimenting with drugs.

♦ right

to put ou **set the world to rights** *refaire le monde*
Many young people dream of **setting the world to rights**.
We'd stay up all night, drinking red wine and **putting the world to rights**.

♦ road

to hit the road *se mettre en route*
If we **hit the road** before the rush hour we should make it in time.

♦ rock

to be (caught) between a rock and a hard place *être pris entre deux feux*
You're **between a rock and a hard place** – either you get rid of some staff, or you go bankrupt.
to be on the rocks
1 *mal tourner, aller à vau-l'eau*
By this time, our marriage **was on the rocks** and Lorna had started drinking heavily.
2 *être au bord de la faillite*
The company looked **to be on the rocks** in 1998, but made a remarkable recovery the following year.

♦ rocket

not to be rocket science *(familier) ne pas être sorcier*
If you want to lose weight, stop eating desserts every night – it's **not rocket science**!

♦ rolling

to be rolling in it ou **in money** *(familier) rouler sur l'or*
I'm not **rolling in money**, but I've got enough to get by.
His father's an oil magnate. He's absolutely **rolling in it**.

♦ roof

to go through ou **hit the roof** *(familier)*
1 *flamber, atteindre un niveau record*
The price of petrol has **gone through the roof** recently.
2 *piquer une crise*
When she came home at three in the morning her father **hit the roof**.

♦ room

no room to swing a cat *pas la place de se retourner*
With three of us in the tent there was **no room to swing a cat**.

♦ ropes

to know the ropes *connaître les ficelles*
It's not that difficult. You'll soon get **to know the ropes**.

♦ rose

to look at ou **see something through rose-tinted glasses** ou **spectacles** *voir tout en rose*
She **sees life through rose-tinted spectacles**, believing everyone is basically a nice person.

♦ run

to give someone a (good) run for their money *donner du fil à retordre à quelqu'un*
They gave the Russian team **a good run for their money**.

♦ runner

to do a runner *(familier)*
1 *se débiner*
He's still not back from the bank. I bet he's **done a runner** with my cash!
2 *partir sans payer*
Oh no, I've left my wallet at home! Quick, let's **do a runner** while the waiter's not looking.

♦ rut

to be (stuck) in a rut *s'enliser dans la routine*
I'm **(stuck) in a rut**. I need a new job.

♦ sardines

to be packed (in) like sardines *être serrés comme des sardines*
Spectators were **packed like sardines** in the small concert hall.

♦ score

to know the score *(familier) savoir à quoi s'en tenir, connaître le topo*
She **knew the score**, so it's no good her complaining that the task is too difficult.

♦ scratch

to do something from scratch *faire quelque chose à partir de zéro* ou *de rien*
She built the business up **from scratch**.
That method didn't work. Let's start again **from scratch**.
to be ou **come up to scratch** *être à la hauteur*
Our role is to make sure the standard of teaching in every school is **up to scratch**.
Their performance in the final didn't come **up to scratch**.

♦ seat

to take a back seat
1 *s'effacer*
He's decided **to take a back seat** now that he's older and let his sons run the firm.
2 *passer au second plan*
This plan will have **to take a back seat**. There are more pressing matters to deal with.

♦ seen

I wouldn't be seen dead... *(familier) jamais de la vie je ne...*
I wouldn't be seen dead wearing a hat like that.
I wouldn't be seen dead in that cheap and nasty restaurant.

♦ serve

to serve someone right être bien fait pour quelqu'un
It **serves them right** for being so selfish.
"Ow! The cat just scratched me." – "**Serves you right!** Leave her in peace."

♦ short

to be caught short *(familier) être pris d'un besoin pressant*
I'll just pop to the loo before we leave. I don't want to **get caught short**.

♦ shoulder

to give someone the cold shoulder *snober quelqu'un*
I tried to be pleasant to the new neighbours, but they **gave me the cold shoulder**.
a shoulder to cry on *une épaule pour pleurer*
Her sister was there when she needed **a shoulder to cry on**.

♦ side

to be on the safe side *par précaution*
The weather forecast says sunny, but I'll take my umbrella **to be on the safe side**.
to look on the bright side *voir le bon côté des choses*
Come on, **look on the bright side** – you didn't get on the course, but at least you won't have to move away from home now.

♦ six

to be at sixes and sevens *ne plus savoir où on en est*
I'm all **at sixes and sevens**. I don't really know what I'm saying.
I'm **at sixes and sevens** as to what to do.
six (of one) and half a dozen (of the other) *blanc bonnet et bonnet blanc*
You can either take the ring road or go through town, it's **six and half a dozen**.

♦ skeleton

a skeleton in the cupboard ou **closet** *un cadavre dans le placard, un secret honteux*
The Prime Minister had **a skeleton in his cupboard**: he had an illegitimate son.

♦ skin

to do something by the skin of one's teeth *faire quelque chose de justesse*
He won, but only **by the skin of his teeth**.
He escaped being caught **by the skin of his teeth**.
to jump out of one's skin *sauter au plafond*
She **jumped out of her skin** when she saw the mouse.
You made me **jump out of my skin**, shouting like that.
to be no skin off someone's nose *(familier) être égal à quelqu'un*
It's **no skin off my nose** if he decides to resign.

♦ slap

a slap in the face *une gifle*
He felt it was **a slap in the face** not to be even considered for the post.
a slap on the wrist *une réprimande*
Many offenders get away with just **a slap on the wrist**.

♦ sleep

not to lose any sleep over something *ne pas en perdre le sommeil*
She said she'd take me to court, but I **didn't lose any sleep over it**.

♦ smoke

there's no smoke without fire *il n'y a pas de fumée sans feu*
He keeps denying all the rumours about his private life, but **there's no smoke without fire**.

♦ sniffed

not to be sniffed at *(familier) ne pas être à dédaigner*
The salary isn't as high as it should be, but still it's **not to be sniffed at**.
A free lunch is **not to be sniffed at**!

♦ socks

to pull one's socks up *(familier) se secouer*
If you don't **pull your socks up** you're going to fail your exams.

♦ song

to make a (big) song and dance about something *(familier) faire toute une histoire* ou *tout un plat de quelque chose*
All right, so you've passed your exam. There's no need **to make a song and dance about it**!

♦ sorrows

to drown one's sorrows *noyer son chagrin (dans l'alcool)*
Fans of the losing team were **drowning their sorrows** at the local pub.

♦ spanner

to put ou **throw a spanner in the works** *créer des problèmes*
If they both arrived together that would really **put a spanner in the works**.
Then Dave **threw a spanner in the works** and said he was going on holiday for a month.

♦ spot

to have a soft spot for someone *avoir un faible pour quelqu'un*
Our elderly neighbour's **got a soft spot** for little Jack, she's always buying him sweets.
I've **got a real soft spot** for men with red hair.

♦ spur

to do something on the spur of the moment *faire quelque chose sur un coup de tête*
I bought this dress **on the spur of the moment**, but now I see it doesn't really fit.
He decided, **on the spur of the moment**, to go to London.

♦ square

back to square one *retour à la case départ*
I made an offer on the house but it wasn't enough, so it's **back to square one**.

♦ state

to be in a state *être dans tous ses états*
She was **in a real state** after her son went missing.

♦ steam

to let off steam *(familier) se défouler*
Kick-boxing is a great way **to let off steam** after a stressful day at work.
to run out of steam *(familier) s'essouffler*
I got halfway through writing a novel, then I **ran out of steam**.
The campaign **ran out of steam** after a couple of weeks.

♦ step

to do something a step ou **one step at a time** *faire quelque chose petit à petit*
We're decorating the house **one step at a time**.

♦ stick

more of something than one can shake a stick at *(familier) des tonnes de quelque chose*
He's won more awards than **you can shake a stick at**.
to get (hold of) the wrong end of the stick *(familier) comprendre de travers*
I'm sorry, I must have **got the wrong end of the stick**. I thought you were picking me up, not the other way round.

♦ stops

to pull out all the stops *faire l'impossible*
The staff **pulled out all the stops** to ensure patients had a wonderful Christmas.

♦ storm

to take something by storm *avoir un succès foudroyant à/auprès de*
She **took London by storm** with her performance as Lady Macbeth.

♦ straight

to be/stay on the straight and narrow *être/rester sur le droit chemin*
She used to take a lot of drugs, but she's back **on the straight and narrow** now.
My parents always kept us **on the straight and narrow**.

♦ straw

to be the last ou **final straw** *être la goutte d'eau qui fait déborder le vase*
This tax increase **is the last straw** – we're going to have to sell the house.
to draw ou **get the short straw** *tirer le mauvais numéro*
I **drew the short straw** – while the others dusted the bedrooms I had to clean the toilet.
to clutch at straws *se raccrocher désespérément à la moindre lueur d'espoir*
You're just **clutching at straws**. There's nothing you can do to save yourself from bankruptcy.

♦ street

to be (right) up someone's street *(familier) être parfait pour quelqu'un*
You like travelling, so this assignment should **be (right) up your street**.

♦ stride

to take something in one's stride *ne pas se laisser troubler par quelque chose*
She **took their criticism in her stride**.
She is a confident woman who **takes everything in her stride**.

♦ strings

to pull strings *faire jouer ses relations*
I managed to get tickets for the match by **pulling a few strings**.

♦ swear

to swear blind *jurer ses grands dieux*
She **swears blind** that she doesn't know where the file has gone.

♦ swing

to get into the swing of things *se mettre dans le bain*
She found it hard to get back **into the swing of things** after her long holiday.

♦ take

you can't take him/her anywhere *il/elle n'est pas sortable*
I can't take her anywhere – she always asks total strangers the most embarrassing questions.
to have what it takes *avoir les qualités nécessaires*
We need someone with leadership qualities and Jane **has what it takes**.
I don't think he's really **got what it takes** to make it as a pop star.

♦ taste

to give someone a taste of his/her own medicine *rendre à quelqu'un la monnaie de sa pièce*
I decided to **give my husband a taste of his own medicine** and have an affair of my own.

♦ teeth

to be fed up to the back teeth with *(familier) en avoir ras le bol de*
Teachers are **fed up to the back teeth** with all this extra paperwork.
to lie through one's teeth *mentir effrontément*
"I was nowhere near the scene of the crime," he said, **lying through his teeth**.

♦ terms

to come to terms with something *se résigner à quelque chose, arriver à accepter quelque chose*
It's a terrible illness, but he seems to have **come to terms with it**.
I can't **come to terms** with the idea that he's not my real father.

♦ thing

to be the best thing since sliced bread *(familier) être ce qu'on a fait de mieux depuis l'invention du fil à couper le beurre*
Music critics think she's **the best thing since sliced bread**.
to have a thing about *(familier)*
1 *avoir peur de, détester*
He **has a thing about** seafood. He feels ill just thinking about it.
2 *aimer, avoir un faible pour*
I think she's **got a bit of a thing about** that guy Oliver. She keeps smiling at him.
I've **got a thing about** handbags – I've got one for every occasion!
to make a big thing of something *(familier) faire tout un plat* ou *toute une histoire de quelque chose*
I don't want **to make a big thing about** it, but please don't use your phone for private calls.
She **made a really big thing about** not having been invited to the party.

♦ think

to have another think coming *(familier) se faire des illusions, se tromper*
If you think I'm going to let you get away with that you've **got another think coming**!

♦ thought

it's the thought that counts *c'est l'intention qui compte*
Socks again for Christmas from my mother! Oh well, **it's the thought that counts**.

♦ thumb

to stick out like a sore thumb *faire tache, détonner*
The factory **stuck out like a sore thumb** in the village.
He **stuck out like a sore thumb** in his suit while everyone else was in jeans.

♦ tie

to tie the knot *(familier) se marier*
They've been living together for years and finally decided to **tie the knot**.

♦ time

to be behind the times *être en retard sur son temps*

You've still got a Walkman®? You're **behind the times** – everyone's using MP3 players these days.

♦ toffee

not to be able to do something for toffee *(familier) faire quelque chose comme un pied*
You'd better find a different partner. **I can't dance for toffee**.

♦ tomorrow

to do something like there's no tomorrow *(familier) faire quelque chose sans souci du lendemain*
She spends money **like there's no tomorrow**.

♦ ton

to come down on someone like a ton of bricks *(familier) passer un sacré savon à quelqu'un*
If I find you two misbehaving I'll **come down on you like a ton of bricks**.

♦ top

off the top of one's head
1 *en improvisant*
Our speaker didn't turn up, so I gave a short talk **off the top of my head** instead.
2 *sans trop savoir*
Off the top of my head, I'd say it would cost about £500, but I might be wrong.

♦ touch

to be/get in touch *être/se mettre en contact*
Get in touch and tell me your new address when you know it.
I'm not **in touch** with anyone from school anymore.
to be out of touch *être déphasé*
I've **been out of touch** with politics since I left the party.
Do kids not use that expression any more? Oh dear, I'm so **out of touch**!
to lose touch
1 *perdre contact, se perdre de vue*
We used to write to each other, but over the past few years we've **lost touch**.
2 *ne plus suivre*
It's easy to **lose touch** with what's going on in the fast-moving world of computers.
He's **lost touch** with reality.

♦ towel

to throw in the towel *jeter l'éponge*

He found the job too hard and **threw in the towel** after only two weeks.
Don't **throw in the towel** yet. I'm sure you can get her to go out with you if you keep trying.

♦ town

to go to town *(familier) mettre le paquet, ne pas faire les choses à moitié*
There wasn't much to drink at the party, but she had certainly **gone to town** on the buffet.

♦ track

to be on the right track *être sur la bonne voie* ou *piste*
No, I'm not an accountant, but you're **on the right track**.

♦ tree

to be barking up the wrong tree *(familier) faire fausse route*
The researchers realised they'd **been barking up the wrong tree** for many years.

♦ trick

to do the trick *faire l'affaire*
I'm afraid I've broken your vase, but a spot of glue should **do the trick**.

♦ trust

not to trust someone as far as one could throw them *(familier) ne pas faire du tout confiance à quelqu'un*
You can believe him if you like. But personally, I **wouldn't trust him as far as I could throw him**.

♦ tune

to change one's tune *changer de discours*
He said he didn't want the job, but he soon **changed his tune** when he found out the salary.

♦ turn

one good turn deserves another *un service en vaut un autre*
He mowed my lawn so I offered to babysit for them – **one good turn deserves another**.

♦ two

it takes two to tango *ils ont tous les deux leur part de responsabilité*
She blames him, but **it takes two to tango**.

to put two and two together *faire le rapport* ou *le rapprochement*
After a while, I started **putting two and two together** and realized he must be having an affair.

♦ up

not to be up to something/doing something
1 *ne pas se sentir le courage de faire quelque chose*
I don't feel up to going out tonight. I'm too tired.
2 *ne pas être à la hauteur*
The new assistant is **not up to the job**. We'll have to look for someone else.
That new sitcom's **not up to much**.
to be up for something *(familier) être partant pour quelque chose*
We're going canoeing this weekend, are you **up for it**?
Are you still **up for** going clubbing tonight?
to have had it up to here *(familier) en avoir jusque-là*
Look, I've **had it up to here** with your excuses; just get on and do the work.
to be up to something ou **up to no good** *être en train de mijoter* ou *manigancer quelque chose*
I'm sure they're **up to something**; every time I walk past they all stop talking.

♦ way

to have a long way to go *avoir encore beaucoup à faire*
He **has a long way to go** before he's up to Olympic standard.
to have come a long way *avoir fait du chemin*
Technology **has come a long way** since the days of the typewriter.
Peter **has come a long way** and should do well in the exams.
to be in a bad way *être dans un triste état*
She's **in a bad way**. The doctors say she'll be lucky to make it through the night.
In the current economic climate many businesses find themselves **in a bad way**.

♦ wear

the worse for wear *pas en très bon état/pas en grande forme*
I feel decidedly **the worse for wear** after last night's party.
This carpet is looking rather **the worse for wear**.
He turned up two hours late and somewhat **the worse for wear**.

♦ weather

to be ou **feel under the weather** *ne pas être dans son assiette*
I think I'll stay in tonight. I'm feeling **a bit under the weather**.

♦ wink

not to sleep a wink *ne pas fermer l'œil (de la nuit)*
I **didn't sleep a wink last night**. I was worrying about my exams.

to have forty winks *(familier) faire un petit somme*
I'm just going **to have forty winks**. Can you wake me in half an hour?

♦ wood

I can't see the wood for the trees *les arbres cachent la forêt*
The negotiators were accused of not being able **to see the wood for the trees**.

♦ world

to be in another world ou **in a world of one's own** *être ailleurs*
It's no good asking Gary for advice. He's **in another world** half the time.
Sorry, what did you say? I **was in a world of my own**.
to have the best of both worlds *tout avoir*
Working part-time and looking after the children gives me **the best of both worlds**.
to mean the world to someone *être tout pour quelqu'un*
My mother **means the world to me**. I can't abandon her and come to live with you.
to think the world of *adorer*
He **thinks the world of** his granddaughter. He'd do anything for her.

♦ worst

if the worst comes to the worst *dans le pire des cas*
If the worst comes to the worst and you run out of money, we can lend you some.

♦ young

you're only young once *il faut profiter de sa jeunesse*
"Oh well, **you're only young once**," she said as she climbed into the racing car.

Les proverbes

Les proverbes diffèrent des expressions et locutions en ceci qu'ils contiennent généralement un conseil ou une sentence. On les emploie beaucoup moins fréquemment dans la conversation que les locutions, mais il est bon de connaître les plus courants. Les proverbes ne sont pas toujours cités dans leur intégralité, on pourra donc entendre ce genre de phrase dans la conversation : **the weather's been awful this week, but all this rain's good for the garden – every cloud, eh!** (abréviation du proverbe **every cloud has a silver lining**, qui apparaît ci-après dans la section sur le temps).

Nous vous présentons ici une sélection thématique des proverbes anglais les plus courants, accompagnés de leur équivalent français ou d'une explication.

♦ les animaux

A bird in the hand is worth two in the bush.
Un tiens vaut mieux que deux tu l'auras.

Birds of a feather flock together.
Qui se ressemble s'assemble.

Curiosity killed the cat.
La curiosité est un vilain défaut.

Don't count your chickens (before they're hatched).
Il ne faut pas vendre la peau de l'ours (avant de l'avoir tué).

Don't look a gift horse in the mouth.
À cheval donné on ne regarde pas la bouche.

The early bird catches the worm.
Les premiers arrivés sont les mieux servis.

Let sleeping dogs lie.
N'éveillez pas le chat qui dort.

You can lead a horse to water but you can't make it drink.
On ne saurait faire boire un âne qui n'a pas soif.

You can't teach an old dog new tricks.
= *Les vieilles habitudes ont la vie dure.*

♦ le manger et la boisson

An apple a day keeps the doctor away.
= *Mangez une pomme par jour et vous resterez en bonne santé.*

Half a loaf is better than none.
Faute de grives, on mange des merles.

It's no use crying over spilt milk.
= *Ce qui est fait est fait.*

Revenge is a dish best eaten ou **served cold.**
La vengeance est un plat qui se mange froid.

One man's meat is another man's poison.
Le malheur des uns fait le bonheur des autres.

Too many cooks spoil the broth.
= *Si tout le monde met son grain de sel, on n'arrive à rien.*

The proof of the pudding is in the eating.
Il faut juger sur pièces.

You can't have your cake and eat it (too).
On ne peut pas avoir le beurre et l'argent du beurre.

♦ le temps

Every cloud has a silver lining.
À quelque chose malheur est bon.

It never rains but it pours.
Un malheur n'arrive jamais seul.

It's an ill wind that blows no good.
À quelque chose malheur est bon.

Make hay while the sun shines.
Battez le fer pendant qu'il est chaud.

Ne'er cast a clout till May be out.
= *En avril, ne te découvre pas d'un fil.*

Red sky at night, shepherd's delight; red sky in the morning, shepherd's warning.
= *Ciel rouge le soir est signe de beau temps ; ciel rouge le matin est signe de mauvais temps.*

♦ l'apparence

Beauty is in the eye of the beholder.
= *Ce qu'on aime est toujours beau.*

Beauty is only skin deep.
= *La beauté n'est pas tout.*

Don't judge a book by its cover.
Ne vous fiez pas aux apparences.

♦ la communication

A problem shared is a problem halved.
= Cela soulage de parler de ses problèmes.

Least said, soonest mended.
Moins on en dit, mieux on se porte.

No news is good news.
Pas de nouvelles, bonnes nouvelles.

Sticks and stones may break my bones (but words will never hurt me).
La bave du crapaud n'atteint pas la blanche colombe.

Two heads are better than one.
Deux avis valent mieux qu'un.

♦ les conséquences

What goes around comes around.
Qui sème le vent récolte la tempête.

You've made your bed, now you must lie in it.
Comme on fait son lit, on se couche.

You reap what you sow.
On récolte ce qu'on a semé.

Once bitten, twice shy.
Chat échaudé craint l'eau froide.

Two wrongs don't make a right.
= On ne répare pas une injustice par une autre.

♦ les amis, la famille, le foyer

Blood is thicker than water.
La voix du sang est la plus forte.

Charity begins at home.
Charité bien ordonnée commence par soi-même.

A friend in need is a friend indeed.
= C'est dans le besoin qu'on reconnaît ses vrais amis.

Home is where the heart is.
= Où le cœur aime, là est le foyer.

Like father like son.
Tel père, tel fils.

There's no place like home.
= On n'est vraiment bien que chez soi.

Two's company; three's a crowd.
= Deux ça va, trois c'est trop.

Out of sight, out of mind.
Loin des yeux, loin du cœur.

♦ les gens et le caractère

Cold hands, warm heart.
Mains froides, cœur chaud.

People who live in glasshouses shouldn't throw stones.
= Il faut être sans défauts pour critiquer autrui.

Pride comes before a fall.
= Plus on est fier, plus dure est la chute.

A rolling stone gathers no moss.
Pierre qui roule n'amasse pas mousse.

Still waters run deep.
Méfie-toi de l'eau qui dort.

♦ le risque

Better the devil you know (than the devil you don't).
On sait ce qu'on a(, on ne sait pas ce qu'on aura).

Don't put all your eggs in one basket.
Il ne faut pas mettre tous ses œufs dans le même panier.

Look before you leap.
= Il faut réfléchir deux fois avant d'agir.

Nothing ventured, nothing gained.
Qui ne risque rien n'a rien.

♦ avoir et ne pas avoir

Beggars can't be choosers.
Nécessité fait loi.

The grass is always greener (on the other side).
= C'est toujours mieux ailleurs.

Waste not, want not.
= L'économie protège du besoin.

Better late than never.
Mieux vaut tard que jamais.

♦ le travail et l'effort

A stitch in time saves nine.
Un point à temps en vaut cent.

The devil finds ou makes work for idle hands.
L'oisiveté est (la) mère de tous les vices.

If at first you don't succeed, try, try again.
= Si vous ne réussissez pas du premier coup, recommencez.

Many hands make light work.
= À beaucoup d'ouvriers la tâche devient aisée.

Never put off till tomorrow what you can do today.
Il ne faut pas remettre au lendemain ce que l'on peut faire le jour même.

Practice makes perfect.
C'est en forgeant qu'on devient forgeron.

Rome wasn't built in a day.
Paris ne s'est pas fait en un jour.

Strike while the iron is hot.
Il faut battre le fer pendant qu'il est chaud.

LES COMPARAISONS

Tout comme le français, l'anglais est riche en locutions figées exprimant des comparaisons. Certaines d'entre elles sont strictement identiques dans les deux langues, d'autres n'ont pas véritablement d'équivalent.

Il est essentiel de mémoriser très précisément ces expressions si vous souhaitez vous en servir dans la conversation. Rappelez-vous de ne pas substituer un mot à un autre, sans quoi vous risqueriez de ne pas être compris de vos interlocuteurs ou de provoquer l'hilarité.

Pas question non plus de traduire littéralement des expressions françaises en espérant qu'elles existeront également en anglais. Il faut donc proscrire les expressions du type « as blond as wheat », « as white as an aspirin » ou encore « smoking like a fireman », car elles n'existent pas !

En français les comparaisons se contruisent avec le mot **comme** : **verbe/adjectif + COMME + ...** En anglais on emploie **like** avec les structures verbales (**verbe + LIKE + ...**) et **as** avec les structures adjectivales (**AS + adjectif + AS + ...**). Dans les structures adjectivales le premier **as** est souvent omis.

Nous vous présentons ici les comparaisons idiomatiques les plus courantes en anglais. Vous trouverez dans la colonne de droite l'équivalent français accompagné de la traduction littérale le cas échéant.

expressions verbales

Expression anglaise	***Équivalent français*** [*traduction littérale*]
to cry like a baby	pleurer comme une Madeleine [*comme un bébé*]
to drink like a fish	boire comme un trou [*comme un poisson*]
to eat like a horse	manger comme quatre [*comme un cheval*]
to eat like a pig	manger comme un cochon

to fight like cat and dog	se battre comme des chiffonniers [*comme chat et chien*]
to fit like a glove	aller (à quelqu'un) comme un gant
to get on like a house on fire	s'entendre comme larrons en foire [*comme une maison qui brûle*]
to run like the wind	courir comme le vent
to run around like a headless chicken	courir dans tous les sens [*comme une poule sans tête*]
to shake like a leaf	trembler comme une feuille
to sleep like a log/a baby	dormir comme une souche [*comme une bûche/un bébé*]
to smoke like a chimney	fumer comme un pompier [*comme une cheminée*]
to spread like wildfire	se répandre comme une traînée de poudre [*comme un feu de forêt*]
to swear like a trooper	jurer comme un charretier [*comme un soldat de cavalerie*]
to sweat like a pig	suer comme un bœuf [*comme un cochon*]
to work like a dog	travailler comme un fou [*comme un chien*]

expressions adjectivales

Expression anglaise	***Équivalent français*** [*traduction littérale*]
as alike as two peas in a pod	qui se ressemblent comme deux gouttes d'eau [*comme deux pois dans une cosse*]
as bald as a coot	chauve comme un œuf [*comme une foulque*]
as blind as a bat	myope comme une taupe [*comme une chauve-souris*]

as bold as brass	qui a un culot pas possible [*culotté comme le cuivre*]
as bright as a button	très éveillé [*comme un bouton*]
as busy as a bee	très occupé [*comme une abeille*]
as clean as a whistle/a new pin	propre comme un sou neuf [*comme un sifflet/une épingle neuve*]
as clear as day(light)	parfaitement clair

Cette expression s'emploie aussi bien à propos de quelque chose de clairement **visible** qu'à propos de quelque chose de **compréhensible**.

as clear as a bell	très distinct [*aussi clair qu'une cloche*]

Cette expression s'emploie à propos d'un son **clairement audible**.

as **cold** as **ice**	glacial

Cette expression s'emploie au sens **littéral** et au sens **figuré**.

as cool as a cucumber	qui garde son sang-froid [*frais comme un concombre*]
as cute as a button	mignon comme tout [*comme un bouton*]
as daft as a brush	bête comme ses pieds [*comme une brosse*]
as dead as a doornail/a dodo	mort et bien mort [*comme un clou de porte/un dodo*]
as drunk as a lord/a skunk	soûl comme une grive [*comme un noble/une moufette*]
as deaf as a post	sourd comme un pot [*comme un pieu*]
as dull as ditchwater	ennuyeux comme la pluie [*comme de l'eau de rigole*]
as easy as pie	simple comme bonjour [*comme de la tarte*]
as fat as a pig	gras comme un cochon
as fit as a fiddle	en pleine forme [*comme un violon*]

as flat as a pancake	plat comme une galette
as fresh as a daisy	frais comme une rose [*comme une pâquerette*]
as good as gold	sage comme une image [*comme l'or*]
as happy as Larry/a sandboy	heureux comme tout [*comme Larry/une puce de mer*]
as hard as nails	dur [*comme les clous*]

Cette comparaison peut s'employer à propos de quelqu'un d'**implacable** ou de **très résistant physiquement**.

as high as a kite	qui plane/qui a la pêche [*haut comme un cerf-volant*]

En langage familier, le mot **high** signifie *défoncé*.

as keen as mustard	très enthousiaste/vif [*comme la moutarde*]
as large as life	en chair et en os [*grandeur nature*]
as light as a feather	léger comme une plume
as mad as a hatter/a March hare	fou à lier [*comme un chapelier/un lièvre en rut*]

Le **Mad Hatter** est un personnage du livre *Alice au pays des merveilles*.

as neat as a new pin	bien rangé/soigné [*comme une épingle neuve*]
as old as the hills	vieux comme le monde [*comme les collines*]
as plain as the nose on your face	clair comme de l'eau de roche [*comme ton nez*]
as pretty as a picture	joli comme un cœur [*comme une image*]
as pure as the driven snow	innocent comme l'enfant qui vient de naître [*pur comme de la neige dans le vent*]
as quick as a flash/as lightning	rapide comme l'éclair

as quiet as a mouse — silencieux
[*comme une souris*]

as red as a beetroot — rouge comme une tomate
[*comme une betterave*]

Cette expression s'emploie à propos du rougissement provoqué par un sentiment de **gêne** ou de **honte**.

as red as a lobster — rouge comme une écrevisse
[*comme un homard*]

Cette expression s'emploie à propos d'une personne ayant pris un **coup de soleil**.

as regular as clockwork — réglé comme une horloge

as right as rain — en pleine forme
[*comme la pluie*]

Cette expression s'emploie pour **la santé** ou **les sentiments** (**you'll be as right as rain by tomorrow**).

as safe as houses — sans le moindre risque
[*comme des maisons*]

as sick as a dog — malade comme un chien

Cette expression s'emploie uniquement pour parler de quelqu'un de **malade**, contrairement à l'expression suivante.

as sick as a parrot — dégoûté
[*comme un perroquet*]

Cette expression s'emploie pour exprimer **la déception**.

as slippery as an eel — fuyant, insaisissable
[*glissant comme une anguille*]

as sly as a fox — rusé comme un renard

as snug as a bug in a rug — bien au chaud
[*comme une punaise dans un tapis*]

as solid as a rock — solide comme le roc

as stiff as a poker — raide comme un piquet

Cette expression s'emploie pour décrire **le maintien, la posture** en général.

as stiff as a board — courbaturé
[*comme une planche*]

as strong as an ox — fort comme un bœuf

as stubborn as a mule — têtu comme une mule

as thick as thieves — très liés
[*comme des voleurs*]

as thick as two short planks — bête comme ses pieds
[*comme deux planches courtes*]

En langage familier, le mot **thick** signifie *stupide*. Ce sens ne concerne que la deuxième expression.

as thin as a rake — maigre comme un clou
[*comme un râteau*]

as tough as old boots — coriace (personne)/de la semelle (viande)
[*dur comme des vieilles bottes*]

as ugly as sin — laid comme un pou
[*comme le péché*]

as white as a sheet — blanc comme un linge
[*comme un drap*]

Comme en français, cette expression s'emploie à propos de la pâleur provoquée par la **peur**, la **maladie**, etc.

as white as snow — blanc comme la neige

Cette expression s'emploie pour décrire la **blancheur naturelle** de quelque chose.

Les petits mots utiles

Ceci est une liste d'interjections et de petits mots que les Britanniques emploient pour ponctuer leurs conversations, pour signaler leur surprise, leur agacement, leur joie, etc. Elle contient également des contractions courantes et familières.

Essayez de repérer ces mots lors de conversations avec des anglophones et retenez la façon dont ils sont utilisés. C'est quand vous emploierez **ow!** à la place de *aïe !* et **phew!** au lieu de *ouf !* que vous réussirez vraiment à « passer pour un Anglais » !

- **aah** = ***attendrissement***

  Aah, the kittens are adorable!

- **ah** = ***compréhension***

  Ah, I see.
  Ah, now I understand!

- **aha** = ***satisfaction/compréhension***

  Aha! That's the answer.
  Aha! This is where you've been hiding!

- **ain't** = **is not**

  It **ain't** worth the money.

  = **have/has not**
  I **ain't** seen her.

- **alright** = ***salut, ça va ?***

  "**Alright**?" – "Not bad, how are you doing?"

- **aw** = ***attendrissement***

  Aw, what a cute puppy!

  = ***déception***
  Aw, that's a shame!

- **blimey** = ***oh là là***

  Blimey! That's quite a bruise you've got there!

- **bye** = ***salut (au revoir)***

  Bye! See you tomorrow.

- **cheerio** = ***salut (au revoir)***

  Cheerio! See you next week.

- **cheers** = ***tchin-tchin***

  Cheers!

  = ***merci***
  Cheers for the lift!
  "Here's your coffee." – "That's great, **cheers**."

  = ***salut (au revoir)***
  "See you tomorrow." – "Right, **cheers** mate."

- **cheese!** = ***souriez ! (photo)***

  "Let's have a group photo, everybody say **cheese**!" – " **Cheese**!"

- **cool** = ***cool***

  Those trainers are really **cool**!
  "We're going snowboarding." – "**Cool**!"

  = ***tolérant***
  They're **cool** about smoking.

  = ***d'accord***
  "I'll meet you there." – "**Cool**."

- **dunno** = **(I) don't know**

  "Where's dad?" – "**Dunno**, in the garden?"

- **eh** = ***comment***

  Eh? What did you say?

  = ***hein (pour confirmation)***
  It was good, **eh**?

  = ***hein (pour indiquer la surprise)***
  "I'm moving to Canada." – "**Eh**? What on earth for?"

- **er(m)** = ***euh***

  "**Er**... I'm not sure."
  "This is my, **erm**, friend, Jane."

- **fine** = ***bien***

"How was work?" – "**Fine**, thanks."

= ***d'accord***
"I'll pick you up at 6." – "**Fine**."

= ***agacement***
"I'd rather stay at home." – "**Fine**! Do what you want."

- **gimme** = **give me**

Gimme a sip of your drink, will you?

- **god** = ***mon Dieu***

God, it's hot in here!
God! That's awful.

- **gonna** = **going to**

They're **gonna** buy a flat.
I'm **gonna** have to get a job.

- **gotcha** = **got you**

= ***je t'y prends***
Gotcha! I knew you'd been reading my diary!

= ***je te tiens***
Gotcha! You won't escape now...

= ***d'accord***
"This is confidential." – "**Gotcha**! I won't say a word."

- **ha ha** = ***ha ha***

And then he slipped on the banana skin, **ha ha**!

= ***ironique***
Ha ha, very funny...

- **hey** = ***eh***

Hey! Wait for me!

= ***tiens***
Hey, look what I've found!

= ***salut (bonjour)***
Hey, how's it going?

- **hi/hiya** = ***salut (bonjour)***

Hi guys!
Hiya, how's things?

- **hmm...** = ***hum***

Hmm, let me think...

- **huh** = ***comment ?***

Huh? What did you say?

= ***quoi ?***
"Have you met the new neighbours?" – "**Huh**? What new neighbours?"

= ***agacement***
"**Huh**! You'll all be lying on the beach while I have to stay here and work."

- **hurray** = ***hourra***

hurray! it's the holidays!

- **ish** = ***un peu***

"Was the film funny?" – "**Ish**..."

= ***plus ou moins***
"So you'll be there at 7?" – "**Ish**, I might be a bit late."

- **kinda** = **kind of**

He's **kinda** cute.
It's not that **kinda** place.

- **lemme** = **let me**

Lemme see!

- **like** = ***estimation***

There were, **like**, 500 people there.

= ***discours indirect***
I was **like**, where have you been? And he was **like**, I went to the pub.

= ***explication***
The bar was busy, **like**, but we got a seat.

♦ love = *terme d'adresse familier et amical*

Thanks, **love**.
There you go, **love**.

Le terme d'adresse **love** s'emploie de façon amicale et informelle mais n'a rien à voir avec une déclaration d'amour !

♦ mate = *mon vieux*

See you later, **mate**!

♦ mmm = *oui*

"Nice day, isn't it?" – "**Mmm**."

= ***miam, miam***
"**Mmm**! These strawberries are delicious."

♦ nope = *non*

"Have you heard from them?" – "**Nope**! Not even a postcard."

♦ oh = *oh*

Oh! What a surprise!
Oh, how lovely!

= ***ah bon***
"I'll be home about 7." – "**Oh**, OK."

♦ ooh = *enthousiasme*

Ooh, a party! Can I come?

♦ oi = *pour attirer l'attention*

Oi, you lot! Come back here!

= ***agacement***
Oi, give that back!

♦ OK = *bon*

OK everyone, here's what we're going to do.

= ***pas mal***
"How was work?" – "**OK**."
"How was the meal?" – "**OK**, but nothing special."

= ***d'accord***
"I'll pick you up at 6." – "**OK**."

= ***pour insister***
Don't be late, **OK**?

♦ **oops/whoops** = ***houp-là***

(Wh)oops, there goes the coffee!

= ***oh là là***
Oops, I totally forgot to call her.

♦ **ouch/ow** = ***aïe***

Ouch! I stubbed my toe.
Ow, that hurts!

♦ **phew** = ***ouf***

Phew, we're just in time!

= ***pff***
Phew, I'm exhausted!
Phew, it's hot in here!

♦ **really** = ***ah bon***

"They're having a baby." – "(Oh) **really**? I didn't know."

= ***franchement***
"**Really**! You have such silly ideas sometimes."

♦ **right** = ***bon***

Right, let's get started.
Right! I'm going to teach them a lesson.

= ***d'accord***
"I'll see you tomorrow then." – "**Right**!"

= ***demande de confirmation***
She's your cousin, **right**?

♦ **rightio/righto** = ***d'accord***

"I'll be back in half an hour." – "**Rightio**!"

♦ **shoo** = ***ouste***

Shoo! Get out of here!

- **so** = ***alors***

  So you work in publishing?
  So, where shall we start?

  = ***et alors ?***
  "But it's raining!" – "**So**? Bring an umbrella!"

- **sorry** = ***excuse-moi***

  Sorry, did I hurt you?
  "I think that's my wine you're drinking." – "Oh, **sorry**!"

  = ***comment ?***
  Sorry? What did you say?

- **ta** = ***merci***

  Ta for the lift!
  "There's your change." – "**Ta**!"

- **ta-ra** = ***salut (au revoir)***

  Ta-ra everyone! See you next week.

- **tee-hee** = ***hi-hi***

  Tee-hee, we've put salt in his tea!

- **tough** = ***tant pis***

  "I don't want to go!" – "**Tough**! You're coming and that's that."

- **tut-tut** = ***désapprobation***

  Tut-tut, late again! You ought to get up earlier.

- **uh-huh** = ***oui***

  "You did say 8pm, didn't you?" – "**Uh-huh**, that's right!"

  = ***ah bon***
  "He brought his new girlfriend." – "**Uh-huh**? What's she like?"

- **uh-oh** = ***danger***

  Uh-oh, here comes the boss – everybody pretend to be busy!

- **uh-uh** = ***non***

  "Can I come?" – "**Uh-uh**, you're too young."

- **um** = ***euh***

  Um... I can't remember.
  I must, **um**, go and powder my nose.

- **wahey** = ***hourra***

  Wahey, we won!

- **wanna** = **want a**

  Wanna bit of chocolate?

  = **want to**
  I don't **wanna** go.

- **well** = ***bon, alors***

  Well then, let's get started.

  = ***eh bien***
  Well, I would like to come but I'm not sure I'll have time.

  = ***et alors***
  Well? What are you going to do about it?

  = ***tiens, tiens...***
  Well (well), look who it is!

  = ***tant pis***
  Oh **well**, we can go another time.

  = ***vachement***
  The festival was **well** cool!

- **what** = ***quoi ?***

  What? I can't hear you.

  = ***quoi !***
  "He's resigned." – "**What**!"

- **whatever** = ***cause toujours...***

  "You must be home by midnight." – "Yeah, **whatever**."

  = ***ça m'est égal***
  "What do you want to watch?" – "**Whatever**."

  = ***ouais, c'est ça***
  "I found the money, I didn't steal it!" – "Yeah, **whatever**..."

- **wow = *oh là là, dis donc***

  Wow! Your flat's massive!

- **yeah = *ouais***

  "Did you drive here?" – "**Yeah**."
  "She's got a new job." – "**Yeah**, I know."

- **yep/yup = *ouais***

  "Have you finished that report?" – "**Yep**, it's all done."
  "So you did all this yourself?" – "**Yup**!"

- **yippee = *hourra***

  We're off to a theme park, **yippee**!

- **yuck = *beurk***

  Yuck! I hate mushrooms.

- **yum/yum-yum/yummy = *miam-miam***

  Yum, pizza!
  It's ice-cream for dessert, **yum-yum**!
  This cake is **yummy**!

TOURNURES IDIOMATIQUES

Nous vous présentons ici une liste de tournures familières très fréquentes et pas toujours faciles à comprendre pour les apprenants d'anglais. Ce sont des expressions figées et des clichés de langage qui, employés judicieusement, vous aideront à vous exprimer de façon plus naturelle en anglais. Ceci n'est pas une liste exhaustive de ces tournures idiomatiques mais une sélection des plus courantes ; à vous de compléter cette liste avec les tournures que vous entendrez dans les conversations.

Notez que, bien que ces expressions ne soient pas à proprement parler argotiques, elles n'en appartiennent pas moins à la langue parlée plutôt qu'à la langue écrite.

♦ a little something = *un petit quelque chose*

I've brought you **a little something** for your birthday.

♦ all very well, all well and good = *c'est bien beau*

It's **all very well** booking a holiday, but how are you going to pay for it?
Having a degree is **all well and good**, but you need experience to get a job.

♦ any old... = *n'importe quel...*

Any old carrots will do for this recipe, they don't have to be organic.
This isn't just **any old** dress, it's a Stella McCartney!

♦ as and when = *quand*

We'll buy new equipment **as and when** we need it.

= ***en temps voulu***
You can give me the money **as and when**.

♦ as it were = *pour ainsi dire*

This database holds all our customers' details: a giant address book, **as it were**.

♦ at any price = *à tout prix, à n'importe quel prix*

She wants a child **at any price**.
I do want to be successful, but not **at any price**.

- **at any rate** = ***de toute façon***

The taxi won't be expensive, not between four of us **at any rate**.

- **at a push** = ***s'il le faut, à la rigueur***

"Can you be there for 7?" – "**At a push**."

- **at the best of times** = ***même dans les circonstances les plus favorables***

She's difficult to work with **at the best of times**.

- **at the end of the day** = ***en fin de compte***

It's a shame we lost, but **at the end of the day** the other team played better.

- **at this rate** = ***à ce rythme-là***

At this rate we'll be finished by lunchtime.
We still can't agree where to go on holiday – we're going to end up staying at home **at this rate**!

- **bang on** = ***pile, juste***

I got there **bang on** six o'clock.
Your guess was **bang on**.

- **bear with me** = ***patientez un instant***

If you'll **bear with me**, I'll explain.
Just **bear with me** a moment while I find a pen.

- **best bet** = ***le mieux, la meilleure solution***

Your **best bet** is to take a taxi.

- **Bob's your uncle!** = ***et voilà le travail !***

You just press this button and **Bob's your uncle** – perfect cappuccino in seconds !

- **by all accounts** = ***d'après ce que tout le monde dit***

By all accounts it's his funniest show yet.

- **by all means** = ***je vous en prie, oui bien sûr***

"May I look around the house ?" – "**By all means**."

- **by the way** = ***à propos***

  By the way, your mother phoned earlier.

- **done and dusted** = ***bouclé, terminé***

  The job should be all **done and dusted** by the end of the month.

- **don't get me wrong** = ***comprenez-moi bien***

  Don't get me wrong, I do like him – I just find him a bit loud.

- **(do you) know what I mean?** = ***tu vois ce que je veux dire ?***

  My job's ok but I'd like something a bit more challenging, **do you know what I mean**?

- **every so often** = ***de temps en temps***

  Every so often, he would come home with a bunch of flowers.

- **every … under the sun** = ***tous les … sans exception***

  He's studied **every subject under the sun**.
  I've tried **everything under the sun**.

- **famous last words** = ***ne parle pas trop vite***

  "We're bound to win." – "**Famous last words**!"

- **fingers crossed** = ***touchons du bois***

  Our team should win on Saturday, **fingers crossed**.

- **first things first** = ***chaque chose en son temps***

  "I need new clothes for our holiday." – "**First things first**: let's decide where we're going!"

- **for goodness/heaven's/God's sake** = ***bon sang, pour l'amour du ciel*** *ou* ***de Dieu***

  Will you be quiet, **for goodness sake**! I'm trying to work.

- **for one thing (...and for another)** = ***pour commencer (...et puis)***

  "Why can't we go to Disneyland?" – "Well, **for one thing** we can't afford it. (And for another, I don't like theme parks)."

- **for starters** = ***pour commencer***

  "What's wrong with moving to Spain?" – "Well, you can't speak the language **for starters**!"

- **for that matter** = ***d'ailleurs***

  My wife didn't really enjoy the film, and **for that matter**, neither did I.

- **for the time being** = ***pour le moment***

  I'm living with my parents **for the time being** so I can save some money.

- **get a grip!** = ***reprends-toi !***

  Come on, **get a grip**! Panicking won't get you anywhere.

- **get a life!** = ***t'as rien de mieux à faire de ton temps ?***

  You spend your whole time surfing the Net. **Get a life**!

- **if you know what I mean** = ***si tu vois ce que je veux dire...***

  They looked like pretty close friends to me, **if you know what I mean**...

- **I'm afraid...** = ***je suis désolé mais...***

  I'm afraid I can't help you.
  She's not here, **I'm afraid**.

  = ***j'ai bien peur que...***
  "Is it serious?" – "**I'm afraid so**."
  "Can we bring the dog?" – "**I'm afraid not**."

- **I mean...** = ***je veux dire...***

  Why are you going on a diet? **I mean**, you're not exactly fat.

- **in a nutshell** = ***en un mot***

  To put it **in a nutshell**: you're fired.
  In a nutshell, the film is about a bunch of pirates looking for treasure.

- **in any shape or form** = ***sous quelque forme que ce soit***

  I won't tolerate discrimination **in any shape or form**.

♦ in (next to) no time = *en un rien de temps*

You'll feel better **in no time**!
I can fix it **in next to no time**.

♦ in one's/its own right = *à part entière*

She's rich **in her own right**.
That soup was like a meal **in its own right**.

♦ in short = *bref*

The hotel was dirty, the weather was awful... **in short**, it was the holiday from hell.

♦ in the first place = *à l'origine*

What attracted you to him **in the first place**?

♦ in the long run = *à long terme*

Studying for another year will be hard, but it'll be worth it **in the long run**.

♦ in this day and age = *de nos jours*

It's shocking that **in this day and age** people still don't have access to clean water.

♦ in the way of = *côté..., comme...*

I'm hungry, what do you have **in the way of** food?
This town hasn't got much **in the way of** nightlife.

♦ it just goes to show = *c'est la preuve que...*

"His parents smoke, and now he's started too." – "**It just goes to show**, doesn't it?"
She started off sweeping the floor at her local hairdresser's and now she runs her own chain of salons. **It just goes to show**, you can do anything if you work hard.

♦ it's (just) one of those days = *il y a des jours comme ça*

"First I lost my umbrella and now I'm locked out." – "**It's just one of those days**!"

♦ it's just one of those things = *ce sont des choses qui arrivent*

Our flight's been cancelled, but what can we do? **It's just one of those things**.

= ***c'est une de ces choses qui ne s'expliquent pas***

I don't know why I love him, I guess **it's just one of those things**.

- **it's the story of my life** = ***ça m'arrive tout le temps***

The people just in front of me got the last two tickets – **it's the story of my life**!

- **join the club** = ***bienvenue au club***

"I have no idea what I want to do when I graduate." – "**Join the club**!"

- **(it's) just as well (that)** = ***heureusement (que)***

What horrible weather! **It's just as well** you brought your umbrella.
"I didn't invite him to the party." – "**Just as well**, he always causes trouble."

- **let alone** = ***encore moins***

I can't even afford a bike, **let alone** a car!
She can barely walk, **let alone** run.

- **let's face it** = ***admettons-le***

Let's face it: we're lost.
It's not the most exciting job in the world, **let's face it**.

- **like mad** = ***comme un fou***

I've been working **like mad** to get this essay finished.
She waved **like mad** but he didn't see her.

- **mind you** = ***remarque***

It's a very good restaurant; **mind you**, it isn't cheap

- **more often than not** = ***le plus souvent***

More often than not, the symptoms go away by themselves.

- **needless to say** = ***il va sans dire que***

They accused her of stealing the money. **Needless to say**, she denies it.

- **never mind** = ***ne t'en fais pas***

Never mind, you'll get a new boyfriend soon!

- **nice one** = ***super***

"I can give you a lift to the airport." – "**Nice one**!"

- **no way** = ***pas question***

"Can I borrow your jacket?" – "**No way**! You'll just lose it."
No way am I going back to that awful job!

= ***j'y crois pas***
"I've won a trip to Paris!" – "**No way**!"

- **no wonder** = ***ce n'est pas étonnant***

No wonder she's so thin, she never eats!

- **now you're talking** = ***voilà qui devient intéressant***

"OK, how about we leave the food shopping till tomorrow and order a pizza?" – "**Now you're talking**!"

- **of all things** = ***surprise***

She's decided to become a tax inspector **of all things**!

Cette expression s'emploie lorsqu'on exprime sa surprise à propos d'un choix effectué par une autre personne. L'exemple ci-dessus pourrait se traduire par *elle a décidé de devenir inspectrice des impôts, quelle drôle d'idée !*

- **off and on/on and off** = ***par intervalles***

It's been raining **off and on** all day.
We lived together **on and off** for three years.

- **oh my God** = ***mon Dieu***

Oh my God, it was so embarrassing!
Oh my God! That's Brad Pitt!

- **one way or another** = ***d'une façon ou d'une autre***

We'll get there **one way or another**.

- **one way or the other** = ***absence de préférence***

I don't mind **one way or the other**.

L'exemple ci-dessus se traduirait simplement par *ça m'est égal* ou bien *je n'ai pas de préférence.*

- **on the off-chance** = ***au cas où***

  I'm just calling **on the off-chance** that you might be free tonight.
  He'll probably say no, but we could ask him **on the off-chance**.

- **on the ... side** = ***plutôt...***

  This jacket's a bit **on the small side**.
  Her speech was **on the long side**.

- **on the whole** = ***dans l'ensemble***

  There were some difficult questions in the exam, but **on the whole** I think I did OK.

- **out of the blue** = ***sans qu'on s'y attende***

  She just turned up on my doorstep **out of the blue**.

- **over (and done) with** = ***complètement terminé***

  I'm glad the trial's **over and done with**.
  Let's get this presentation **over with**.

- **over the top, OTT** = ***exagéré***

  It's **over the top** to call him a fascist.
  The house is nice, but the decor's a bit **OTT**.

- **part and parcel of** = ***partie intégrante de***

  Long hours and low pay are **part and parcel of** a career in nursing.

- **please yourself** = ***fais comme tu veux***

  "I'd rather stay at home." – "**Please yourself**!"

- **pure and simple** = ***pur et simple***

  It's greed, **pure and simple**. She doesn't need any more money.

- **right you are** = ***d'accord***

  "I'd like it delivered please." – "**Right you are**, I'll bring it this afternoon."

- **roll on...** = ***vivement...***

  Roll on the holidays!

- **say when** = ***dis-moi stop***

  A whisky for you, wasn't it? **Say when**...

- **search me** = ***aucune idée***

  "Who's Minister for the Environment?" – "**Search me**!"

- **second thoughts** = ***hésitation***

  She's having **second thoughts** about the wedding.

  = ***réflexion faite***

  A cup of tea please – no, on **second thoughts** I'll have coffee.

- **spot on** = ***pile***

  Your guess was **spot on**.

  = ***parfait***

  "Here's a cup of tea for you." – "**Spot on**! Thanks."

- **take my word for it** = ***croyez-moi***

  You won't find a cheaper one anywhere, **take my word for it**.

- **tell me about it** = ***à qui le dis-tu !***

  "I could really do with a holiday." – "**Tell me about it**! I haven't seen the sun for months!"

- **tell you what** = ***tiens, j'ai une idée***

  Tell you what, I'll take you out for a drink tonight to celebrate.

- **that's all I/we/etc need** = ***il ne manquait plus que ça***

  I don't believe it, my flight's been cancelled – **that's all I need**!

- **that's more like it** = ***voilà qui est mieux***

  That's more like it! I was beginning to think they'd never score.

- **that's that** = ***point final***

  You're not going to the party and **that's that**!

- **the be-all and end-all** = ***le but ultime***

  Getting married would be nice, but it's not **the be-all and end-all**.

- **the best part of... = *presque...***

  He gave **the best part of** a million pounds to charity.
  Our relationship lasted **the best part of** five years.

- **the fact (of the matter) is... = *la vérité, c'est que...***

  He's a nice bloke, but **the fact is** he's no good at his job.

- **the ins and outs = *les tenants et les aboutissants***

  I don't know all **the ins and outs** of it, but he's been arrested for fraud.

- **the thing is = *le problème, c'est que***

  He wants me to marry him, but **the thing is**, I'm not sure I love him enough.

- **there's nothing for it = *il n'y a pas d'autre solution***

  There was **nothing for it**: I would have to resign.
  There's **nothing for it** but to report him to the police.

- **there's nothing to it = *ce n'est pas compliqué***

  There's **nothing to it**, just follow the recipe.

- **there you are** ou **go = *voilà***

  There you go! That's your car fixed.

  = ***qu'est ce que vous voulez...***
  It wasn't an ideal solution, but **there you are**.

- **think so/don't think so = *je crois que oui/non***

  "Are we going the right way?" – "**Think so**!"
  "Are you coming to the party?" – "**Don't think so**, I'm a bit tired."

- **to cut a long story short = *enfin bref***

  So **to cut a long story short**, I didn't get home until four in the morning!

- **too right = *tu l'as dit***

  "You look a bit tired." – "**Too right**, I've been up all night!"

- **to tell (you) the truth = *à vrai dire***

  To tell you the truth, I can't stand her.

- **touch wood** = ***touchons du bois***

  I've never had to go to hospital, **touch wood**!

- **up to a point** = ***jusqu'à un certain point***

  I agree **up to a point**, but I still wouldn't vote for him.
  "Did the strategy succeed?" – "**Up to a point**."

- **up to you/him/etc** = ***à vous/lui/etc. de décider***

  "What shall we do tonight?" – "**Up to you**."
  It's **up to them** to make the final decision.

- **well and truly** = ***complètement***

  You've **well and truly** messed things up, haven't you?

- **watch this space** = ***affaire à suivre***

  We don't have all the details yet, but **watch this space**.
  The film was such a success they're already planning a sequel – **watch this space**!

- **when all's said and done** = ***au bout du compte***

  She's still to blame, **when all's said and done**.

- **without a shadow of a doubt** = ***sans l'ombre d'un doute***

  I know he's guilty, **without a shadow of a doubt**.

- **yeah, right** = ***ouais, c'est ça***

  "We're just friends!" – "**Yeah, right**!"
  "He said he'd pay me back." – "**Yeah, right**!"

- **you can say that again** = ***je ne te le fais pas dire***

  "She's gorgeous!" – "**You can say that again**!"

- **you can talk/you can't talk/ you're a fine one to talk** = ***tu peux parler***

  "He's so lazy!" – "**You can talk**! You didn't get up till midday!"
  "Pollution is a terrible problem." – "**You're a fine one to talk**, driving around in your 4x4!"

♦ **you name it** = ***tout ce qu'on peut imaginer***

He reads anything he can get his hands on: novels, newspapers, comics, **you name it**.

♦ **you never can tell** = ***on ne sait jamais***

I don't think it's going to rain, but **you never can tell**.

♦ **you're telling me** = ***à qui le dis-tu***

"Phew, that was a lucky escape!" – "**You're telling me**!"